AIRLINE

4차 산업혁명시대의 핵심전략

항공사 경영론

MANAGEMENT

AIRLINE

4차 산업혁명시대의 핵심전략

항공사 경영론

김재원 · 김광일 · 정희경 공저

MANAGEMENT

SEROMI

머리말

캠브리지와 런던대학에서 수학자로 탁월한 활동을 전개했던 알프레드 화이트헤드Alfred Whitehead교수는 대학에서 가르치는 교육에 대해 다음과 같이 이야기했다.

"학생들의 머릿속에 아무리 많은 지식을 집어넣어 준다 하더라도, 사회에 나간 다음 학교에서 배운 바로 그 자세한 지식에 꼭 들어맞는 상황을 만나는 경우는 극히 드물다. 설령 그런 상황을 만난다 하더라도, 학교에서 배운 자세한 지식을 그때까지 기억하고 있는 사람들은 거의 없을 것이다. 정말로 도움이 되는 교육이란 학생들에게 몇 가지의 기본적인 원리들을 이해시키고, 이를 실제 상황에 적응시키는 능력을 키워주는 것이다."

위의 글은 고려대학교 박찬수 교수님의 '마케팅 원리'서문에서도 인용된 글이다.

대학에서 수많은 이론이나 사실들을 가르쳤다고 해서 실제적인 지식을 모두 전수했다고 할 수 없다. 무엇보다도 가르치는 자의 열정과 학생에 대한 깊은 사랑이 그들을 변화시킬 수 있다. 어쩌면 강의시간 학생의 이름을 부르며 등을 다독거려준 격려의 말 한마디가 스승과 제자의 관계를 인격적으로 회복시켜줄 수 있을 것이다.

이 책의 기본방향은 알프레드 교수의 말처럼 학생들에게 항공사의 몇 가지 기본원리를 이해시키고 실제상황에 적응시키는 실무적인 능력을 키워주기 위해 실무중심의 관점에서 서술하였다. 특히 코로나19COVID-19로 인해 큰 위기에 처한 2020년대의 항공사 전망과 도전적 과제들을 살펴보고 새로운 항공산업의 방향을 고민하기 위한 단초를 제공하는 학습서로 설정하였다. 따라서 항공사의 하드웨어적인 부분도 중요하지만 기업을 둘러싼 세계 환경의 변화 속에서 마케팅 전략의 시스템적인 접근방법을 연구함으로써 항공운송산업의 이해를 높이려 노력하였다.

본서를 통해 저자가 무엇보다도 중요하게 생각한 것은 항공 및 관광전공 대학생들이나 항공사 직원 및 항공여행에 관심 있는 일반 독자로 하여금 항공사의 전체적인 흐름을 파악하고 정보통신기술ICT의 융합으로 이뤄지는 제4차 산업혁명과 Post Corona 시대의 항공산업의 혁신적 변화에 능동적으로 대처할 수 있는 정보와 지식을 살펴볼 수 있도록 하는 것이었다.

이 책이 완성되기 까지 여러모로 관심과 지원을 아끼지 않은 새로미 출판사 모흥숙 대표께 진심으로 감사드리며, 묵묵히 기도와 응원을 보내준 사랑스런 아내와 자랑스런 아들 현재부부와 현우에게 고마운 마음을 전하고자 한다.

2021년 3월, 봄날
낙동강과 김해국제공항이 내려다보이는
연구실에서
저자

Contents

Contents

항공사
경영의 개관

AIRLINE
MANAGEMENT

01 항공사 경영의 개관

항공운송업

1. 항공운송업의 종류

- 정기항공운송사업 : 지점과 지점 간에 항공노선을 개설하고 일정시일에 운항하는 항공기에 의해 운영되는 사업을 의미한다.

- 부정기항공운송사업 : 불특정한 지점을 불특정한 시간에 채산성위주로 운영하는 것을 말한다.

2. 항공운송사업의 구성요소

운송수단으로써의 항공기, 항공기 이착륙장소와 여객수용시설인 공항터미널, 그리고 항공노선으로 구성된다.

제1절 ▷ 항공운송사업의 경영

1 항공운송사업의 발전배경

이탈리아 출신의 예술가이며 과학자인 레오나르도 다빈치(Leonardo da Vinci, 1452-1519)는 새를 과학적으로 관찰하여 공중으로 뜨는 힘과 공기저항을 연구하였다. 그는 나사의 원리를 이용한 헬리콥터모형을 고안하였으며, 새와 같이 날개를 퍼덕여서 날 수 있는 오니토퍼(Ornithoper : 날개치기)를 설계하고, 모형을 만들어 실험하였다. 그러나 인력의 힘으로만 작동하는 오니토퍼는 이후 1658년 이탈리아의 생리학자이며 수학자인 보렐리(Giovanni Borelli)에 의하여 연구되었는데, 보렐리는 새의 날개를 치는 힘과 체중의 관계를 사람과 비교 실험한 결과, 인간의 힘만으로는 비행이 불가능하다는 결론을 내렸다.

1903년 12월 3일 라이트형제가 동력에 의한 비행 성공을 한 이후 1919년 독일에서 8명의 승객을 태우고 6000m 상공을 비행한 것이 상업항공의 시작으로 1927년 뉴욕−파리 간 5,800km의 대서양 무착륙 횡단 비행을 실현하여 일반인의 항공여행을 증가시키는 계기가 되었다.

1940년 초반에는 제2차 세계대전(1939−1945년)의 영향으로 장거리용 군용기 개발에 따른 항공기들의 눈부신 발전이 이루어지게 되나, 민간이 주체가 된 국제항공운송업분야는 일시적으로 상당한 위축을 가져오게 된다. 그러나 제2차 세계대전 후 각국 정부들은 항공제작 시설 및 기술 등을 민간회사로 대폭 이양하여 대형차 및 고속화된 장거리용의 상업용 항공기가 본격적으로 개발하였다.

그 후 1946년 영국에서 세계최초로 제트엔진의 항공기 코메트 1호기를 생산하여 1952년에 36석의 좌석으로 런던−요하네스버그 노선을 첫 취항한 이후 1960년에 미국의 보잉사에서 B707 제트여객기 양산시대를 맞이하였다.

특히 B747항공기가 1969년 말 시애틀−뉴욕 간 장거리 시험비행에 성공하여 1회 400명을 수송할 수 있는 능력을 보유하여 공항의 시설개선과 항공기의 발전은 상호 공존하는 민간 항공계의 점보 시대로 돌입하였다.

이와 같이 국내와 국제간의 여행 그리고 인적. 물적 교류에 있어서 항공기가 주요 운송수단이 되게 한 항공기의 대형화와 제트 화는 안전성. 안락성 등이 제고되어 종전과 비교하여 운항거리도 크게 늘어나 장거리를 비행하는 대량 고속 운송시대가 도래하였다.

특히 관광산업은 하나의 종합 내지 복합 산업으로서의 성격을 띠고 있기 때문에 다른 산업과의 관련 속에서 발전하여 왔고 특히 교통수단의 제약조건에 따라 관광산업발달이 규정된다고 하여도 과언이 아닐 것이므로, 항공운송산업의 발전은 관광산업의 발전을 촉진해 준다는 의미에서 그 중요성이 더욱 크다고 할 수 있다.

이어 점보기의 보급률 증가와 고속화로 대량수송과 해외여행 자유화 조치로 인한 항공여행의 대중화 시대와 세계의 지구촌화 시대를 개막하는 계기가 되었다.

항공산업은 항공기를 이용하여 사람과 물자를 수송하는 것을 의미한다. 교통수단으로서의 항공기가 운항되기 위해서는 첨단기술의 집약체인 항공기뿐만 아니라, 항공기가 이착륙하는 공항, 항공기의 운항을 조정하고 통제하는 관제시설, 항공기의 유지보수를 통해 안전운항을 담보하는 정비시설 등의 물적 자원과 항공기를 직접적으로 운항하는 조종사, 항공기를 최상의 상태로 유지하는 정비사, 항공기의 안전운항을 위한 조정을 담당하는 관세사 등 인적 자원 모두가 종합적으로 같이 융합 · 운영되어야 한다.

쉬어가기 항공기의 발전과정

세계 최초의 비행기..... 1903년, Wright Flyer I
〈 *Wright 형제가 만든 최초의 비행기, 사진은 복제품, 미국 Seattle, Museum of Flight에서 촬영 〉

라이트 형제가 '날틀 Wright Flyer I '을 발명한 지 110년이 지났다. 당시에는 모터를 단 글라이더 수준으로 하늘을 날 수 있다는 이론을 실험으로 증명한 정도였지만 지금은 500명이 넘는 승객을 태우고 논스톱으로 지구를 반 바퀴 돌 수 있는 초대형 항공기까지 탄생하였다.

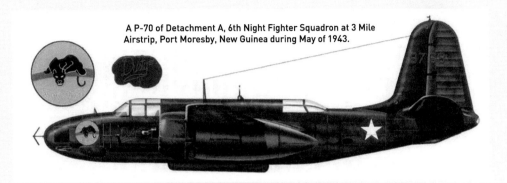

A P-70 of Detachment A, 6th Night Fighter Squadron at 3 Mile Airstrip, Port Moresby, New Guinea during May of 1943.

2차 세계대전이 발발했을 때, 미 육군 항공대에는 다른 공군들과 마찬가지로 — 개전 무렵 레이더를 갖춘 야간전투기는 RAF에만 블레니엄(Bristol Blenheim) 폭격기를 개조해 극소수 배치되어 있었다 — 야간전투기에 필수적인 레이더가 없었다. 당연히 단발 전투기에 탑재될 만큼 작은 레이더는 없었고, 야간작전에 신속하게 투입하기 위해 우선 영국으로부터 관련 기술을 제공받아 더글러스 A-20 해복(Douglas A-20 Havoc) 공격기에 탑재해보기로 결정했다. 이렇게 해서 P-70 나이트호크(Douglas P-70 Nighthawk)가 탄생했지만, 일선 장병들은 아무도 이 둔중한 쌍발기를 전투기로 여기는 이가 없었고 나이트호크라는 공식 명칭 보다는 "먼지떨이(Dusty)"라는 별명으로 불렀다.

[표 1-1]

DATA	
형식 / 명칭	쌍발 복좌 야간전투기 / Douglas P-70 Nighthawk
전장 / 전폭 / 전고	14.53 m / 18.60 m / 5.49 m
익면적	4.2 ㎡
탑승인원 / 초도비행	2명 / 1942년
공허중량 / 전투중량	6,442 kg / 8,088 kg
최대이륙중량	9,215 kg
동력	라이트 R-200-11 성형 공랭식 엔진 X 2기 (1,600 hp x 2)
최대속도	544 km/h
순항속도	?
항속거리	?
상승한도	8,610 m
상승률	612 m/min.
무장	12.7 mm X 8정
전자장비	레이더
비고	현존 기체 없음

〈출처〉 항공기 산업의 현황과 육성방안 : 항공기 산업 발전 심포지움, 경상대학교, 1995.

2 항공운송사업의 구분

1) 정기항공과 부정기항공

항공운송사업은 운항형태의 정기성을 기준으로 정기 또는 부정기항공운송사업으로 분류할 수 있다. 정기항공운송사업은 미리 정해진 특정의 지점 간을 일정한 일시(운항 요일과 운항시간)를 정하여 화객을 운송하는 사업을 말하며 공표된 시간표(Schedule)에 따라 항공기를 정기적이며 규칙적으로 운항한다. ICAO(International Civil Aviation Organization : ICAO, 국제민간항공기구)는 '공중에 개방되고 또한 공표된 시간표에 따라 정기적으로, 그리고 빈번히 실시하는 항공업무'를 정기항공운송사업의 조건으로 정의하고 있다. 또한 공공적 성격 때문에 항공법 및 기타 법령에 의해 여러 가지 규제를 받는다. 우리나라의 항공법에서도 이에 대하여 여러 가지 기준을 설정하여 명문화하고 있다.

이 법에 의하면 정기항공운송사업을 경영하기 위해서는 아래의 조건을 충족해야 한다.

첫째, 사업이 공중의 이용에 적응할 수 있을 것,
둘째, 사업개시로 항공수송력 공급이 과잉되지 않을 것,
셋째, 사업의 안전성이 확보되어 있을 것,
넷째, 사업을 수행할 수 있는 능력을 갖고 있을 것 등을 규정하고 있다.

그 외에도 항공회사의 운항 및 정비에 관한 규정에 대하여 정부의 인가를 받게 함으로써 안전성의 확보를 도모하고 있으며 여객 및 화물의 운임이나 화객의 운송조건을 규정한 운송약관에 대해서도 정부의 승인을 받게 함으로써 수요자를 공공적 입장에서 보호하고 있다.

부정기항공운송사업은 원칙적으로 노선이나 스케줄의 제한을 받지 않고 수요의 요구에 따라 운항이 가능한 지역에는 어디든지 운송을 하는 대신에 정기항공운송과

같은 공공적 성격은 거의 없으며 완전히 채산성 위주로 운영하게 된다. 그러나 실제 운영에 있어서는 여러 가지 규제가 가해지고 있다. 특히 국제선의 경우에는 정기항공의 보호를 위하여 이용자격, 편수, 구간, 시간대 및 사용공항 등에 대하여 각국으로부터 많은 제한을 받는다. 정기 및 부정기항공운송사업은 운항의 정기성, 이용자에 대한 운송의 공개성, 높은 좌석 이용률로 인한 운임 차의 세 가지 점에서 양자의 차이를 찾아볼 수 있다. 즉, 정기항공운송사업의 경우에는 정기성이 항공운송사업의 신뢰도와 이용도를 결정하는 중요한 요인으로 작용하는 데 비하여, 부정기항공운송사업은 운항시간표를 공표하여 정시발착을 해야 할 의무가 없고 또한 이용대상을 일반 대중에게 공개할 의무가 없으며, 이용자의 자격에 제한을 두고 있다.

정기항공운송사업은 일반적으로 연간 평균좌석이용률[1] 55−65%를 전제로 운임을 설정하는 데 비하여 부정기항공운송사업은 80−90%이상의 이용률을 전제로 운임을 설정하기 때문에 그 운임이 정기항공보다 훨씬 저렴할 수밖에 없다. 정기항공운송사업의 경우 경쟁하는 모든 항공사가 각국 정부나 IATA(International Air Transport Association : IATA, 국제항공운송협회)가 인가한 동일 운임을 적용하여 판매하는데 비하여, 부정기항공운송사업의 경우에는 경제성을 최우선적으로 고려하기 때문에 좌석을 증가시켜 보다 많은 여객을 운송하는 것이 중요하며 운임의 저렴성이 경쟁에 있어서 중요한 결정요인이 된다. 항공은 최고의 성장산업이다. 과거 개발도상국이 발전함에 따라 항공수요는 전 세계적으로 갈수록 증가하고 있다. 2011년 이후 금융위기에서 시작된 글로벌 경제 위기에 의해 비록 잠시 주춤하기는 했으나, 전 세계적인 경제성장에 따라 물자의 교역이 활발해지고 있으며, 증가하는 많은 부분이 IT제

---

1 로드팩터(Load Factor) : 항공운송에서 항공기의 적재 가능한 여객수(또는 화물중량)에 대한 실제로 수송한 여객수(또는 화물중량)의 비율을 의미한다. 우리나라에서는 좌석 이용률(여객의 경우), 중량 이용률(화물의 경우)이라 한다. 구체적으로 여객에 관해서는 좌석 · km에 대한 인(人) · km, 화물에 관해서는 유효 t · km에 대한 유상(有償) t · km의 비율로 나타낸다.
Seat Load Factor=(유상승객수 +무상승객수/유효좌석)×100 으로 나타낼 수 있다.
따라서 항공사 RM(Revenue management)에서는 탑승률(Load Factor, L/F)과 평균 항공권가격(Average Revenue, A/R) 중에서 어느 쪽에 더 무게를 두고 RM을 운영하는 게 옳은지 고민하게 된다.

품과 같은 고부가가치의 경량 상품이 증가함에 따라 물자의 항공수송량이 증가하고 있다. 가장 좋은 예는 우리나라도 최근 반도체, LCD 등 고부가가치 IT제품 수출이 크게 증가함에 따라, 항공을 통한 화물수송량이 세계적 수준에 이르고 있으며, 국적 항공사인 대한항공과 아시아나항공은 각각 국제선 화물 톤킬로 기준으로 1위, 아시아나항공은 14위를 기록하는 세계적인 항공사로 발돋움 하였다.

국토교통부가 발표한 2019년 국내외 항공사들이 국제선과 국내선의 정기편 항공 운항 일정표(스케줄)를 분석하여 보면, 이번 동계기간에는 국제선은 96개 항공사가 총 378개 노선에 왕복 주 4,980회 운항할 계획이며, 전년 동계와 대비하여 운항횟수는 주 135회(약 2.8%↑) 증가하였다.

국가별로는 중국이 전체 운항횟수의 약 25.3%(주 1,260회)로 가장 많이 차지하고 있으며, 그 다음으로 일본이 약 18.9%(주 939회), 베트남 약 11.4%(주 569회), 미국 약 10.7%(주 534회) 등의 순이다. 반면, 일본의 수출규제 조치 이후 방일 관광객 감소에 따라 일본노선은 '18년 동계대비 약 24%*(주 301회↓) 대폭 감소하여 '18년 동계('18.10월)기간 이후 유지하던 운항횟수 1위에서 1년 만에 밀려났다.

한편, 동남아시아 등으로 노선 다변화 및 항공회담을 통한 중국 운수권 배분에 따라 일본운항 감소에도 불구하고 '18년 동계 대비' 19년 동계 국제선 운항횟수는 135회 확대(2.8% 증가)되었다. 항공사별 운항횟수 비율을 보면, 우리나라 항공사 64.9%(주 3,230회), 외항사 35.1%(주 1,750회)이며, 대형항공사*(FSC)는 56.3%(주 2,584회), 저비용항공사*(LCC)는 43.7%(주 2,006회)를 차지한다. 우리나라에서 운항횟수가 많은 도시는 홍콩(주 281회), 일본 동경(나리타, 주 269회), 일본 오사카(주 264회), 중국 상해(푸동, 주 247회) 순으로 나타났다.

[표 1-2] 최근 5년간 사업별 항공기 등록 추이

연도	2015	2016	2017	2018	2019
대수(대)	724	761	793	835	853
증가(대)	69	37	32	42	18
증가율(%)	10.6	5.12	4.2	5.3	2.2

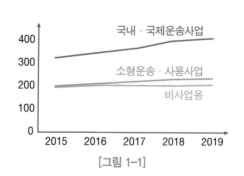

[그림 1-1]

2) 여객 · 화물 · 우편물 운송

항공운송사업은 운송대상이 되는 객체에 따라 여객운송사업, 화물운송사업, 우편물 운송 사업으로 분류할 수 있다.

종래에는 항공운송사업이라 하면 여객운송이 중심이었고 화물운송은 여객운송의 부대사업으로 취급되어 왔으나, 항공기의 대형화와 경제성이 향상되면서 화물운송 사업도 점차 독립된 운송 사업으로 부상하였으며, 최근에는 항공운송사업의 신장률이 여객사업의 신장률을 상회할 정도로 급속한 발전을 하고 있다.

여객이나 화물과 함께 중요한 운송대상이 되고 있는 것이 항공우편물이다. 항공우편이 항공운송사업에 준 영향은 매우 크다. 1920년대 초기의 항공운송은 우편물 운반이 주류를 이루었다. 미국을 위시하여 많은 국가가 우편운송료의 형태로 항공운송사업에 대한 보조를 해 왔다.

우편의 공공성 때문에 항공우편물은 여객이나 화물에 우선하여 운송해야 할 의무가 부여된다. 항공우편물의 운송위탁계약서에는 항공보안상 필요로 하는 사람 또는 물건을 급송하는 경우를 제외하고는 우편물을 최우선적으로 수송하도록 명기하고 있다. 또한 법률에 의해 항공우편물의 운송에 관계하는 자는 우편의 비밀을 지켜야 할 의무가 부여된다. 따라서 항공사의 직원은 개인의 우편물 교환에 관한 정보를 말하거나 우편행낭을 열어보거나 또는 그러한 행위를 제3자가 할 수 있는 기회를 제공해서는 안 된다.

항공사는 체신당국과의 계약에 의해 항공우편물을 수송하지만 항공화물과 다른 점은 우편 운송료율이나 요금(지불)의 정산 등이 국제조약에 의해 결정된다는 점과 항공화물운송장(Air Way Bill)대신에 우편물의 인도명세서(Delivery List ; AV-7)를 사용한다는 점이다.

각국 간에 이루어지는 국제우편업무는 만국우편연합(UPU)이라는 국제단체를 중심으로 이루어지고 있다. 대부분의 국가들이 UPU에 가입하고 있으며 항공우편만이 아니고 국제우편업무 전반을 여기에서 관장하고 있다. 이 단체는 1874년 10월에 스위스의 베른에서 결성되었는데 만국우편조약이라는 국제조약이다.

3) 국내항공과 국제항공

　항공운송사업은 운송지역을 기준으로 국내 또는 국제항공운송사업으로 분류된다. 자국의 영역 내에서 항공기를 사용하여 여객, 화물, 우편물을 유상으로 운송하는 것이 국내항공운송사업이며 2개국 이상의 영역 간에 운송하는 것이 국제항공운송사업이다.

　국내항공운송사업은 자국의 항공법에 의하여 규제되며 항공운송사업을 경영하고자 하고자 할 경우에는 정부의 면허를 받아야 된다. 국제항공운송사업은 각국의 항공법 및 양국 간에 체결된 2국간 항공협정에 의해 이루어진다.

　국제항공운송사업은 항공기의 대형화, 고속화 및 안전성의 향상, 세계 경제의 고도성장과 교류의 증대를 배경으로 급성장하고 있으나, 관계국간의 항공권익의 교환을 전제로 한 항공협정을 체결함으로써 비로소 항공사는 사업을 개시할 수 있으며 동시에 각국이 자국 항공회사에 대한 보호주의적 입장을 견지하는 경향이 강하다는 점에서 상당한 제약을 받는다.

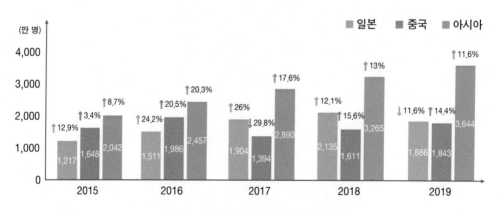

[그림 1-2] 주요지역 국제선 실적 추이

〈출처〉 국토교통부 국제선 실적추이 보도자료, 2019.

3 세계항공산업의 흐름

세계 항공산업은 특히 19801년대와 1990년대를 거치면서 양적·질적으로 급격한 성장을 이룩하여 왔으며, 세계화·자유화·민영화의 큰 축을 중심으로 경쟁체제가 심화되어왔다. 최근 들어 항공자유화 및 항공사간의 전략적 제휴, 지역 간 통합운송시장의 확산으로 다양한 형태의 경쟁구도가 형성됨에 따라 산업구조 또한 크게 변화하고 있다. 항공운송시장 환경도 그간 '규제와 보호'가 중요시 되었으나 장래에는 '경쟁과 협력'에 의한 시장원리가 강조될 것으로 보이며, 당분간 세계화·자유화·민영화 추세는 지속될 것으로 전망된다.

이와 함께 대형항공사(Full Service Carrier : FSC)간 제휴를 넘어 저비용항공사(Low Cost Carrier : LCC)도 다양한 형태의 전략적 제휴로 거대 전략제휴그룹이 등장할 전망이다. 저비용항공사가 발달한 미국, 유럽에서는 저비용항공사 시장이 2017년까지 약 50%까지 성장할 것으로 예측되고 있으며, 아시아지역의 저비용항공사 역시 2001년 이후 규제완화와 항공자유화의 확대로 시장 참여가 활발할 것으로 전망된다.

Airline Insight 〉 민간항공사의 발자취

1914 최초의 민간 항공기 비행

1월 1일 오전 미국인 토마스 베노이스트의 수상항공기 1대가 미국 플로리다 주 세인트피터즈버그의 항만을 이륙, 23분간 비행한 뒤 플로리다 주 템파베이에 착륙했다. 이렇게 상업용 민간항공 역사의 첫 페이지가 열렸다. 승객은 경매를 통해 400달러(현재 화폐가치 9,300달러)를 지불한 당시 세이트피터즈버그 시장 1명이었으며 이동거리는 30km이었다.

1945 IATA 창설

국제 항공 운임 결정을 비롯해 운항·정비·정산 (精算)·표준화 등의 업무를 수행하는 세계 최대 민간항공 협력조직인 국제항공운송협회(IATA)가 4월 19일 설립됐다. 31개국 57개 회원사로 시작해 현재는 118개국 240여개 민간항공사가 가입돼 있는데 이들이 전세계 항공 여객·화물 운송의 84%를 책임진다.

1976 초음속 여객기 '콩코드' 취항

1월 21일 순항속도 마하 2의 콩코드 여객기 2대가 각각 런던-바레인, 파리-리우데자네이루 노선에 공식 취항했다. 이로써 콩코드는 상업 운행에 성공한 최초의 초음속 여객기가 됐다. 소닉붐과 고비용, 저연비 등의 문제가 끊임없이 대두되면서 2003년 10월 역사의 뒤안길로 사라졌다.

1998 북극항로 개척

7월 5일 캐세이패시픽항공이 세계 최초로 북극을 통과하는 일명 '북극항로'를 통해 뉴욕과 홍콩을 연결했다. 이 항로를 이용하면 비행시간이 단축돼 연료비 절감이 가능하다. 현재 대한항공(2006년), 아시아나항공(2009년)을 포함해 싱가폴항공, 유나이티드항공, 아메리칸항공, 에어캐나다 등이 북극항로를 이용 중이다.

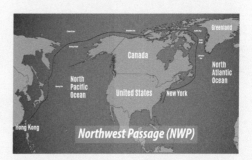

2008년 종이티켓 아웃! 전자항공권 시대

6월 1일을 기해 기존의 종이 티켓이 전자항공권으로 100% 전환됐다. 2004년 6월 IATA가 전자항공권으로의 전환을 천명한지 4년 만에 이룬 성과였다. 이를 통해 항공업계는 연간 최대 30억 달러의 비용을 절감했고, 고객들도 항공권 분실·훼손의 우려에서 벗어났다. 최초의 전자항공원은 1994년 10월 유나이티드항공이 발행했다.

〈출처〉 한국 교통 연구원, 시장환경 변화에 따른 항공운송산업 경쟁력 연구, 송기한, 2014.

4 항공운송사업의 경영상의 특성

항공운송사업은 일반제조업이나 타교통사업과는 다른 경영환경에 놓여 있다. 또한 정부의 규제, 각국의 항공정책에 의한 제약, 기타 항공운송에만 요구되는 각종 경영환경의 제약 하에서 경영되지 않을 수 없다.

1) 공공운송인으로서의 특성

(1) 공공성(公共性)

정기편 항공사는 불특정의 일반 대중을 대상으로 하는 공공운송인(Common Carrier)으로, 제공하는 서비스는 누구라도 이용할 수 있도록 하지 않으면 안 된다. 이점은 철도, 버스, 여객선 등 타 교통 사업자와 마찬가지다. 또한 노선의 폐지도 정부의 인가 없이는 임의로 할 수 없다.

항공운송에 대해서는 우리나라의 항공법에 이 같은 명시규정은 없지만 공공교통기관으로서 요구되는 최소한의 의무는 항공운송에도 분명히 있다고 보아야 할 것이다. 정기편 항공사는 고객을 차별 없이 운송해야 하며 유리한 고객만을 선택할 수는 없다. 또한 좌석이용률이 너무 높으면 항상 이용할 수 있어야 한다는 공공교통기관으로서의 의무를 수행할 수 없게 된다.

이러한 요구나 의무를 만족시키기 위해 항공회사는 운항 횟수를 증가시키거나 기재의 크기나 기수 등 생산설비의 규모를 확대하지 않으면 안 된다. 다만 이로 인하여 항공회사가 부담하게 될 비수기의 생산능력 과잉문제는 원가의 상승 등 경우에 따라서는 경영상 심각한 압박요인이 될 수 있다.

(2) 정기성

정기편 항공사는 항공법이 인정하는 기상이나 기타 불가항력적인 사유가 발생하는 경우를 제외하고는 인가된 사업계획대로 항공운송서비스를 제공해야 할 의무가 있으며, 경영상의 이유나 사정만으로 사업을 중지하거나 계획을 임의로 변경할 수 없다.

'수송력을 제공함'에 있어서 항공수요를 충분히 고려하여 특정 지점 간을 연결하는 노선을 선정하고 그 노선에 가장 적합한 항공기를 일정 횟수만큼 운항하도록 해야 하며, '운항의 정기성 유지'는 최대의 수요를 획득할 수 있도록 가장 유리한 운항 스케줄을 설정해야 한다. 동시에 항공기의 효율적인 운영으로 가동률 (Utilization)의 향상과 운항의 정기성을 확보할 수 있도록 운항 스케줄을 설정해야 하기 때문에 서로 상반된 두 개의 명제를 동시에 만족시킬 수 있도록 합리적으로 조정해야 하는 것이 경영상의 큰 과제가 된다.

2) 정부 및 정책에의 의존성

항공운송사업은 노선과 터미널을 필요로 하는 사업이다. 항로나 공항은 정부가 소유하면서 정부의 주관 하에 경영되기 때문에 항공사는 정부가 어떠한 공항이나 항공로를 제공하느냐에 의해 경영상의 의사결정에 큰 차이를 나타내게 된다.

또한 국제운송의 경우 사업의 기초로서 항공협정체결이 전제조건이다. 국제항공노선은 관계국가 상호간에 항공협정을 체결해야만 개설할 수 있는 것이다. 그렇게 하지 않고서는 노선개설은 물론 운항횟수의 증편도 임의로 할 수 없다. 결국 국가 간의 항공권익의 교환을 전제로 항공사의 경영활동이 이루어지는 것이 원칙이지만 반드시 그렇지 않을 수도 있어 불리한 항공협정이 체결되면 대등한 국제경쟁이 불가능하게 되며, 항공사의 영업 면에서만이 아니고 경영면에서도 기업의 노력만으로는 어떻게 할 수 없을 정도로 경쟁상 불리한 결과를 가져오게 된다.

그러나 정부의 개입은 제한적 성격에만 그치는 것이 아니고, 경우에 따라서는 보호나 육성 면에서 정책적으로 다루어지는 경우도 적지 않다. 그러나 이 경우에도 그 대가로 항공사는 경영의사를 결정하는데 일정한 제약을 받게 된다. 특히 국제항공의 경우에는 항공사의 경영은 자국 정부의 항공정책에 의해서 뿐만 아니라 상대국가의 정책에 의해서도 직접적인 영향을 받게 된다.

제2절 > 항공운송사업의 기능과 역할

1 항공운송사업의 의의와 역할

관광업은 정보통신산업과 함께 근세기의 가장 유망한 산업으로 분류되고 각국 정부도 정부정책의 제 1순위로 책정하여 관광산업을 발전시키고 있다.

교통업은 이러한 관광산업에 있어 가장 중요한 요소로서 관광산업발전에 가장 큰 영향력을 행사한다고 할 수 있는데 그 중 항공산업은 교통업의 중추적 역할을 담당하고 있다.

일반적인 항공운송업의 의의를 살펴보면 다음과 같다.

첫째, 교통수단의 혁명을 가져다주었다.

교통수단의 역할은 항공운송산업 본연의 역할로서 철도, 버스, 선박 등 다른 교통수단을 이용한 산업과 마찬가지로 인간에게 지리적 한계를 극복하도록 도와준다.

이러한 항공운송의 발달은 경쟁적 입장에 있는 여러 교통수단의 근대화를 촉진하는 요인으로서 기여한 공로도 결코 경시할 수 없는 일이다.

둘째, 사회·문화적 역할을 들 수 있다.

항공운송산업은 당초의 수송수단의 역할에서 경제수단의 역할과 함께 사회·문화, 정치 및 종교에 이르기까지 인간 전 생활에 큰 영향을 주게 되었다. 이제 한 나라의 문화는 통신수단에 의해서만이 아닌 항공수송수단에 의해서 빠르게 전 세계에 직접 전파할 수 있게 되었다.

셋째, 항공운송산업은 세계평화유지에 공헌하였다.

두 차례에 걸친 세계대전의 결과 항공기 제작기술이 급속히 발전하였다는 것은 어쩌면 항공 운송 발전은 전쟁의 결과에서 연유되었는지도 모르겠다. 제 2차 대전 이후 과거 50년간 전쟁의 위험성이 있을 때마다 각국의 최고 책임자들은 직접 국제연합의 장을 중심으로 하여 빈번하게 회담하고 그 결과 전쟁을 미연에 방지한 사례는 허다하다. 그런데 이러한 회담을 가능하게 만든 것이 곧 국제항공운송이라고 할 수 있다. 특히 최근에 이르러서는 각국의 여행자가 여러 나라를 방문하여 타국의 사정을 이해하고 외국에 친구를 만들어 나감으로써 상호간의 유대를 더욱 발전시키는 것은 다 평화유지의 한 수단이 된다.

넷째, 관광의 촉진수단으로서의 역할이다.

앞에서 본 바와 같이 우리나라의 경우 해외 관광객의 95% 이상이 항공편을 이용하여 여행을 떠나고 있으며 전 세계적으로도 최소 50%를 넘어서고 점차로 항공기를 이용한 해외여행객의 수요가 증가하고 있는 추세이다. 이러한 원인은 항공여행이 가져다주는 안락함과 편리함 그리고 신속함 등의 특성에서 유래한다.

다섯째, 고용증대와 상업무역의 확대를 가져왔다.

항공운송산업의 기본적인 역할은 단순한 인간과 재화 및 용역 등의 이동을 주목적을 하고 있지만 이 기본적인 목적달성과 연관해서 고용증대 국민소득의 향상, 상업무역의 확대, 통신 공업기술의 발전에 크게 기여하고 있다고 할 수 있다. 그리고 교통수단으로서의 항공운송업의 역할은 다음과 같다.

① 항공운송은 초고속과 장거리 교통 능력을 획기적으로 개발·실용화 시켰다.
② 항공운송으로 인하여 우편물, 속달화물, 통신 분야의 획기적 발전을 이룩하였다.

④ 모든 교통수단들을 연결하여 운송의 신속화 · 효율화를 촉진하였다.

⑤ 항공 기술 산업의 발달은 타 교통기관의 발달과 서비스의 개선을 촉진시켰다.

2 항공운송의 가치와 특성

항공운송이 항공운산업의 발달과정에서 나타난 여러 가지의 역사적, 기술적, 경제적, 편의적 성격 중에서 육상교통과 해상교통과 비교하여 어떠한 가치와 특성을 가지고 있는가를 알아 볼 필요가 있다.

1) 안전성(Good Safety)

항공교통의 안전성은 항공기 및 항공로 등의 기술적인 원인이나 기상조건 등의 자연적인 원인에 의해 크게 좌우되기 때문에 항공발달의 초기에는 안전성이 매우 낮았다. 그러나 최근 개발된 항공기들은 모두 설계 시부터 FAIL SAFE[2]의 원리를 도입하여 항공기의 안전성을 최대로 확보하고 있으며 공항시설의 발달과 운항기술의 개선 등으로 안전성이 더욱 확보되었으며 또한 비행장이나 항공로 등의 시설도 대폭 개선되어 안정성의 향상에 기여하고 있다.

그러나 항공기, 운항, 정비기술, 통신기재 및 항해원조시설 등의 급속한 발달로 안전성은 크게 향상되었으며, 최근에는 타 교통기관에 필적할 수 있는 수준에까지 이르러 해상운송이나 육상운송과 비교하더라도 전혀 손색이 없다.

항공여객의 치사율은 항공기가 1억 여객 킬로미터를 비행하는데 대하여 0.05명의 비율이었으며, 이는 15억 4천만 킬로미터마다 1명의 사망사고를 낸다는 계산이 된

---

2 FAIL SAFE구조 : 구조의 일부분에 부분적인 파괴가 생기더라도 즉시 구조전체의 치명적인 파괴로 확대되지 않고 수리할 때까지 안전하게 비행할 수 있도록 설계된 구조. 즉 항공기의 유압시스템이나 전기 시스템의 기분 시스템(Original System)이 작동하지 않더라도 제2, 제3의 시스템이 즉시 대체 작동되는 다중구조를 의미한다.

다. 이는 항공기가 적도를 따라 비행하여 지구를 3,850회 회전할 때 1명의 사망자가 발생하는 정도의 사망사고율에 지나지 않는다. 그러나 점보기 등의 대량수송으로 인하여 일단 사고가 발생하면 일반적으로 많은 희생자를 내는 경우가 많기 때문에 어떤 면에서는 항공교통의 안전성은 정당한 평가를 받고 있지 못하는 경향이 강하다.

이처럼 항공운송의 안전성은 기술의 향상과 항공사의 안전성 확보를 위한 노력에 의해 매년 향상되고 있으나 안전성의 철저한 추구는 항공사의 채산성과 상반되는 경우도 있다. 따라서 항공교통의 공공성을 감안하여 안전성 확보를 위한 최저의 기준을 설정할 필요가 있으며, ICAO는 항공기에 관한 감항 기준, 운항을 위한 운항기준, 기타 필요한 제 기준을 규정하고 있고, 각국은 법률로 이를 규제하고 있다.

항공기 안전수칙 7계명
1. 안내방송을 주의 깊게 듣자!
2. 옷차림은 편하고 간편하게 입자!
3. 자신의 좌석에서 가까운 비상구를 확인하자!
4. 안전벨트는 항상 착용하자!
5. 짐은 풀지 말고, 짐 상태를 수시로 점검하자!
6. 탑승 중 음주는 절대로 하지 말자!
7. 아이와 탑승 시, 아이 좌석을 별도로 확보하자!

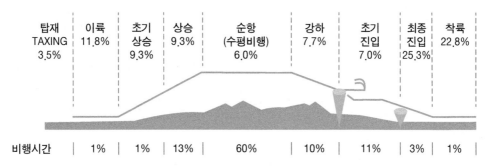

탑재 TAXING 3.5%	이륙 11.8%	초기 상승 9.3%	상승 9.3%	순항 (수평비행) 6.0%	강하 7.7%	초기 진입 7.0%	최종 진입 25.3%	착륙 22.8%

비행시간	1%	1%	13%	60%	10%	11%	3%	1%

[그림 1-3] 비행 형태별 항공사고 발생률의 분포

〈출처〉 P.P.C.Haanappel, The Law and Policy of Air Space and Outer Space, Kluwer Law International, 2003.

2) 고속성(High speed)

항공운송이 운송수단으로서 가장 중요한 가치와 특성은 고속성의 창출에 있다고 할 수가 있다. 이러한 스피드 화를 통하여 시간가치를 증대시켰고, 시간 및 거리에 대한 관념을 변화시켜 해외여행에 의한 국제교류의 대중화를 초래하였다.

항공운송의 스피드 향상추세를 살펴보면 1950년대에는 273km/hour, 1960년대에는 시속 500km, 1970년대에는 760km로, 그 이후 초음속기의 탄생으로 더욱 고속화되어 왔다.

정기항공은 지상유도➔이륙➔상승➔순항➔강하➔착륙➔지상유도라는 일련의 과정을 밟아 비행을 완성하게 된다.

그중 가장 스피드가 발휘되는 것은 항공기가 일정한 고도를 유지하면서 순항할 때에 일어난다. 따라서 순항속도가 길어지면 길어질수록 항공운송의 고속성이 더욱 발휘되어져 교통 기관으로서의 가치를 더욱 발휘하게 되고 더불어 그 평가도 높아지게 된다.

반대로 구간거리가 짧아지면 짧아질수록 저하되므로 고속성의 가치가 저하되게 되는 것이다. 그런데 비행장과 도심 간의 지상교통에서 상당한 시간이 걸리게 되어 민간수송기의 고속성을 반감시키는 원인이 되고 있다. 현재의 민간 항공기는 헬리콥터를 제외하고는 이착륙을 위하여 광대한 비행장이 필요한데 일반적으로 공항은 도심에서부터 멀리 떨어진 지점에 위치하는 경우가 많다. 따라서 초고속 전철의 등장 등 환경 변화에 대응하여 단거리 노선에서 타 교통기관과 비교하여 항공교통의 교통능률인 고속성을 어떻게 높이느냐가 경쟁상 중요한 부분이기도 하다.

Airline Insight ▷ 항공기 속도(Speed)의 종류

항공기의 속도를 표시하는 대표적인 단위는 노트(Knot)와 마하수(Mach Number)로 구분된다. 전투기를 제외한 일반 항공기의 속도는 드넓은 바다를 떠다니는 배의 속도를 나타내는 단위인 노트를 사용한다. 1 노트는 1시간동안 1.85 km를 이동하였을 때의 속도를 말한다. 또한 전투기와 같이 매우 빠른 초음속 항공기의 속도 단위는 보통 마하(Mach)라는 단위로 표시되며, 비행기의 속도를 음속(Sound Velocity)으로 나눈 것이 마하수이다. 이것은 음속의 원리를 개발한 오스트리아의 과학자 에른스트 마하(Ernst Mach)의 이름을 딴 것이다. 음속은 1초에 340m를 날아가는 소리의 속도를 말한다. 항공기가 음속과 동일한 속도로 비행할 경우 마하 1의 속도라고 하며, 시속 1,200 km에 해당한다. 즉 초음속 비행은 소리가 공기 중에서 이동하는 속도보다 빨리 나는 것을 의미한다.

항공기에서 사용하고 있는 속도의 종류로는 대기속도(Air Speed)와 지상속도(Ground Speed)가 있다. 대기속도는 항공기를 스쳐 지나가는 공기의 속도를 말하며, 지상속도는 단위 시간당 항공기가 이동한 거리로서 우리가 지금까지 알고 있는 일반적인 속도의 개념이다. 항공기의 대기속도는 항공기에 부딪히는 공기의 동압(Dynamic Pressure)을 측정해서 계산되기 때문에 항공기가 위치한 고도와 바람의 영향을 받는다. 항공기가 이륙을 위해서는 양력(Lift)이 사용되며, 그 양력은 공기의 속도, 즉 대기속도에 비례하기 때문에 항공기의 속도에서는 지상속도를 사용하지 않고 대기속도를 사용한다.

대기속도는 지시대기속도(IAS: Indicated Airspeed), 수정대기속도(CAS: Calibrated Airspeed), 등가대기속도(EAS: Equivalent Airspeed), 진대기속도(TAS: True Airspeed)등으로 구별된다.

일반적으로 국제선 항공기를 이용할 경우, 항공기가 높은 고도(30,000 ft 이상)에서 비행하고 있는 것을 알 수 있다. 이는 높은 고도상의 공기 밀도는 낮은 고도상의 공기밀도 보다 작기 때문에 흐르는 공기의 속도에 따른 공기의 압축력이 낮아져 저고도에 비해 항공기가 더 빠르게 비행할 수 있고, 또한 공기 저항이 적어 연료 효율이 높아지는 이점이 있기 때문이다. 따라서 일반적으로 경제적 운항을 위하여 항공기는 연료 효율이 우수한 높은 고도에서 순항 비행하는 것이다.

자동차와 동일하게 항공기에도 경제속도(Economy Speed)가 있으며, 이것은 항공기의 운항 비용이 가장 낮아지는 속도를 말한다. 일반적으로 항공기의 속도가 빠를수록 연료의 소비량이 증가하여 연료비용이 높아진다. 반면에 속도가 너무 늦으면 연료비용은 낮아지지만, 시간이 더 걸려서 시간 비용은 커진다. 따라서 연료비용과 시간 비용을 동시에 고려한 운항 비용이 가장 낮아지는 속도가 항공기의 경제속도이다. 다만 이 경제속도는 기체의 무게, 비행고도 및 바람에 의해 변화된다.

〈출처〉 항공기 속도(Speed)의 종류| happycoach

3) 정시성(Departure & Arrival on time)

여객운송에 있어서 항공기가 아무리 고속이라 하더라도 항공사가 발착시간을 예정대로 준수하지 않을 경우에는 결국 타 교통기관을 이용하게 된다. 그러나 타 교통기관과 비교할 때 항공의 경우 정시성을 확보하는 것이 훨씬 어렵다. 왜냐하면 항공기의 정비가 복잡하고 어려울 뿐만 아니라 기상조건에 크게 영향을 받기 때문이다. 기상조건은 비행장에서의 기상상태와 비행경로상의 풍속이 주로 문제가 된다.

최근에는 정시성을 저해하는 요인으로 공항에서 이착륙시의 혼잡이 큰 문제로 대두되기도 한다. 대도시의 주요 공항의 유도로(Taxiway)에 많은 항공기가 출발을 대기하거나, 목적지 공항의 혼잡 때문에 공항의 상공을 선회하면서 착륙을 대기하는 경우가 많다. 그러나 항공교통의 약점인 정시성은 항공기의 고속성을 이용하여 수송 빈도를 높임으로써 어느 정도는 보완할 수 있다. 정시성을 측정하는 지표로서는 정기항공운송의 경우 취항률, 정시 출발률, 정시 도착률 및 지연시간 등이 있지만 항공사가 공표한 시간표에는 다소 여유를 갖고 있고 기상상황에 따라 비행이 좌우되기 때문에 주로 취항률과 정시 출발률이 항공시간 정시성의 우열을 비교하는 자료가 된다.

4) 쾌적성(Good Refreshing)

항공기는 중량과 용적에 의해 상당한 제약을 받기 때문에 객실의 시설과 서비스가 일류 호텔이나 호화 여객선의 수준까지 미치지 못하는 것은 당연하다. 또한 고속성과 경제성을 확보하기 위해서도 서비스를 제공하는데 어느 정도의 제약이 불가피하다. 일반적으로 항공기의 시설은 안전성, 쾌적성과 편리성을 고려하여 설비된다.

쾌적성의 요소로는 객실내의 시설, 기내 서비스, 비행 상태 등 세 가지를 들 수 있는데 항공기가 제트화, 대형화되면서 객실 내 소음도 줄이고 여행시간도 단축되었으며 1만 미터 이상의 고도비행으로 기상영향도 줄일 수 있게 되었으며 객실 내 거주성도 많이 향상되었다. 최근의 항공기 제조회사들은 항공공업기술의 발달로 방음장치, 기압 및 온도 조절장치, 진동 및 소요를 최소화하는 장치, 기타 Air Show에 필요한, Audio, Video등의 장치 및 고객용 통신장치 등을 거의 모든 기종에서 대등한 수준으로 향상시켰기 때문에 최근의 쾌적성의 우열판단은 기재 등의 Hard-Ware 보다는 객실 승무원의 서비스자세, 기내식 및 주류 서비스 등에서 판가름 된다고 보여진다.

5) 경제성(Economical Efficiency)

일반적으로 항공교통은 운임이 고가이며 고급 교통수단이라는 선입관이 정착해 있다. 그러나 항공운임은 오랜 기간을 거쳐서 물가의 상승과 화폐가치의 하락으로 비교적 저렴한 수준까지 인하되었다. 특히 시간의 절약을 고려한다면, 상대적으로 항공교통의 경제성은 대단히 높다고 할 수 있다. 따라서 국내선 항공기 이용자의 증가는 물론, 국제선에 있어서도 유일한 교통수단으로써 이용자가 계속 증가하고 있다.

여객의 경우 수십 명 이상의 단체에 대한 할인율은 정상요금의 약 40% 정도에 이르고 있고, 이러한 요금을 이용하는 여객이 국제선 여객전체의 절반 수준을 넘고 있는데 있다. 환언하면 항공여객의 반 이상이 정규 공시된 개인요금의 반액으로 항공여행을 즐기고 있다고 볼 수 있다.

6) 국제성(Internationality)

항공사가 국제항공시장에 참여할 수 있느냐의 여부는 정부 간의 항공협정에 의해 결정된다. 만일 우리나라의 항공사가 외국의 어느 지점에 노선을 개설하려는 경우에는 우선 정부 간에 개별적인 협약(항공협정)이 체결되어야 하며, 협정상 지정된 항공사만이 지정된 노선에서 운송 업무를 할 수 있다. 이에 따라 항공사는 취항도시의 수, 운항 횟수, 총 공급좌석 등에 대해 사실상 국제적 규제를 받고 있다. 국제항공운임도 국제항공운송협회(IATA)의 운임협정에 의해 이루어지고 있다.

항공기 속도와 바람 (Air Speed and Wind)

대지속도(Ground Speed)는 항공기속도와 공기(바람)속도의 합이다.
항공기속도가 500낫트이고, 바람성분이 50낫트의 배풍(Tail Wind : 뒷바람)이라면, 대지속도는 550낫트가 된다.
반면, 바람성분이 50낫트의 정풍(Head Wind : 맞바람)이면, 대지속도는 450낫트가 된다.

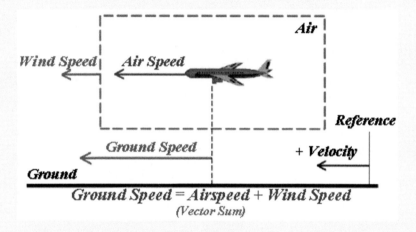

따라서 5000마일의 동일한 거리를 배풍 50낫트로 비행하면 9시간이 걸리지만, 정풍 50낫트로 비행하면 11시간이 소요된다.

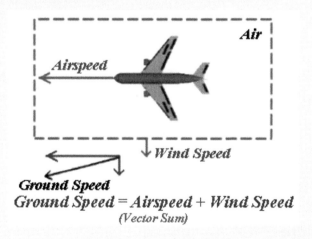

〈출처〉 항공기 속도와 바람(Air Speed and Wind)|작성자 플톱스

③ 항공운송사업의 서비스 개념

1) 항공사 서비스의 개념

우리나라 항공법에 따르면 항공운송사업이란 타인의 수요에 응하여 항공기를 사용하여 유상으로 여객 또는 화물을 운송하는 사업을 말한다. 그러므로 항공운송서비스(Air Transportation Service)는 정부기관으로부터 법적으로 허가를 받은 운송업자가 고객에게 일정한 공간(좌석, 화물칸 등)을 제공하고, 여기에 인적 · 물적 서비스를 결합시켜 승객과 화물을 원하는 목적지까지 정해진 시간 내에 안전하게 이동시켜주는 서비스라고 정의할 수 있다.

즉, 항공사서비스는 항공기란 하드웨어를 이용해서 설정된 항공노선을 따라 비행하면서 여객을 친절하고 안전하게 그들의 목적지까지 운송해 주는데 있으며, 이 때 여객은 운송서비스를 구입하지만 그들이 목적지에 도달했을 때에는 구매대가로 받은 유형재는 아무것도 없고 원하는 목적지까지 무사히 도착한 안도감과 함께 비행중의 안락함과 쾌적성 그리고 여기에 다소의 유형재와 추가적인 서비스가 수반된 것이라고 정의하고 있다. 즉 항공운송은 이것이 제공하는 경제적 편익에 주목하여 각국에서는 유통시스템을 체계화하고 정보통신망을 강화하는 한편, 인적 자원을 보강함으로써 수송체계가 완벽하게 이루어지게끔 유도하고 있으므로 항공운송은 현대사회에서 주요 부분을 점하고 있다고 하겠다.

이처럼, 항공사는 항공운송상품을 고객에게 판매하여 얻는 수입으로 경영해 나가는 기업을 말하는데, 항공운송이란 상품은 근원적으로 일정한 기내공간을 고객에게 제공함으로써 형성된다. 그러나 기내공간만의 제공으로는 상품가치가 불완전하므로 여기에 인적서비스가 추가됨으로써 완벽한 상품으로서 항공운송의 가치가 발현된다.

특히, 1978년 미국이 규제완화(The Airline Deregulation Act)라는 항공업계의 새로운 변화를 통해 세계 항공을 제패하려는 시도를 보이자, 세계 각국은 국내적으로 항공사에 대한 진입과 가격규제를 철폐하는 자유화 조치를 시행하였다. 특히, 일본과 영국을 비롯하여 대만과 호주에서는 시장진입에 대한 규제를 대폭 완화하여 자유 경쟁에 의한 국적항공사의 경쟁력 향상에 정책의 초점을 맞추고 있다. 각국의 항공 사에 대한 규제완화는 신규 항공사의 진입을 증대시켜 공급을 증가시켰고, 가격규 제폐지로 자유시장 가격에 의한 경쟁을 심화시키고 있으며, 이러한 변화는 결과적 으로 항공사들의 채산성을 크게 악화시키고 있다.

이러한 경쟁의 주원인인 규제완화의 결과는 개방적인 시장진입으로 인한 항공사 간의 경쟁 심화와 다수의 항공사가 파산과 합병, 연계운항시스템(Hub and spoke system)의 이용을 활성화 시켰으며, 전략적 제휴로 항공시장의 집중화와 요금구조 의 변화 등을 초래하였다.

2) 포스트 코로나 시대의 항공산업 전망

2019년 12월 중국 우한에서 처음 발생한 신종 바이러스에 의한 호흡기 감염질환 인 코로나19(COVID-19)는 항공산업뿐 아니라 전 세계 경제시스템에 크나큰 영향 을 미쳤다. 이것은 아직도 현재진행 중이며, 전 세계 사람들의 행동 양식과 가치관 에도 지대한 영향을 미치고 있다. 한편, 세계 각국에서 항공자유화가 진전됨에 따 라 소비자의 다양한 욕구, 서비스 향상도모, 경영기반 및 국제경쟁력을 강화하기 위 하여 국영항공사의 민영화가 추진되고 있다. 따라서 과거 국영항공사 체제를 유지 하던 세계 각국은 자국항공사의 효율성제고와 국제 경쟁력 강화를 위해 국영항공 사를 전부 혹은 부분적으로 민영화하는 조치를 단행하고 있다. 최근 민간 항공사들 의 다국적화 체제로의 전환 움직임이 세계의 대형항공사들의 항공사간 전략적 제휴 와 연합에 의한 세계화가 활발히 추진되고 있다. 마케팅 능력 강화를 통해 증가추세 인 국제 항공교통량의 효과적 흡수 및 각국의 보호주의에 대처하기 위한 세계화 전 략은 아메리칸, 델타항공, 유나이티드 항공 등의 초대형 항공사가 출현한 이래 단일 대륙에서 형성된 거대항공사들은 대륙 간 항공사와의 연합과 제휴를 통해 네덜란드 (KLM)와 델타항공(DL)항공, 영국항공(BA)과 아메리칸 항공(AA) 그리고 최근의 델타항공(DL)의 노스웨스트항공(NW)의 합병과 같이 세계항공시장의 지배를 꾀하고 있으며, 각 항공운송산업은 이들이 보유한 거대한 노선 망, 전 세계적인 연계운항 시스템의 구축, 최첨단 컴퓨터예약시스템(Computer Reservation System : CRS)의 위력과 공동 마케팅 등을 통해 세계 각국의 군소 국제선 항공사들에게 큰 위협으로 등장하고 있다. 따라서 장래의 항공운송산업은 규제완화, 자유화, 민영화, 구조개편, 전략적 제휴 등이 계속될 전망이다.

국내 항공업계도 코로나19(COVID-19)로 인한 항공산업의 급격한 추락으로 새로운 돌파구가 필요한 시점이다. 최근 정부와 산업은행이 대한항공의 아시아나 인수를 공식화했다. 국내 1, 2위를 합친 통합 국적 항공사 출범을 항공산업 경쟁력 강화전략으로 삼은 것이다. 인수가 마무리되면 대한항공은 글로벌 탑10 항공사로 거듭나게 된다. 특히 최근에는 미국의 Southwest Airlines, Jet Blue 및 호주의 Jet Star, Virgin Atlantic 등과 같은 저비용항공사(Low Cost Carrier : Lcc)의 출현은 기존 항공업계의 커다란 도전이 됨과 동시에 새로운 항공운송산업의 방향을 제시해 주기도 한다. 또한 21세기의 세계 항공운송업계는 국제 경쟁력을 보유한 항공사의 경영전략을 보다 우선시하는 시대가 될 것이므로 국적 항공사들은 마케팅 능력 제고를 위해 협조체제를 구축하여 격심한 경쟁에 대처해야 할 것이다.

제3절 〉 항공운송의 안전과 질서

1 항공안전을 위한 노력

항공안전 측면에서 국제민간항공기구(ICAO)는 미국이나 유럽 등 항공선진국과 공조하여 항공운송사업자, 공항운영자, 항공교통관제 기관에 적용되는 항공안전 규제에 대하여 국제적으로 통일하려는 노력으로 기준과 적용방법에 대해 주도하고 있다. 항공운송시장의 자유화 추세 속에서 모든 국가와 항공사가 이를 준수하려는 방향으로 이를 정비하고 있는데 우리나라도 이러한 국제적 수준의 항공안전 강화의 노력 없이는 국제경쟁력을 상실할 수 있게 되기에 이에 대한 노력도 중요하다.

1) 항공사의 책임과 항공보험

(1) 항공사의 운송약관

항공운송인은 각국의 항공법의 요구에 따라 고객과의 운송계약조건에 해당하는 운송약관을 설정하여 정부의 인가를 얻어 시행하여야 한다. 우리나라의 경우 국내 항공사는 항공법 제85조에 따라 운송약관을 설정하여 정부의 사전인가를 얻어 공시, 시행하고 있다.

이 운송약관에는 운임의 수수, 환불을 비롯한 운송조건 및 제약사항, 사고시의 배상책임 등 운송인과 고객 간의 운송계약에 수반하여 발생하는 제 권리 및 의무가 규정, 명시되어 있다.

① 국제 항공운송 약관

여객이 항공권을 구입하거나 화주가 화물의 수송을 의뢰할 때마다 항공사와 일일이 운송계약을 체결할 수는 없으며 항공사의 운송약관이 여객이나 화주와 항공사간의 운송계약을 대신한다. 우리나라의 항공법 제85조 운송약관의 내용이 이용자의 정당한 이익을 해칠 우려가 있는지 없는지를 상세히 검토한 후 운송약관을 인가하도록 규정하고 있다.

② 국내 항공운송에서의 책임

국내항공운송의 경우에 항공사의 책임은 원칙적으로 각국의 국내법이 적용된다. 우리나라의 경우 국내항공운송에 대하여는 현행 상법으로 별도의 규정이 없으므로 육상운송이나 해상운송에 관한 규정을 유추 적용하게 된다. 또한 국내항공여객의 운송계약에 대하여는 상법의 관계규정 이외에 항공사의 국내선 여객운송약관이 적용된다

③ 운송약관의 공시의무

항공사는 운송약관을 항공법 제86조의 규정에 따라 공시할 의무가 있다. 여객이 항공권을 구입하거나 화주가 항공화물을 탁송키 위해 화물 운송장을 발행받으면 여객이나 화주는 운송인인 항공사의 약관내용에 동의하여 계약을 체결한 것이며, 동 약관에 명시된 제 조건 및 규정이 계약에 따라 자동적으로 적용되는 일종의 부합계약의 성격을 띠고 있는 것이다.

2) 항공보험

항공사고는 일단 발생하면 그 규모가 크며 사고에 따라서는 그 손해가 1억불을 넘는 경우도 있다. 대부분의 경우 항공사는 이러한 위험을 자기 스스로 부담할 능력이 사실상 없기 때문에 사고로 인한 손실을 최소화하고 사업의 안정성을 확보하기 위해서는 항공보험제도를 도입하지 않을 수 없다. 이러한 사정은 보험회사의 입장에서도 마찬가지다. 특정의 보험회사가 거대한 위험을 혼자서 부담할 경우에 그러한 위험이 현실화되었을 때 실제로 이를 감당할 수 없을 뿐만 아니라 파탄이 불가피하다. 따라서 보험회사로서도 자기가 인수한 위험을 분산하지 않을 수 없기 때문에 재보험제도를 도입하고 있다. 국내의 몇몇 보험회사가 항공사와 항공보험계약을 체결하고 있는 것도 이러한 이유 때문이다. 항공보험은 일종의 강제보험이라 할 수 있다. 즉 항공사가 항공운송사업의 면허를 받기 위해서는 항공기의 운항 시 발생할 수 있는 위험에 대비한 보험가입을 강제화하고 있다. 우리나라도 항공법 제89조에서 항공기의 사고로 인하여 발생한 손해를 보상할 수 있도록 보험가입을 의무화하고 있다.

[표 1-3] 국내항공사 보험배상한도

구분		대한항공 진에어	아시아나 에어부산	제주항공	이스타항공	티웨이
배상 책임	제3자	20억$ (사고당)	17.5억$ (사고당)	10억$ (사고당)	7.5억$	7.5억$
	여객					
	화물					
전쟁	제3자	20억$ (사고당)	10억$ (사고당) 17.5억$	10억$ (사고당)	7.5억$	7.5억$
	여객					
	화물					
기체		기체가격별	기체가격별	4,300만$	3,200만$	6,000만$
승무원		2,500만$ (사고당)	1인당 10만$	1인당 10만$	1인당(3억 원)	1인당 30만$ (10명까지)

[표 1-4] 국내항공사 보험사 가입현황

항공사	보험사	재보험사
대한항공 (진에어 포함)	03년 11월부터 국내보험사 (원수보험) 대신 외국보험에 직접 가입	LLOYD'S SYNDICATE(英),COMPANY MARKET(英), LA REUNION AERIENNE(佛), UNICH RE(獨) 등 20여 개 업체
아시아나 (에어부산 포함)	LIG(34%), 삼성(15%), 현대(14%), 롯데(11%), 동부(5%), 메리츠(7%)	CHARTIS (舊 AIG) 등 20여 개 업체
제주항공	삼성(50%), 현대(13%), 메리츠(13%), LIG(10%), 동부(5%), 한화(5%), 롯(4%)	TRAVELERS(美) 둥 20개 업체
이스타항공	삼성(40%), 메리츠(20%), 현대(15%), LIG(10%), 롯데(10%), 동부(5%)	CATLIN(英, LLOYD'S 계열), 삼성, 코리안리 등 20여 개 업체
티웨이항공	LIG(55%), 현대(20%), 삼성(15%), 동부(5%), 그린(5%)	XL(英, LLOYD'S 계열), 코리안리 등 20여 개 업체

2 항공운송의 질서와 자유

1) 국제항공의 질서

국제항공의 발전은 단순히 항공기의 발달에 의해서만 이루어진 것이 아니며 국제 항공의 건전한 발전을 도모하기 위해 형성된 국제 항공 질서의 뒷받침이 있었기 때문이다. 오늘날과 같은 국제 항공 질서를 확립하는 계기가 된 것은 시카고 회의이다. 시카고 회의는 2차 대전 중이던 1944년 11월 1일 미국 시카고에서 연합국 및 중립국 52개국의 대표가 모여 전후 국제 항공의 방향을 설정하고 건전한 발전을 도모하기 위해 개최한 국제민간항공회의였다.

이 회의의 본래 목적은 1919년 파리 조약에 체결된 영공주권주의를 수정하고 '하늘의 자유'의 확립, 국제민간항공조약의 제정, 국제민간항공기구의 설치 등이 주요 의제였다. 이러한 시카고 회의의 세 가지 주요 의제 중 하늘의 자유의 확립에 대해서는 영미간의 대립으로 완전한 합의에 도달하지 못했다. 이는 전쟁의 피해가 가정 적고 막강한 국력과 우세한 항공 운송력을 보유하고 있던 미국이 세계 항공 운송 시장을 지배하려는 의도에서 국제 항공에서의 자유주의를 주장한 반면, 영국을 위시한 대부분의 국가들이 이에 반대하고 합리적 규제를 통한 국익 유지와 상호 평등을 골자로 하는 보호주의를 주장했기 때문이다.

시카고회의에서는 하늘의 자유의 확립 이외에, 국제 민간 항공을 통일적으로 규제하는 국제민간항공조약인 시카고 조약이 제정되었으며, 국제항공의 안전성 확보와 국제 항공 질서의 감시를 목적으로 하는 국제적 관리기구인 국제민간항공기구 (ICAO)의 설립이 결정되었다.

ICAO는 시카고 조약의 기본 원칙인 기회 균등에 기반을 두고 국제 항공 운송의 건전한 발전을 도모하는 것을 목적으로 설립되었는데 그 기능은 국제민간 항공의 발달 및 안전의 확립 도모, 능률적, 경제적 항공 운송의 실현, 항공 기술의 증진, 체약국의 권리 존중, 국제 항공 기업의 기회 균등 보장 등에 있었다.

한편, 시카고에서 열린 국제민간항공회의가 영미간의 대립으로 항공 운임, 취항

노선, 수송력 등 상업 항공의 권임 설정에 대해 아무런 합의도 끌어내지 못하게 되자 각국의 항공사들은 자국의 상업 항공 권익을 확보하기 위한 효과적인 수단을 취할 필요가 있음을 인식하고 그 구체적인 방안으로서 1945년 다수국의 국제 정기 항공 회사를 중심으로 순수 민간항공기업단체인 국제 항공 운송 협회(IATA)를 설립했다.

IATA는 ① 운송 상의 문제해결 ② 항공기업간의 협력 ③ ICAO와의 협력 등을 목표로 내걸었으며 이를 위해 회원 항공 기업들이 통일적으로 사용할 각종의 표준 방식을 설정했다. IATA의 주요 기능으로는 항공 운임 및 운송 조건의 결정, 고객에 대한 높은 수준의 서비스 제공 보장 등을 들 수 있다.

한편 하늘의 자유에 대한 다국 간 조약 체결의 실패는 각국이 개별 교섭에 의해 하늘의 자유와 권익을 인정하는 방법을 채택하지 않을 수 없게 만들었다. 그리하여 시카고 조약 체결 2년 후인 1946년 영미 간에 최초의 2국간 항공 협정인 버뮤다 협정이 체결되었다. 이 협정은 운임에 대해서는 엄격하게 규제하는 대신 수송력에 대해서는 규제하지 않고 자율적으로 조절하는 것을 주요 골자로 하고 있다. 이 협정은 노선 지정, 운항 횟수, 상대국 공항 사용 등 모든 항공 권익에 대한 구체적인 사항을 결정하는 2국간 항공 협정의 효시가 되었다.

이처럼 시카고 회의 결과 ① 국제 항공의 안전성 확보와 질서의 유지를 목적으로 설립된 ICAO ② 당사국간에 항공 노선, 운항 횟수, 운항 항공사 등을 구체적으로 결정하는 2국간 항공 협정 ③ 여행자가 세계의 복잡한 노선 망을 원활하게 여행할 수 있도록 하는데 필요한 절차의 설정 및 표준화, 국제항공 운임의 결정들을 위해 설립된 항공사간의 단체인 IATA라는 국제 항공 운송의 3대 체제가 탄생했다. 이러한 국제 항공 운송의 3대 체제는 전후 국제 항공의 질서를 확립하고 유지해 온 기반이었으며 오늘날 항공운송이 국제 교통의 중추적인 역할을 담당하는 데에 결정적으로 기여했다.

2) 국제협약과 기구

(1) 국제민간항공조약(시카고 조약)

세계 각국의 항공사가 타국의 상공을 비행하거나 국가 간에 항공노선을 개설하기 위해서는 국제적인 규범이 필요하였다. 이에 따라 1944년 12월 7일에 시카고 회의 (국제 민간 항공 회의 : International Civil Aviation Conference)는 국제 민간 항공 조약을 체결하였으며 이 조약은 1947년 4월 4일에 발효하였다.

우리나라는 1952년 12월 11일 이에 가입하였으며 1989년 12월 말 현재 이 조약을 비준한 국가는 155개국에 이르렀다. 시카고 조약은 국제 민간 항공이 안전하게, 그리고 질서정연하게 발달할 수 있도록, 또한 국제항공운송업무가 기회균등주의를 기초로 확립되고 건전한 발달과 경제적인 운영이 될 수 있도록 하기 위하여 체결한다고 조약체결의 목적을 명백히 밝히고 있다. 또한 이 조약이 파리조약(1919), 아바나 조약(1929)에 대신한다는 것과 조약의 비준, 가입, 개정 및 폐기 등에 대하여 규정하고 있다. 시카고 조약이 채택하고 있는 주요한 개념을 요약해 보면 다음과 같다.

① 영공주권의 원칙

외국의 항공기가 자국의 영토의 상공을 자유로이 비행한다는 것은 국방상 바람직하지 않다는 관점에서 이미 1919년의 파리조약이 인정한 영공주권주의를 시카고 조약에서도 인정하였다. 조약의 제1조에서 체약국은 각국이 그 영공에서는 완전하고 배타적인 주권을 갖고 있음을 승인한다고 규정함으로써 영공주권의 원칙을 재확인하였다.

② 국가 소유의 항공기

군, 세관 및 경찰 등 공공업무의 수행을 목적으로 하고 있는 국가 소유의 항공기는 특별한 허가를 얻지 않으면 타 체약국의 영공을 통과하거나 영역에 착륙할 수 없도록 규정하고 있다. 이것은 시카고 조약이 민간 항공기 이외의 항공기에 대하여 규정한 예외적 조항이다.

③ 무상 부정기 운항

정기 국제항공 업무에 종사하지 않는 체약국의 항공기는 사전 허가가 없더라도 체약국의 영공을 통과하거나 운송 이외의 목적을 위한 기술 착륙(Technical Landing), 즉 여객, 화물 등의 적하를 하지 않고 급유나 기재 정비 등의 기술적 필요성 때문에 착륙을 할 수 있다. 다만, 각 체약국은 운항의 안전을 위하여 항공로의 지정이나 운항허가를 요구할 수 있다.

④ 유상 부정기 항공

정기 국제항공업무에 종사하지 않는 체약국의 항공기가 유상으로 여객, 화물, 우편물의 운송을 할 경우에 원칙적으로 타 체약국은 필요하다고 인정하는 규제나 조건을 부여할 수 있는 권리를 가지고 있다. 이 규정에 의하여 사실상으로 각 정부는 무제한의 제약을 할 수 있게 되었다.

⑤ 정기항공

정기 국제항공업무는 체약국(締約國))의 특별한 허가를 받아야 하며 그 허가 조건을 준수할 경우에 한하여 그 체약국의 영공을 통과하거나 그 영역에 취항할 수가 있다. 시카고 조약은 정기 국제항공업무에 대하여는 2국간의 항공협정을 체결하거나 또는 상대국의 허가를 받을 경우에만 취항할 수 있고 그렇지 못할 경우에는 영공통과조차도 금지하고 있다. 이 때문에 현재로서는 주로 버뮤다 협정을 표준으로 한 2국간 항공협정을 체결하여 정기 국제항공업무를 실시하고 있다.

⑥ 캐버티지(Cabotage)

각 체약국은 타 체약국의 항공기가 정기 또는 유상으로 대절하여 자국의 영역 내에 있는 국내 지점 간에서 여객, 화물, 우편물을 적재하여 항공 운송하는 것을 금지할 수 있다고 규정하고 있다. 이것이 소위 캐버티지(Cabotage)의 금지규정으로써 자국 내 지점간의 국내 운송을 자국의 항공기만이 운항할 수 있도록 운수권을 유보하는 데 목적이 있는 것이다.

각국은 캐버티지에 관하여 순수한 국내의 두 지점간의 운송이라는 이유로 자국 항공사에게만 허가하고 있다. 국내의 한 지점에서 도중하차(Stopover)한 여객을 국내의 다른 지점으로 운송하는 것을 외국 항공기에도 허락할 것이냐 여부는 각국의 항공정책에 따라 다르다. 미국의 경우 동일한 외국 항공사의 항공기에 대하여는 도중에서 내린 여객의 국내 운송을 허용하고 있다.

⑦ 착륙공항

체약국의 영역에 취항하는 항공기는 특별히 허가를 받을 경우를 제외하고는 그 국가가 지정하는 세관공항에만 착륙하고, 체약국의 영역을 출발할 때에도 지정된 세관공항에서 출발하지 않으면 안 된다. 지정된 모든 세관공항에 관한 세부사항은 그 국가가 발표하고 또한 ICAO에 보고하도록 되어 있다.

3) 항공사간 국제협력기구

(1) ICAO(국제민간항공기구)

ICAO(International Civil Aviation Organization)는 1944년 12월에 시카고 회의에서 체결된 국제민간항공조약을 근거로 설립된 국제기구이며 현재는 UN의 산하기구의 하나이다. 국제항공의 안전 및 건전한 발전을 목적으로 한 '국가 간의 국제협력기관'으로서 설립되었으며 1992년 9월 현재 172개국이 가입하였고 우리나라도 1953년 12월 13일에 가입했다.

ICAO의 임무를 요약해 보면 다음과 같다.

- 국제민간항공의 안전 및 건전한 발전의 확보
- 평화적 목적을 위한 항공기의 설계 및 운항기술의 장려
- 국제민간항공을 위한 항공로, 공항 및 항공보완시설 발달의 장려
- 안전, 정확, 능률, 경제적인 항공운송에 대한 제 국가 간의 요구에 대응
- 불합리한 경쟁으로 인한 경제적 낭비의 방지
- 체약국 권리의 반영 및 국제항공에 대한 공정한 기회부여와 보장
- 체약국의 차별대우의 지양
- 국제항공의 비행안전의 증진 도모
- 국제민간항공의 모든 부문에서의 발달 촉진

ICAO에는 총회, 상설집행기관인 이사회, 이사회의 보조기관인 상설항공위원회, 항공운송위원회, 법률위원회, 공동유지위원회, 재정위원회, 지역항공회의, 본부사무국 및 지역사무소의 각 기관으로 구성되어 있으며 본부를 몬트리올에 두고 있다.

ICAO는 1947년에 설립된 이래 다음과 같은 일을 하고 있다.

- 항공기에 관한 기술적인 기준의 확립(항공기, 항공종사자, 항공로, 비행장, 항공교통관제 등에 관한 안전 면에서의 세계적인 기준을 확립)
- 국제민간항공법의 통일 및 법제화(항공운송인의 책임에 대한 바르샤바조약, 헤이그 의정서, 지상 제 3자의 손해 책임에 대한 로마조약, 하이재킹 방지에 관한 조약 등)
- 국제민간항공의 경제문제, 즉 운임의 설정문제, 부정기항공의 문제, 운임수준의 문제, 운송규제의 문제까지 취급하고 있다.

(2) IATA (국제항공운송협회)

- 설립 배경 − IATA(International Air Transport Association)는 세계 각국의 항공사(32개국의 61개 항공사가 참여)가 1945년 4월, 쿠바의 아바나에서 세계항공회사회의를 개최하여 제 2차 대전 후의 항공운송의 비약적인 발전에 따라 예상되는 여러 가지 문제에 대처하고 국제 항공운송사업에 종사하는 항공사간의 협조 강화를 목적으로 설립하였다. '민간의 국제협력단체'로써 항공운임의 결정, 운송규칙의 제정 등이 주된 임무이며 준공공적 기관으로서의 성격을 갖고 있다. 기능적으로는 1919년 헤이그에서 설립된 구 IATA(International Air Traffic Association)를 계승한 것으로 볼 수 있다. IATA는 항공사간에 통일적으로 사용해야 할 각종의 표준방식을 설정하는 공적을 남겼다(표준운송약관, 항공권, 화물운송장, 복수항공기업간의 연대 운송협정, 판매 대리점과의 표준계약, 표준 지상업무 위탁 계약 등).

- 회원자격 − IATA의 회원은 정회원(Active Member)과 준회원(Associate Member)으로 구분된다. 회원은 ICAO 가맹국의 국적을 가진 항공사만이 IATA 회원이 될 수 있다. 국제항공운송에 종사하고 있는 항공사는 정회원, 국내항공운송에 종사하고 있는 항공사는 준회원이 될 수 있다. IATA는 원래 정기항공사의 단체로 발족했지만 1975년에 개최된 캐나다 회의에서 특별법 및 정관을 개정함으로써 최근에 급속하게 발달하고 있는 부정기 항공사도 IATA의 회원이 될 수 있게 되었다.

- IATA 운송회의 − IATA 운송회의는 항공사의 영업제도에 관한 협의를 하는데, 이 회의에서 결정한 것은 자치권을 갖기 때문에 IATA의 다른 기관이 간섭할 수 없다. 운송회의의 결정을 결의(Resolution)라고 부르며, 이는 정회원이 투표하여 결정하며 회원 항공사에 대하여 강제 구속력을 갖는다. 협정내용은 운임 및 서비스의 조건, 운송 절차의 규칙, 대리점 규칙으로 대별된다. IATA 운송회의에서 합의되어 결의의 형태로 최종적으로 채택된 수는 1천개 이상에 이르고 있다. 이들 결의는 기본적 운임수준의 규

정, 운임의 계산방식, 통관관계의 제 규칙, Charter의 규칙, 기내서비스 관계규칙, 대리점 관계규칙 등 전 항공 분야이다.

① 운임결정기능

IATA의 가장 중요한 기능은 여객운임(Fare), 화물료율(Rate), 기내 서비스의 내용 등 항공운송에 관한 제 조건을 결정하는 데 있다. 이들 운송 조건은 IATA 조직의 하나인 운송회의에서 가맹 항공사가 서로 협의하여 결정한다. 운송회의는 세계를 3개 지구로 분할하며 각 지구는 북미, 중미, 남미를 관할하는 제 1지구, 구주, 중동, 아프리카를 관할하는 제 2지구 및 동남아, 극동, 호주 및 남태평양 지역을 관할하는 제 3지구의 지구별 운송회의로 나누어 운영한다. 운송회의에서 협의하여 결정한 사항은 관계국 정부의 인가를 얻어서 정식으로 발효된다. 특히 2국간 항공협정은 관계국 정부의 인가를 국제항공운임의 발효조건으로 규정하고 있으며 대부분의 국가가 IATA의 운임결정기능을 정식으로 인정하고 있다.

② 운송절차규칙

운송절차규칙은 예약, 여객항공권과 화물운송장의 발행 등 오늘날 세계의 어디에서나 예약을 하고 항공권을 구입하고 통일된 기준으로 설정된 항공운임을 지불할 수 있도록 국제적인 항공운송의 절차를 규정한 것이다. 현대 미국을 위시한 각국은 BSP(Billing & Settlement Plan : 은행 집중 결재 방식)[3]를 도입하고 있는데. 이는 은행이 표준 항공권을 항공사를 대신하여 여행 대리점에 배부하고 대리점이 발행한 항공권의 대금을 은행이 수금하고 은행은 입금 확인 후에 당해 항공사에 송금하는 제도이다. 이러한 제도

---

3 BSP제도란 IATA에서 시행하는 항공여객판매대금 정산제도로. 항공사와 대리점 (여행사)간의 거래에서 발생하는 국제선 항공 여객운임을 다자간 개별적으로 직접 결제하는 방식 대신정산은행을 통하여 일괄 정산하는 제도를 말한다.

의 도입으로 항공사는 자사의 항공권을 대리점에 개별적으로 배부하고 수금하는 복잡한 절차를 밟을 필요가 없어졌으며 미사용 항공권의 관리나 도난의 위험이 경감되는 효과를 가져왔다.

3) 항공운송의 자유(하늘의 자유)

시카고 회의의 의제 중의 하나가 '하늘의 자유'를 확립하고 그 범위를 설정하는 것이었다. 그러나 하늘의 완전한 자유를 주장하는 미국과 제한된 자유만을 주장하는 구라파 국가들 간의 대립이 심해 시카고 조약에서는 부정기항공에 대한 자유만을 일정한 조건하에 각 체약국에게 인정하였을 뿐 정기국제항공에 대하여는 체약국의 개별적인 허가 없이는 그 영역으로 취항하는 것은 물론 영공통과의 권리도 인정하지 않았다. 대신에 시카고 조약과는 별개로 국제항공업무통과협정과 국제항공운송협정의 두 개의 조약이 성립되었다.

이와 같이 시카고 회의에서는 상업항공, 즉 정기국제항공업무에 필요한 제3, 제4 및 제5의 자유에 대한 다국 간 조약을 성립시키는 데 실패하였으며, 이 때문에 정기국제항공업무의 개설은 2국간의 개별적인 항공협정에 의존하지 않을 수 없게 되었다. 시카고 회의에서는 정기국제항공업무에 관한 권리(운수 권)를 상호 부여하는 것은 체약국간에 체결되는 2국간 항공협정에 의해 이루어지도록 하면서 2국간 항공협정의 표준방식을 작성하여 각국에 권고했다. 그러나 이 표준방식은 2국간 협정에서의 가장 중요한 부분인 수송력 제공에 관한 원칙, 운임 결정의 원칙 등에 대하여 전혀 규정하지 않았기 때문에 표준방식으로서의 목적을 충분히 달성할 수 없었다. 결국 1946년 2월에 미국과 영국은 2국간 항공협정을 처음으로 체결하였으며 이것이 이후 각국의 2국간 항공협정 체결에 있어서 표준형이 된 소위 '버뮤다 협정'이다.

항공운항은 국제간의 항공협정에 따른 "하늘의 자유"라는 개념에서 항공 운항 권을 갖게 되며, 다른 국가의 영공을 비행하는 자유가 보장된다. 이와 같은 8가지 자유는 다음과 같다.

(1) 제1의 자유

상대국의 영역을 착륙하지 않고 횡단 비행 할 수 있는 자유. 이것을 영공통과의 자유 (Freedom of Fly-Over)라고도 한다. 일국이 외국항공기에게 정기적 또는 부정기적으로 자국에 착륙하지 않고 자국의 영공을 통과 비행하도록 허용한 권리이다.

(2) 제2의 자유

운송이외의 목적으로 상대국의 영역에 착륙하는 자유. 이 경우에는 급유, 승무원 교체, 예기치 못한 정비 등 비상 착륙 등 비운송적인 목적으로 자국의 영역 내에 착륙하도록 허용하는 권리이다. 기술적 목적에서 착륙하므로 일명 기술 착륙의 자유(Freedom of Technical Landing)라고도 한다.

(3) 제3의 자유

정기국제항공운송서비스와 관련, 일국의 항공기가 자국의 영역 내에 내리도록 허용하는 권리이다.

(4) 제4의 자유

제3의 자유와는 반대로 상대국에서 자국으로 여객, 화물 및 우편물 등을 운송할 수 있는 자유이다.

(5) 제5의 자유

상대국에서 제 3국으로 여객, 화물, 우편물 등을 왕복으로 운송할 수 있는 자유를 의미한다.

즉, 자국에서 출발/도착하는 운항 편에 상대국과 제3국간의 여객, 화물, 우편물을 운송할 수 있도록 하는 권리이다.

(6) 제6의 자유

정기국제항공운송서비스와 관련, 항공사의 소속국 영역을 경유하여 두 개의 다른 국가 간을 이동하는 여객, 화물, 우편물을 운송하는 권리이다.

(7) 제7의 자유

정기국제항공운송서비스와 관련 자국에서 출발/도착하지 않고, 상대국과 제3국간의 여객, 화물, 우편물을 운송할 수 있도록 허용하는 권리이다.

(8) 제8의 자유, 제9의 자유

이는 카보타지(Cabotage), 즉 국내운송의 금지와 관련된 국제항공운수권으로서, 제8의 자유는 자국에서 출발하여 상대국 국내 영역 간을 운송할 수 있는 권리를 의미하며, 제9의 자유는 자국에서 출발 없이 전적으로 상대국 국내 영역 내를 운송할 수 있는 권리를 의미한다.

[표 1-5] **하늘의 자유**

구분	내용
제1자유 (영공통과)	일국의 항공사가 타국의 영토 위를 무착륙으로 비행할 수 있는 권리 (Fly-over Right)
제2자유 (기술착륙)	운송 이외의 급유, 정비와 같은 기술적 목적을 위해 상대국에게 착륙할 수 있는 자유 (Technical Landing Right)
제3자유	자국영토 내에서 실은 여객과 화물을 상대국으로 운송할 수 있는 자유 (Set-Down Right) 한국 → 일본
제4자유	상대국의 영토 내에서 여객과 화물을 싣고 자국으로 운송할 수 있는 자유 (Bring-Back Right) 한국 ← 일본

구분	내용
제5자유	자국에서 출발하거나 도착하는 비행 중에 상대국과 제3국 간의 여객과 화물을 운송할 수 있는 권리(Beyond Right) 한국 · 일본 · 미국
제6자유	항공사가 자국을 경유하여 두 외국 사이에서 운송할 수 있는 권리 (제3자유+제4자유의 결합) 일본 · 한국 · 미국
제7자유	일국의 항공사가 두 외국 간에 운송하는 서비스를 전적으로 외국에서 독립적으로 제공하는 권리
제8자유	자국에서 출발하여, 외국 내의 국내 지점 간을 운송할 수 있는 권리 ('Consecutive' Cabotage)
제9자유	자국에서 출발 없이, 외국 내의 국내 지점만을 운송할 수 있는 권리 ('Stand Alone' Cabotage)

③ 국가 간의 항공협정

현재 전 세계 여러 나라 사이에는 약 2천개가 넘는 항공협정이 체결되어 있는데, 대부분이 버뮤다 협정을 모델로 취하고 있다. 그러나 당사국간의 사정에 따라 세부적인 면에서도 매우 다양하며 일부 조항에 대하여도 별도의 조건을 달고 있는 협정도 있다. 다국 간 조약으로서의 시카고 조약은 부정기항공의 영공 비행, 기술 착륙 및 화객의 운송을 위한 착륙 권만을 체약국 상호간에 인정하고 있을 뿐이며 정기항공의 여객 및 화물을 운송하기 위한 착륙 권까지는 보장하지 못하였다. 따라서 이것을 보완하기 위한 것이 당사국간의 항공협정이다.

1) 양국 간의 항공협정

(1) 운영허가 (Carrier's Permit or Operating Permit)

항공사가 항공협정 상 인정된 정기국제항공업무를 개시하기 위해서는 소속 국가의 항공사 지정(Designate)을 받은 후에 협정 상대국으로부터 업무의 운영허가를 취득하지 않으면 안 된다. 이것을 지정항공사(Designated Airline)라 하며 지정항공사는 상대국의 항공당국에 협정업무의 운영허가를 신청할 수 있다.

(2) 노선

항공협정에서 지정항공사가 정기국제항공업무를 운영하는 노선을 특정한다. 노선의 특징은 일반적으로 지점을 자국 내의 지점, 당사국간의 지점, 상대국 내의 지점 및 상대국에서 제 3국내의 지점으로 도표화하거나 단순히 지점을 자국 내의 지점으로부터 순차로 연결 표시하는 방식을 사용한다.

(3) 수송력

정기국제항공업무를 운영함에 있어서 지정항공사가 제공하는 수송력을 규정한다. 여기서 수송력이란 특정의 노선에 있어서 항공기의 유상탑재량에 특정 기간의 운항횟수를 곱한 것을 말한다.

(4) 운임

정기국제항공업무에 있어서 운임은 지정항공사간의 합의 후에 양 당사국의 승인을 받아야 한다. 항공협정에서는 원칙적으로 지정항공사간의 운임에 관한 합의는 가능한 한 IATA가 결정하도록 위임하고 있으나 이것이 불가능한 경우에는 지정항공사간의 합의에 일임하고 있다. 우리나라는 현재 1957년 4월 27일에 미국과 처음으로 항공협정을 체결한 이래 1990년 말 현재 45개국과 항공협정을 체결하였다.

제4절	항공기 구조

1 항공기의 구조와 분류

항공기의 구조는 크게 3개 부분, Door/Deck(갑판)/Compartment(객실)로 구성되어 있다.

1) 항공기 동체의 중요부분

① MAIN DECK & UPPER DECK : 승객 탑승

② LOWER DECK : 수하물 (화물 탑재)

③ MAIN WING : 비행 중 공기로부터 양력을 받아 뜨게 하는 기능을 한다.

④ AILERON : 비행방향을 전담하는 기능을 한다.

⑤ FLAP : 이착륙 시 양력 증가

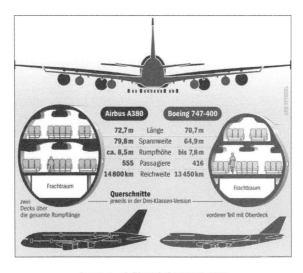

[그림 1-4] 항공기의 구조와 분류

[그림 1-5] 항공기의 내부구조

항공기의 조종실을 칵핏(Cockpit) 또는 플레이트 댁(Flight Deck)이라고 부른다.
조종실은 항공기의 제일 앞부분에 있으며 운항승무원(Flight Crew Members)이 여객기를 통제하는 센터이다. 원래 '칵핏'이라는 용어는 요트 등 선박을 조종하는 좌석을 의미하는 항해 용어였다. 여객기의 경우에도 초창기에는 조종실과 객실의 구분 없이 조종석만 있었으나 점차 대형화되고 속도가 빨라지면서 항공계기도 복잡해지자 객실과 구분하여 전용실인 조종실이 생겼다. 조종실문은 항공기를 조종하는 운항승무원의 허가 없이 승객이 문을 열 수 없도록 잠금장치가 되어 있으며, 운항승무원의 좌석위치에 있어, 왼편에는 항공기의 운용과 안전에 관한 책임을 갖는 조종사인 기장(PIC : Pilot in Command/Captain)이 위치하고, 오른편에는 부기장(Co-Pilot)이 위치한다. 일부 항공기에는 장거리 비행일 경우를 위하여 조종실 안에 운항승무원의 휴식을 위한 공간(Flight Crew Area)이 구비되어 있다.

2) 항공기 내부 주요 부문

① 승객좌석

B747-400 좌석운영

- First Class(16석) : Zone 'A'
- Business Class(66석) : Zone 'B'(30), Upper Deck(36)
- Economy Class(310석) : Zone 'C', 'D', 'E'
* 승무원 좌석(Jump Seat) : 각 Cabin Door 옆에 설치

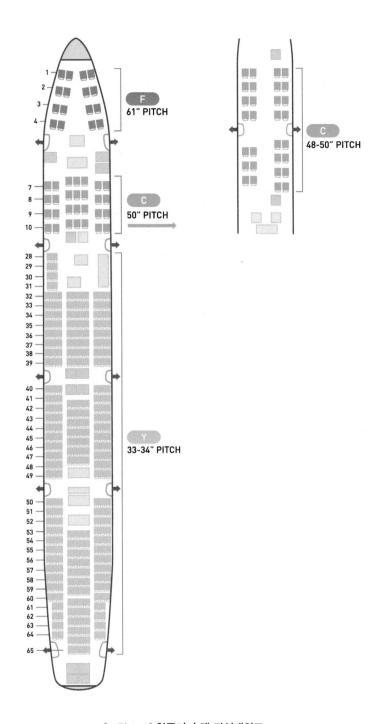

[그림 1-6] 항공기 승객 좌석배치도

② 주방(Galley)
  – 비행 중 승객에게 서비스할 식음료를 저장하거나 준비하는 곳
  – 주요시설 : Oven, Coffee Maker, Water Boiler 등

[그림 1-7]

③ 선반
  • 승객의 가벼운 짐이나 코트 및 베개, 담요 등을 넣을 수 있는 적재장소

④ 화장실
  • 수세식(Water Flushing)과 공기흡입식(Vacuum Type)으로 운용
  • 기내 화재 위험 방지를 위해 금연

⑤ 산소마스크
  • 기내 감압현상이 발생할 때(고도 14,000 피트이상) 자동적으로 나오도록 되어 있다.
  • 마스크를 당겨 코와 입에 대면 산소가 공급

[그림 1-8]

기내안전 비디오에는 반드시 등장하지만, 좀처럼 보기 힘든 것이 산소마스크 관련 내용이다. 산소마스크는 내려오고 나서 마냥 산소를 공급해주지는 않고, 대략 15분간만 나오도록 돼있다고 한다. 이것은 말하자면 만일 마스크가 내려와야 하는 비상상황이 벌어지면, 항공기가 승객들이 자력으로 호흡을 할 수 있는 고도까지 내려가는데 걸리는 시간이 기껏해야 10~20분밖에 되지 않기 때문이다.

01 항공운송사업에서 공공운송인으로서의 특성을 설명하시오.

02 항공운송서비스의 서비스 상품으로서의 특성 4가지를 설명해 보시오.

03 항공운송이 항공운산업의 발달과정에서 나타난 여러 가지의 역사적, 기술적, 경제적, 편의적 성격 중에서 육상교통을 해상교통과 비교하여 어떠한 가치와 특성을 가지고 있는지 논하시오.

04 항공사의 배상책임에 관한 협약에 관해서 설명하시오.

Key Words

01 정기항공운송사업과 부정기운송사업

02 ICAO(국제민간항공기구) vs IATA(국제항공운송협회)

03 여객, 화물, 우편물

04 생산과 소비의 동시성

05 공급의 비탄력성

06 수요의 비연속성

07 Fail Safe System

08 캐버티지(Cabotage)

09 항공운송의 자유

파생되는 질문과 중요 이슈

01 항공기의 Fail Safe System의 모듈이 필요한 이유는 무엇인가?

02 미국항공규제완화정책이 미친 영향은 무엇인가?

참고문헌

- 국토해양부 항공정책실, 항공정책론, 백산출판사, 2011, pp. 26-31.

- 김재원, 항공사경영시스템, 북넷, 2009.

- 안영면, 현대관광마케팅론(부산: 동아대학교 출판부, 2007), p.226.

- 윤문길 · 이휘영 · 윤덕영 · 이원식, 글로벌 항공운송서비스 경영, 한경사, 2011, pp. 180~187.

- 이영혁, "세계 항공운송산업의 최신 동향과 국적 항공사의 대응방안," 제1회 국제항공운송 세미나 (1994. 10), p. 288.

- 항공관련법령집, 대한민국현행 법령집 항공법 제1장 제2조 26항, 형설출판사 (1993), p. 34.

- 山野邊義方, 航空業界 (東京: 敎育史, 1999), p. 27.

- Hannappel, P, "The Airline Industry: Challenge and Opportunities," The First Korean International Air Transport Seminar (October 1994), p. 256.

- Hunt, S. D & Morgan R. M, "The Comparative Advantage Theory of Competition," Journal of Marketing, Vol. 59 (April, 1995), pp. 1-15.

- Myrons, Heidingsfield & A. B. Blankenship, Marketing, Barnes & Noble Books Co. (1980), pp. 225-257.

- Philip Kotler and Gray Armstrong, "Marketing: An Introduction," 2nd Edition, Prentice Hall, Inc. (1990). pp. 18-28.

- Philip Kotler, "Marketing Management: Analysis, Planing and Control," 11th Edition Prentice Hall, Inc. (2003), pp. 59-61.

- Sampson, R. J, M. T. Farris, and D. L. Shrock, Domestic Transportation, Boston: Houghton Mifflin Company (1990), pp. 313-320.

- Stephen Wheatroft, "The World Airline Industry In 2000," EIU Travel & Tourism Analyst, No. 3 (1992), pp. 13-14.

- Stephen Wheatroft, op. cit., pp. 12-17: P. Hannappel, op. cit., p. 257.

항공운송과
서비스 품질

AIRLINE
MANAGEMENT

02 항공운송과 서비스 품질

항공운송과 서비스 품질

1. 항공운송서비스 개념

항공운송(Air Transportation)이란 항공기의 항복(航腹)에 여객을 탑승시키고 화물을 적재하여 국내·외 항공노선을 따라 목적지 공항까지 비행하여 여객과 화물을 운반하는 현대식 운송시스템이다.

2. 항공운송상품과 서비스

항공사는 항공운송상품을 고객에게 판매하여 얻는 수입으로 경영해 나가는 기업을 말하는데, 항공운송상품이란 일정한 기내공간(Cabin Space)을 고객에게 제공함으로서 형성된다. 그러나 기내공간만으로는 상품가치가 불완전하므로 인적 서비스가 추가됨으로서 완벽한 상품으로 항공운송의 가치가 발현된다.

제1절 〉 항공운송상품과 서비스

1 항공운송 서비스의 개념

국내 항공법에 따르면 항공운송사업이란 타인의 수요에 응하여 항공기를 사용하여 유상으로 여객 또는 화물을 운송하는 사업을 말한다(항공관련법령집, 항공법 제1장 제2조 26항, 1997).

항공운송서비스란 항공기란 하드웨어를 이용해서 설정된 항공노선을 따라 비행하면서 여객을 친절하고 안전하게 그들의 목적지까지 운송해주는데 있으며, 이 때 여객은 운송서비스를 구입하지만 그들이 목적지까지 무사히 도착한 안도감과 함께 비행중의 안락함과 쾌적성 그리고 기내승무원의 정성어린 서비스를 경험하게 되는 말하자면 서비스가 주된 속성이고 여기에 다소의 유형재와 추가적인 서비스가 수반된 것이라고 정의하고 있다.

상기와 같이 항공사의 대고객서비스는 물적, 시스템적 지원 속에서 시, 공간적 수송을 위해 서로 다른 직원들의 인적서비스가 연결되어 수행되기 때문에 국적과 욕구가 다양한 고객들에게 제공하는 서비스품질이 일관성과 표준을 유지하는 데는 상당한 어려움이 수반된다. 따라서 이러한 항공운송서비스의 특성상 항공사서비스는 도처에서 실패가 발생할 가능성이 다른 환대기업에 비해 높다고 볼 수 있다.

즉, 항공운송(Air Transportation)이란 항공기의 항복(航腹)에 여객을 탑승시키고 화물을 적재하여 국내·외 항공노선을 따라 목적지 공항까지 비행하여 여객과 화물을 운반하는 현대식 운송시스템이다. 이 항공운송은 육상 및 해상운송과 비교하면 최근에 도입되어 운용되고 있는 운송시스템이지만 이것이 제공하는 경제적 편익에 주목하여 각국에서는 유통시스템을 체계화하고 정보통신망을 강화하는 한편, 인적 자원을 보강함으로서 수송체계가 완벽히 이루어지도록 유도하고 있으므로, 항공운송은 현대사회에서 주요한 부분을 차지하고 있다. 이러한 항공운송을 전업(專業)으로 하는 기업이 항공사이고 항공기를 이용하여 경영행위를 하는 사업이 항공운송사업이다. 이런 점에서 항공운송사업의 기능과 역할은 운송서비스를 제공하는데 있으므로 항공사는 여객과 화물을 친절, 신속, 안전하게 목적지까지 수송해 주어야한다.

판매	Marketing & Sales
예약 · 개권	Reservation & Ticketing
탑승 수속	Check-in
항공기 이륙	Take-off
기내 서비스	Cabin Service
항공기 도착	Landing
입국 수속	Customs Immigration Quarantine
목적지	Meet & Assistance

[그림 2-1] 항공운송서비스의 흐름과 범위

항공운송 서비스는「항공기」라는 하드웨어(Hard Ware)를 이용하여 설정된 항공노선을 비행하면서 승객을 철저히 모시고 안전하게 목적지까지 운송해주는 서비스다. 항공사 서비스의 범위는 판매에서 목적지 도착까지의 전 단계가 범위가 된다.

〈출처〉 김철우, (2013), 항공사여객 서비스 시스템의 진화와 발전전략, 한국항공대학교 대학원 석사논문.

2 서비스실패와 회복

서비스실패란 일반적으로 서비스접점에서 고객 불만족을 야기하는 열악한 서비스 경험을 말하는 것으로 서비스 공급동안 발생하는 여러 실수들, 고객에 대한 서비스의 약속 위반, 혹은 여러 형태의 서비스 오류 등을 포함한다.

항공사에서의 서비스실패는 서비스품질과 직결된다. 따라서 항공사의 최대관심은 고객들에게 서비스실패가 없는 고품질의 서비스를 제공함으로써 고객을 만족시키고 항공사에 애호도를 갖고 지속적인 고객으로 남도록 함으로써 수익률을 증대시키는 일이다. 항공사는 서비스실패의 결과로 고객의 불만족이 증대되고 항공사에 대한 애호도가 결여되면 종국에는 고객이탈현상이 나타날 수 있기 때문에 서비스 실패가 없는 고품질의 서비스를 제공하는 것이 무엇보다 중요하다.

서비스실패가 일어났을 때, 고객은 공정하게 처리되기를 기대한다. Stephen Tax 와 Stephen Broun은 서비스회복으로 인한 만족의 85%는 〈그림 〉과 같이 세 가지의 공정성 영역에서 기인한다고 보았다.

▶ 절차적 공정성(Procedural Justice) 서비스가 회복되기 위해 어떠한 고객이든지 겪어야 하는 방침과 규정이 관련되어 있다. 고객은 기업이 책임을 다할 것으로 기대한다. 이것이 편리하고 반응적인 회복절차에 이어서 공정한 절차의 첫 번째 핵심이다. 시스템의 유연성과 함께 서비스회복을 위한 고객의 노력을 포함한다.

▶ 상호작용적 공정성(Interactional Justice) 서비스를 회복시키는 항공사의 직원과 고객을 향한 그들의 행동과 관련되어 있다. 서비스실패에 대한 솔직한 설명과 문제해결을 위한 노력은 매우중요하다. 그리고 그런 회복 노력자체가 고객들로 하여금 진심이며, 공정하고, 정중하게 지각되어야한다.

▶ 결과적 공정성(Outcome Justice) 항공사의 서비스실패로 인해 야기되는 불편함과 손실에 대해 고객이 받게 되는 보상과 관련되어 있다. 이 보상의 대상은 서비스실패 자체에 대한 보상 뿐 아니라 고객이 서비스실패와 서비스회복의 절차에 소요한 시간, 노력, 에너지까지도 포함되어야 한다.

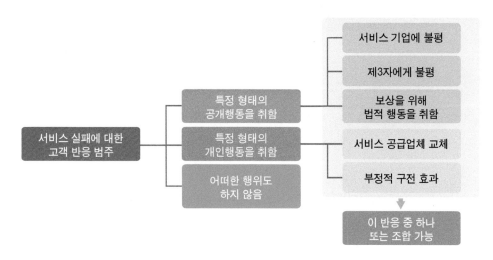

[그림 2-2] 서비스 실패에 대한 고객반응 형태와 범주

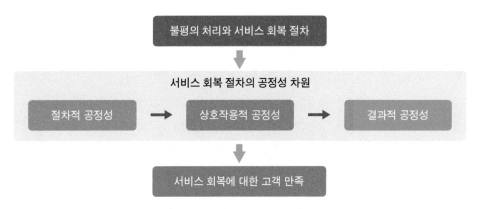

[그림 2-3] 서비스회복과정에서 지각된 공정성의 세 가지 차원

Grönroos(1988), Kelley와 Davis(1994)는 서비스회복을 서비스실패에 대하여 서비스 제공자가 취하는 일련의 행동이라고 정의하고 있고, Zeithaml, Berry 및 Parasuraman(1993)은 고객이 처음 제공된 서비스가 고객의 인내영역 이하로 떨어지는 것을 인지하게 되는 결과로서 서비스제공자(담당직원)가 취하는 제행동이라고 정의한다. 양희령(2006)은 레스토랑 서비스회복에 대한 연구에서 서비스실패에 대한 응답으로써 회사에 의해 행해지는 행동들이라고 정의하였다.

많은 경우에 서비스실패는 효과적인 회복을 통해 기업과 소비자관계를 장기적으로 구축시켜 주는 긍정적인 기회를 제공해 준다. 그러므로 제대로 된 서비스회복은 고객의 만족을 증가시키고, 고객과의 관계를 공고히 하고, 고객의 전환행동이나 이탈을 방지하는 등의 중요한 역할을 한다.

특히 서비스회복이 중요한 것은 고객의 피드백과 구전효과 때문이다. 이는 회복에 의해 서비스실패가 만족스럽게 치유된 고객들은 실패를 경험하지 않은 고객들보다도 그 기업에 대해 더욱 더 만족하고 애호적이며 호의적인 구전활동에 참여한다는 것이다.

서비스회복은 단지 서비스실패 통제 그 이상이며, 고객으로 하여금 문제해결에 동참하게 하고 서비스회복을 적절하게 잘 수행했을 때 기업에 대한 그들의 애호도를 강화시키는 기회가 될 수 있다.

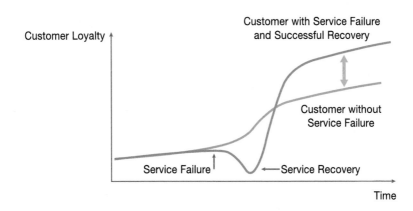

[그림 2-4] **서비스회복의 역설(Service Recovery Paradox)**

처음부터 만족한 고객보다 처음에는 불만을 느끼던 고객이 사후처리에서 만족할 경우 전체적인 만족이 더욱 높게 나타나는 현상을 가리킨다.

〈출처〉 Etzel, M. J., & Silverman, B. I(1981). A Managerial Perspective on Direction for Retail Customer Dissatisfaction Research. Journal of Retailing. 57, 124-136.

3 항공사 서비스 품질과 고객만족

1) 서비스품질에 관한 이론적 접근

미국 마케팅 협회(AMA)의 정의에 따르면, 서비스란 "판매를 위해 제공되거나 제품판매를 수반하여 제공되는 행위, 편익, 그리고 만족"으로 정의하고 있다. 그러나 서비스란 용어자체의 활용범위가 매우 다양하고 광범위할 뿐만 아니라 상호 이질적인 다양한 유형의 서비스가 내포되어 있으며, 서비스를 구성하고 있는 것에 관한 본질적인 정의가 부정확하여 서비스에 대한 획일적인 정의를 내리기는 쉽지 않다.

오늘날 서비스기업들도 순수한 서비스만을 또는 순수한 유형재만을 판매하고 있는 기업은 거의 없으며, 유·무형재 혼합의 형태로 상품을 판매하고 있다. 여기서 중요한 것은 서비스 기업의 상품인 경우는 서비스의 비율이 유형재 보다 크다는 특성을 갖고 있다. 이러한 상품을 서비스상품이라고 하며, 곧 서비스 상품은 서비스와 유형재가 어떠한 형태로든지 결합한 것을 말하며, 서비스 상품을 보다 좋은 상황으로 유지 관리해야 하는 것이 서비스 품질관리라고 할 수 있다.

서비스 품질 분야 연구에 있어서 대표적 연구자들인 파라수라만과 베리 (Parasuraman, Zeithamal, and Berry)등은 서비스 품질을 "고객의 서비스 기대나 욕구와 그들이 실제로 받은 서비스의 지각 사이의 불일치 과정"으로 정의하였다. 또한 고객의 품질 지각은 부족한 서비스 품질로 나타나는 여러 가지 Gap에 의해 영향을 받으며, 특히 서비스에서 지각된 품질은 고객의 욕구·기대와 실제로 고객들이 받은 서비스의 지각 사이의 함수라고 규정하였다.

서비스 품질에 대한 관점도 일반적인 품질에 대한 관점과 마찬가지로 크게 생산자의 관점과 소비자 또는 사용자의 관점으로 대별할 수 있다. 먼저 소비자 내지 사용자의 관점에서 서비스 품질을 파악한 후 생산자의 관점에서 파악하기로 한다. 소비자의 관점에서 서비스 품질을 정의할 경우 이원적인 개념이 존재한다.

즉, 주관적 품질과 객관적 품질, 기대품질과 지각품질, 과정품질과 결과품질이 그것이다. 그린루스(Grönroos)는 서비스 품질을 고객에 의해 주관적으로 인식되는 품질이라고 주장하면서 객관적인 품질과 구분하기 위해 주관적인 품질을 "지각된 서비스 품질"이라고 했다. 루이스와 붐스(R. C. Lewis and B. H. Booms)는 서비스 품질을 제공된 서비스 수준이 고객의 기대와 얼마나 잘 일치하는가의 척도로 정의하면서, 서비스 품질은 "고객의 기대와 일치되도록 일관성 있게 서비스를 제공하는 것"을 뜻한다고 하였다. 제이스말(V. A. Zeithmal)은 지각된 서비스 품질을 개념을 "서비스의 전체적 우월성 또는 우위성에 대한 소비자의 평가"라고 정의하였다. 파라슈만 등은 기존의 연구결과를 바탕으로 지각된 서비스 품질의 개념을 "지각된 서비스 품질이란 소비자의 기대와 지각간의 불일치의 방향과 정도"라고 정의하였다.

서비스에 대한 소비자의 경험은 그 서비스의 품질에 대한 소비 후 평가, 즉 지각된 서비스 품질에 영향을 미친다고 볼 수 있다. 따라서 소비자가 지각하는 특정 서비스의 품질은 평가과정의 결과이며, 소비자는 서비스에 대한 자신의 "기대된 서비스"와 제공받은 서비스에 대한 "지각된 서비스"를 비교하게 된다. 이러한 과정의 결과가 "지각된 서비스 품질"이라는 것이다.

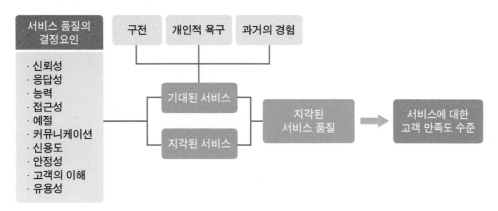

[그림 2-5] PZB의 서비스 품질 결정요인 평가모형(SERVQUAL Model)

〈출처〉 A. Parasuraman, V. A. Zeithaml, & L. L. Berry, "SERVQUAL : A Multiple-Item Scale for Measuring Consumer Perceptions of Service Quality," Journal of Retailing, Vol. 64, Spring, 1988, pp.12~40; 이주형, 전개논문, 1994, p.33. 재인용.

2) 고객만족이론

고객만족에 대한 연구는 크게 두 가지 측면에서 이루어져 왔다. 첫 번째는 거래 특유의 고객만족(Transaction-Specific Customer Satisfaction)으로서 개별거래에 대한 성과를 기대와 비교함으로써 만족여부를 판단하는 것이다. 두 번째는 누적적 고객만족(Cumulative Customer Satisfaction)으로서 개별거래 각각에 대한 경험들이 모여서 브랜드에 대한 전체적인 평가결과로서의 고객만족이 결정된다는 것이다.

고객만족이란 개념은 "사용전의 서비스에 대한 기대와 사용 후에 느끼는 제품성과간의 지각된 불일치에 대한 소비자의 평가 과정"이라고 함축적으로 정의할 수 있다. 이는 현대 마케팅 철학의 핵심개념으로서, 고객에게 제품이 아닌 만족을 전달하고 그 대가로서 이익을 얻고, 결국 이를 통해 사회 전반적인 생활의 질이 향상될 수 있는 것이다. 따라서 이는 소비자의 요구만이 아니라 기업 및 사회의 요구에 부응하는 데 필수적인 것이다.

고객만족은 '결과'를 중시하느냐 아니면 '과정'을 중시하느냐에 따라 정의가 달라질 수 있다. 소비경험의 결과 나타나는 산물들로써 고객만족을 보면, "구매자가 느끼는 투여한 희생에 비교하여 보상의 적절함이나 부적절함에 대한 인지적 상태", "불일치된 기대로 인한 감정이 그 소비경험에 대한 소비자의 이전 느낌에 의해 증폭될 때 나타나는 총체적인 심리상태"등으로 정의될 수 있다.

만족이란 개념은 제품이나 상표에 대한 구매 후 태도나 유사한 면이 있지만 구매 대상에 대한 보다 일반화된 평가라는 측면에서 태도와 구분되며, 경험에 근거한 태도변화의 원인적인 지표로서 이해되고 있다.

일반적으로 소비자의 만족 · 불만족 과정은 제품성과에 대한 소비자의 기대수준과 실제제품 성과간의 차이, 즉 불일치에 대한 지각정도에 달려 있다. 올리브(Oliver)에 의해 개발된 기대 · 성과 불일치 개념은 현재 가장 폭 넓게 받아들여지고 있는 소비자 만족이론이다. 올리브에 의하면 일반적으로 소비자들은 구매이전에 제품성과에 대한 기대를 형성하고 제품구매 및 사용을 통하여 경험한 실제제품성과를 자신의 기대수준과 비교한다. 제품성과가 기대보다 못한 것으로 판단된 경우를 부정적 불일치(Negative Disconfirmation)라 하며, 제품성과가 기대 보다 높았을 경우를 긍정적 불일치(Positive Disconfirmation), 기대했던 수준이면 단순한 일치(Simple Confirmation)라 한다. 그러므로 단순한 일치 및 긍정적 불일치의 경우에는 만족, 부정적 불일치 경우에는 불만족하게 된다는 것이다. 올리브모형의 장점은 소비자 만족을 제품태도 및 구매의도와 연결하고 있다는 점을 들 수 있으며, 올리브의 모형은 [그림 2-7]과 같다.

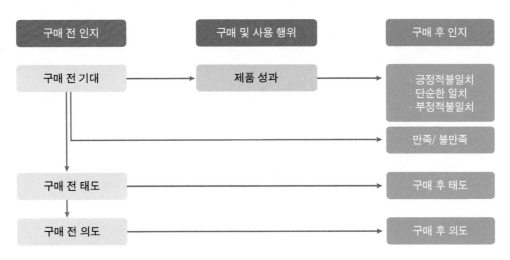

[그림 2-7] 만족/불만족 형성과정의 선행과 결과 인지변수

<출처> L. R. Oliver, Cognitive Model of The Antecedents and Consequences of Satisfaction Decisions, Journal of Marketing Research, November (2008), p, 58.

구매 전 의도는 구매 전 태도로부터 영향을 받으며, 구매 전 태도는 다시 구매 전 기대에 의해 형성된다. 제품을 구매한 후 구매 전 기대와 실제제품 성과 간에 긍정적 불일치 또는 단순한 일치가 발생되면 소비자는 만족하게 된다. 만약 부정적 불일치가 발생한다면 소비자는 불만족하게 된다. 소비자의 구매 후 태도와 구매 의도는 구매 전 인지변수와 만족·불만족 정도에 의해 결정된다. 그러나 실제로 소비자가 부정적 불일치를 어떻게 수용하느냐에 따라 제품에 대한 만족·불만족 정도가 다르게 나타난다.

1 항공운송서비스 품질요소

항공사 운송서비스는 고객의 항공사 선택부터 예약, 발권, 탑승수속, 항공기 탑승 및 탑승 이후의 전 과정 뿐만 아니라, 항공기 운항과 관련된 제반 활동으로 구성된다. 따라서 항공사 서비스 품질의 평가는 이 같은 전체과정을 포함하여 평가되어야 한다.

항공사의 운송서비스는 크게 지상서비스, 객실 서비스, 운항서비스로 구분할 수 있다.

첫째, 지상서비스는 고객에 대한 비행정보 제공, 예약, 발권, 탑승수속, 비행 후 서비스 등으로 세분된다.

둘째, 객실서비스는 좌석의 안락함, 기내청결, 기내식, 기내오락물, 승무원친절 등 비행 중에 객실에서 제공되는 다양한 형태의 서비스를 포함하고 있다.

셋째, 항공사의 운송서비스를 제공하는 과정에서 고객이 느끼는 또 하나의 중요한 요인이 정시운항, 안전운항, 비정상 상황의 운항지원 등 운항서비스이다. 운항서비스는 항공기의 운항과 직접적인 관련이 있는 서비스로 정상적인 운항 상황에서는 고객이 느끼는 품질의 중요도가 매우 낮으나, 비정상적인 상황에서는 매우 높은 중요도를 갖는다. 예를 들어, 기내서비스를 만족스럽게 느낀 고객이 정상적인 착륙을 과정을 거쳐 정시 도착한 경우는 운항서비스 품질에 대해 불만을 거의 인지하지 못하게 된다. 그러나 기내 서비스에 만족한 경우에도 착륙과정이 불안하고, 탑승구까지의 항공기 이동시간이 길어져 불만이 생기는 경우에는 기내 서비스가 만족스러워도 전체적인 서비스 만족도는 낮게 나타난다. 이 같은 요소를 서비스 품질 기준에 따라 분류하면 [표 2-1]과 같이 나타날 수 있다.

[표 2-1] 항공사 운송서비스 품질 요소

항공사 명성, 인지도, 항공요금, 글로벌 제휴		
기술서비스품질	• 안전사고 • 비행안전과 보안수준 • 항공편 빈도 • 항공편 일정 • 연결항공편의 편의 • 항공기 안전성 • 항공기 적합성 • 주·야간 적정시간 운항 • 직항의 충분성 • 연결편의 충분성 • 운항노선의 다양성 • 항공기 기종 및 기령	• 비행일정의 편리성 • 비행정보제공 • 공항시설의 최신성 • 수화물처리시설 • 초과매표 및 보상체계 • 편리한 스케줄 • 상용고객우대 프로그램 • 운항노선의 다양함	• 좌석시설 • 실내청결도 • 객실시설 • 기내 오락 프로그램의 다양성 • 좌석배치 및 복도여유 • 기내편의시설 배치 • 기내 시각적 인테리어 • 기내 면세품 종류
기능적서비스품질	• 운상정시성 • 운항안전성 • 이·착륙 안전성	• 예약 응대자의 즉각적 응대 • 예약담당자의 서비스 효율성 • 예약담당자의 친절성 • 구매와 탑승수속 과정의 편의성 • 항공사 직원의 용모 • 항공사 직원의 서비스 효율성 • 항공사 직원의 적극성 • 항공사 직원의 비정상 상황에 대한 처리능력 • 항공사 직원의 고객 불만 처리능력 • 대기승객 처리의 공정성 • 승객 안내를 위한 표지시설 • 항공사 직원의 고객 요구에 대한 이행능력 • 탑승수속의 친절성 • 비행전/후의 편의성 • 지연항공편 처리 • 지연수화물 처리 • 수화물처리 속도와 정확성	• 좌석의 안락함 • 청결한 실내 인테리어 • 객실 장비 유지상태 • 객실승무원의 용모 • 객실승무원의 승객유도 • 명료한 기내방송 • 승객 좌석벨트 검사 • 객실승무원의 적극성 • 객실승무원의 친절성 • 객실승무원의 고객불만 처리능력 • 객실승무원의 비정상상황 처리능력 • 기내오락물 및 프로그램 • 기내 스낵 서비스 • 기내 스낵 서비스 제공 속도 • 식음료/신문/잡지 등 기내서비스 • 승무원의 태도 • 승무원의 서비스 효율성 • 식/음료 서비스 • 예의/친절한 서비스 • 외국어 소통능력 • 기내식, 맛, 질 종류 • 탑승안내방송 빈도 • 기내소모품제공
	운항 서비스 품질	지상 서비스 품질	객실 서비스 품질

한편, 전통적으로 항공사 서비스 품질은 서비스 이용과정 기반의 기능적 서비스 품질 평가에 주안점을 두어왔다. 따라서 서비스 이용 과정 중심의 평가방법인 SERVQUAL을 이용한 분석이 주류를 이루어 왔다. 항공사 서비스에 대한 기능적 서비스 평가를 위한 SERVQUAL 모형은 [표 2-2]과 같이 나타낼 수 있다.

[표 2-2] 항공사 기능적 서비스 품질 평가를 위한 SERVQUAL 모형의 구성요소

평가요소	세부요소	
유형성 (Tangibility)	• 좌석의 안락함과 청결 • 기내 식음료	• 기내 엔터테인먼트 • 승무원 용모
신뢰성 (Reliability)	• 승무원의 전문성 • 정시성	• 안전성
반응성 (Responsiveness)	• 승무원의 예의	• 승무원의 책임감
확실성 (Assurance)	• 적극적인 서비스 제공 • 편리한 출발 · 도착 시간	• 승무원의 언어능력
공감성 (Empathy)	• 예약 · 발권 과정의 편리함 • 고객 불만 처리	• 관련 여행 서비스

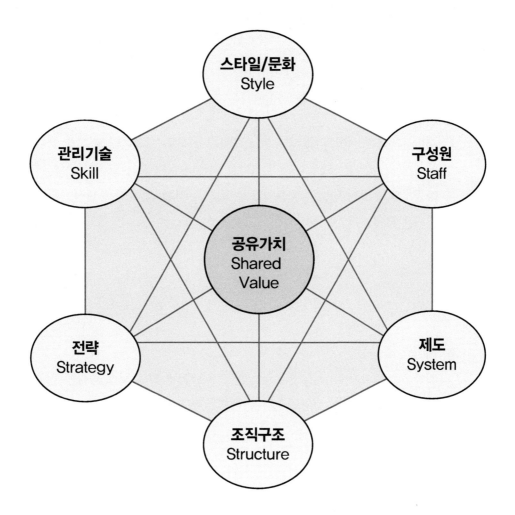

[그림 2-8] 매킨지 7S 모델 분석

01 국내 항공법에 의한 항공운송사업의 정의와 개념에 대해서 설명하시오.

02 서비스회복은 서비스기업이 서비스실패로 인하여 잃어버린 고객의
    신뢰를 최소한 서비스실패가 일어나기 이전의 상태 또는 그 이상으로
    복원하고자 하는 노력이라 정의할 수 있다. 서비스 회복의 구체적
    방안은 무엇인가?

03 서비스 품질 분야 연구에 있어서 대표적 연구자들인 파라수라만과
    베리(Parasuraman, Zeithamal, and Berry) 등의 서비스 품질에
    대한 서비스의 지각 사이의 함수를 설명하시오.

04 Oliver의 만족/불만족 형성과정의 선행과 결과 인지변수를 논하시오.

파생되는 질문과 중요 이슈

01 항공사 서비스회복의 역설적 이론에 대한 사례를 설명하세요.

02 고객만족의 결정요인과 그 결과 변수사이의 매개변수는 어떤 것들이 있는가?

- 김경숙, 항공사 선택행동과 경영성과의 결정요인에 관한 연구, 세종대학교 대학원 박사학위 논문, (1997), pp. 25~26.

- 김재욱 외, 서비스마케팅, 시그마프레스, (2011), pp. 344~346.

- 김재원, 항공사 경영시스템, 북넷, (2009).

- 서상철, 여행목적과 국적기별 선택속성이 여행만족도에 미치는 영향, 동아대학교 대학원 석사학위 논문, (2000).

- 성현선, 항공사 서비스품질 평가와 고객만족과의 관계연구, 경희대학교 경영대학원 석사학위논문, (2000).

- 손승희, 중소기업의 조직구조 개선을 위한 프로세스 모형에 관한 연구, 중소기업연구 제24권 제3호, (2002), pp. 109~133.

- 안영면, 호텔 관계마케팅의 영향요인이 호텔 충성도에 미치는 영향에 관한 연구, 관광 · 레저 연구 12, 2 (2000), p. 180.

- 윤문길 · 이휘영 · 윤덕영 · 이원식, 글로벌 항공운송서비스 경영, 한경사, (2011), pp. 314~315.

- 이경아, 항공사 충성도의 결정요인에 관한 연구, 경희대학교 석사논문, (1999).

- 이유재, 고객만족의 결과 변수에 대한 이론적 연구, 경영논집, 28, (1994), pp. 201-231.

- 윤정헌, 호텔기업 종업원의 팀웍이 서비스 품질에 미치는 영향에 관한 연구, 동아대학교 대학원 박사논문 (1998).

- 장태선 · 공기열, 항공사서비스실패 회복이 고객애호도에 미치는 영향, 한국관광레저학회, 관광 · 레저연구 제20권 제1호, (2008). 2, pp. 129 ~ 132.

- 정익준, 항공운송관리론, (서울 : 백산출판사, 1997), p. 9.

- 한국경제신문, 파워브랜드, 1월 24일, 2002.

- Cronin J. J and S. A Taylor, Measuring Service Quality : A Reexamination and Extension, *Journal of Marketing*, 6 (1994), pp. 55~68.

- Czepiel A. J. and R. Gilmore, Exploring the Concept of Loyalty in Service. In The Service Challenge, Integrating for Competitive, eds, By A. Czepiel, C. A. Congram, and J. Shanahan, Chicago, IL : American Marketing Association, (1987), p. 91.

- Dick A. S. and K. Basu, Customer Loyalty : Toward an integrated Conceptual Framework, *Journal of the Academy of Marketing Science*, 22, 2 (1994), p. 99.

- Dick A. S. and K. Basu, op. cit., pp. 99-100.

- Enis B. M. and G. W. Paul, Store Loyalty as Bias for Market Segmentation, *Journal of Retailing*, 46 (1970), pp. 42~56.

- Grönroos. C. A Service Quality Model and its Marketing Implications, European *Journal of Marketing*, 18, 4 (1982), pp. 30~35.

- Lehtineen U. and J. R. Lehtineen, The Approaches to Service Quality Dimensions, *The Service Industry Journal*, 11, 3 (1991), pp. 288~294.

- Lewis R. C. and B. H. Booms, The Marketing of Service Quality, L. Berry, G. Shostack and G. Upah, in Emerging Perspective on Service Marketing, eds, American Marketing Association, (Chicago, 1983), pp. 99~107.

- Oliva. T. A. R. L. Oliver, and I. C. MacMillan, A Catastrophe Model for Developing Service Satisfaction Strategies, *Journal of Marketing*, 56 (1992), pp. 83~95.

- Oliver. L. R, Cognitive Model of The Antecedents and Consequences of Satisfaction Decisions, *Journal of Marketing Research*, November (1980), p, 58.

- Oliver L. R, Measurement and Evaluation of Satisfaction Process in Retail Setting, *Journal of Retailing*, 57 (1981), pp. 25~48.

- Peter K. Mills and dennis J. Moberg, "Perspective on the Technology of Service Operations," *Academy of Management Review*, Vol. 7. No.3(1995), pp. 469−471.

- Parasuraman A, V. A. Zeithaml, and L. L. Berry, Communication and Control Processes in the Delivery of Service Quality, *Journal of Marketing*, 52 (1988), pp. 35~48.

- Parasuraman A, V. A. Zeithaml, and L. L. Berry, SERVQUAL : A Multi− Item Scale for Measuring Consumer Perception of Service Quality, *Journal of Retailing*, 61, 1 (1998), pp. 17~18.

- Peter, p, Schoderbek Management Systems 2nd ed. John Wiley & Sons Inc 1971, pp.17.

- Richard A, Johnson, Fremont E. Kasi, and James E. Rosenzwetg, The theory and Manent on Systems , 3rd ed, McGraw−Hill Rogakusa, Ltd, 1973, pp.15~19.

- Thierauf, R.J, Systems Analysis and Design of Real−Time Management Information Systems, Prentice−Hall, Inc., 1975, pp.17.

- Zeithaml V. A, Comsumer Perceptions of Price, Quality and Value : A Means−End Model and Synthesis of Evidence, *Journal of Marketing*, 52 (1988), pp. 4~5.

- Zeithaml V. A, L. L. Berry, and A. Parasuraman, The Behavioral Consequence of Service Quality, *Journal of Marketing*, 60 (April, 1996), pp. 31~46.

공항의
구조와 운영

CHAPTER
03 공항의 구조와 운영

공항운영 시스템

1. 공항에 대한 정의

- 항공기의 도착, 출발이나 지상이동을 위하여 일부 또는 전체가 사용되는 건물, 시설물, 장비 등이 포함된 육지나 수상의 일정구역.
- 여객이나 화물을 항공기에 싣거나 내리기 위해 정기적으로 이용되는 착륙지역.

2. 공항에서의 지상조업

- 지상조업이란 항공기 이동지역인 계류장에서 항공기의 안전과 승객의 편안한 비행을 위한 항공기의 정비, 급유, 하역 기타 항공기의 입·출항에 필요한 유도, 동력지원, 승객 및 승무원 탑승, 항공기 청소 등의 업무를 의미한다.
- 지상조업 종류는 여객청사 내에서의 여객에 대한 항공권 발권, 체크인 및 수하물 위탁 등 탑승수속을 위한 탑승업무와 화물처리 업무 및 계류장에서의 지상조업 등으로 구분할 수 있다.

제1절 > 공항의 개념과 구비요건

1 공항의 정의

공항이란 항공기가 이륙, 착륙 및 여객, 화물의 운송을 위한 시설과 지상이동하도록 설치된 시설로서 이 시설이 민간항공 운송용으로 사용될 때 이를 공항이라 하고 그 외의 경우에는 통상 비행장이라 한다. 공항은 세계문화의 관문이며, 첨단시설의 집합장이라 할 수 있다. 미래의 공항은 단순히 여객수송의 편의시설로서만이 아니라 공항의 집단화 · 도시기능화 등 그 기능과 역할을 더욱 확대시켜 나갈 것이다. 항공기의 안전운항을 위한 첨단시스템을 갖추고 극초음속여객기 등 소음문제를 해결하기 위한 접근에 따라 새로운 모델의 공항이 필요하게 될 것이다. 따라서 미래의 요구에 부응할 수 있는 공항은 Aeropolis(항공도시화)개념을 도입한 제반기능을 고루 갖춘 거대한 독립된 도시로 변화하게 될 것이다.

공항에 대한 정의에 대하여 국제민간항공기구(ICAO)는 "항공기의 도착, 출발이나 지상이동을 이하여 일부 또는 전체가 사용되는 건물, 시설물, 장비 등이 포함된 육지나 수상의 일정구역"으로 정의하면서 'Aerodrome(비행장)'으로 표기하였고, 미국연방항공청(FAA)은 "여객이나 화물을 항공기에 싣거나 내리기 위해 정기적으로 이용되는 착륙지역"으로 정의하면서 이러한 장소를 'Airport(공항)'로 표기하였다. "공항"과 "비행장"이라는 용어를 굳이 구분하여 사용한다면 "공항"이란 항공기 이착륙지원시설뿐만 아니라 여객과 화물을 처리할 수 있는 시설까지를 갖춘 경우를 의미하고,"비행장"이란 항공기 이착륙 지원만을 할 수 있는 시설을 갖춘 장소이면 비행장이라 할 수 있는 의미로 사용된다. 즉, 비행장이 공항보다는 넓은 의미로 사용될 수 있어서 공항은 비행장의 범주에 포함된다고 볼 수 있지만, 모든 비행장을 공항이라 칭할 수는 없다는 것이다.

한편, 우리나라 항공법에서는 "공항이란 항공기의 이 · 착륙 및 여객 · 화물의 운송을 위한 시설과 그 부대시설및 지원시설 등 공항시설을 갖춘 공공용 비행장으로서의 건설교통부장관이 그 명칭 · 위치 및 구역을 지정 · 고시한 지역"으로 정의하였고, 공항시설은 다시 기본시설, 지원시설, 도시공항터미널 및 헬기장 시설로 구분하였으며, 공항시설에는 공항구역 안에 잇는 시설은 물론 공항구역 밖에 있는 시설도 포함하고 있다.

1) 공항의 주요 시설물

- 활주로(Runway)
- 유도로(Taxiway)
- 주기장(Apron)
- 관제시설(Air Traffic Control)
- 청사(Airport Terminal)

(1) 활주로(Runway)

항공기가 이착륙할 때 부양(浮揚)하는 데 필요한 양력을 얻거나 감속하여 정지하기 위해 활주하는 노면(路面)을 뜻한다. 활주하는 항공기의 중량과 착륙할 때의 충격을 견딜 수 있는 충분한 강도(强度)가 필요하다. 주로 아스팔트나 콘크리트로 포장되며, 그 비행장에서 가장 빈번하게 불어오는 바람의 방향과 일치되도록 설치하는 것이 통례로 되어 있으나, 보조 활주로로 항공기의 정면이 아닌 양측면(兩側面)에서 불어오는 바람이 있을 때에도 이륙이나 착륙이 가능한 활주로를 별도로 설치하는 경우도 있다.

[그림 3-1] 국제공항 활주로

활주로는 비행장 시설 중 가장 중요한 시설로서 이와 더불어 유도로(誘導路) · 터미널 · 정비시설 및 여객 및 화물취급에 필요한 시설을 구비함으로써 비행장으로서의 기능을 발휘할 수 있게 한다.

(2) 유도로(Taxiway)

항공기가 활주로에서 정비 격납고와 주기장까지 원활하게 이동할 수 있도록 마련된 통로를 말한다. 즉, 항공기의 지상통행 및 비행장내의 한 부분과 다른 부분의 연결을 위하여 육상비행장에 설치한 일정한 통로로서 항공기 주기장 통행로, 계류장 유도로, 고속이탈 유도로가 포함된다.

(3) 주기장(Apron)

공항에서 여객의 승강 · 화물탑재 및 하기 · 연료보급 및 정비 등을 위하여 항공기가 주기하는 장소를 말한다. 즉, 비행장 내에 빈번한 인원탑승, 화물탑재 및 항공기 급유 등이 편리하도록 평탄하고 견고하게 포장된 지역을 의미한다.

(4) 관제시설(Air Control Tower)

항공기가 안전하고 질서정연하게 운항할 수 있도록 지원하는 시설을 말하며, 항공기 상호 간의 충돌 방지, 지상 장애물과의 충돌 방지, 항공교통의 질서유지 등을 확보하는데 그 목적이 있다.

(5) 공항청사(Airport Terminal)

항공교통과 지상교통의 연결점으로 출입국 승객의 편의를 위해 항공사 · 공항공단 · 정부기관 등이 복합적으로 운영한다.

2 항공교통의 현황과 전망

최근 국제민간항공기구(ICAO)의 세계 항공시장 전망에 의하면 세계경제와 무역성장, 항공 공급의 확대 등과 함께 지속적이고 완만한 성장을 예측하고 있다. 특히, 중동지역은 지역경제 및 비즈니스 성장세가 지속될 것으로 전망되나 세계경기의 변동이 아태지역 등 전반적으로 실적에 영향을 줄 변수로 예상된다.

국내항공시장 역시 2020년 이후 항공여객은 중국과 아시아 지역의 방한수요 확대 등으로 성장세를 지속할 것으로 전망하고 있으며, 항공화물 분야에서도 휴대기기 및 반도체 관련 상품 등 수출 호조 지속 및 원화가치 상승에 힘입은 수입물량 증가 등으로 항공화물 증가를 예상하고 있다.

그러나 주변국과의 경쟁 심화, 세계경기 회복 영향, 원재료 가격 상승 및 환율 변동성 등 불확실성으로 인한 잠재적 리스크가 상존하는 것도 사실이기 때문에 경영의 효율화를 통한 경쟁력 확보를 지속해야 할 것이다.

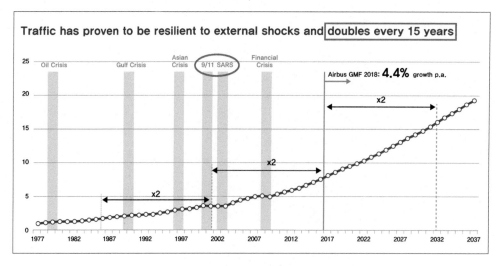

[그림 3-2]

〈출처〉 Global Networks, Global Citizens, Global Market Forecast 2018-2037.

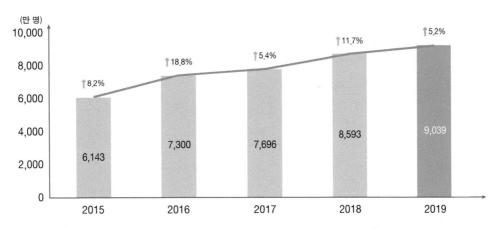

* 국제여객(만 명) : 6,143(15년) → 7,300(16년) → 7,696(17년) → 8,593(18년) → **9,039**(19년)

[그림 3-3] 국제선 여객 추이

'19년 국제선 여객은 일본 및 홍콩노선의 여객 감소에도 불구, 중국 · 아시아 등 노선 다변화 및 내외국인 여행수요 증가 등으로 전년 대비 5.2% 증가한 9,039만 명으로 역대 최고실적을 갱신하였다.

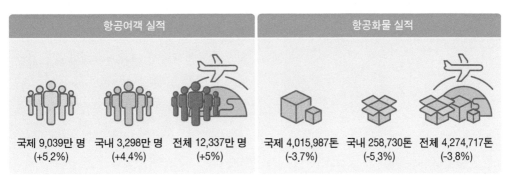

※ ( )는 전년 대비 증감률

[그림 3-4] 2019년 항공운송시장 동향

〈출처〉 에어포털(http://twitter.com/@snsairportal)

이와 같이 항공교통 산업이 제공하는 편익은 대표적으로 경제적인 편익과 사회적인 편익으로 구분된다. 경제적인 편익은 항공만이 유일하게 전 세계적인 네트워크를 제공하고 있어 국제 비즈니스와 관광을 가능하게 만드는데서 찾아 볼 수 있다.

특별히 개발도상국에서는 시설적인 측면에서 항공교통이 경제성장에 중요한 역할을 한다. 항공교통의 경제 · 사회적인 편익 보고서에 따르면 항공교통은 연간 20억의 승객과 국제교역 상품의 40%를 수송하고 있으며, 국제여행객의 40%를 담당한다. 그리고 항공교통 산업은 전 세계적으로 2천 9백만 명의 직 · 간접적인 고용을 발생시키고 있으며, 이에 대한 영향은 전 세계 국내 총생산액(GDP)의 8%수준인 2조 9천6백억 달러(미국달러)에 달하는 것으로 평가되고 있다. 전 세계적으로 9백 개의 항공사가 약 2만2천대의 항공기를 보유하고 있으며, 이들은 수백만 km의 루트를 통해 약 1,670개 공항을 서브한다.

③ 국내 · 외 공항체계

각국은 공항체계의 분류 유형과 운영체계는 아래의 표와 같이 자국의 환경을 고려하여 나름대로 기준을 설정하고 있으며, 특히 운영체계는 중앙정부, 지방정부 및 공항운영자 등이 공항운영의 역할을 상호 구분하고 있음을 알 수 있다.

공항체계는 나라별 특성을 고려하여 설정된 분류기준에 따라서 위계를 설정하고 있으나, 크게는 공항기능을 중심으로 국제, 국내 지방공항으로 구분하고 있다. 단지 국제공항은 운영체계를 고려하여 허브공항(중추공항), 관문공항(거점공항), 지역공항(지역거점공항) 등으로 개념상 분류를 달리하고 있다. 허브공항은 미국과 같이 전체 항공수유에 대한 일정 수준 이상의 항공수요를 처리하는 공항을 대상으로 할 수도 있으나 개념상으로는 허브 앤 스포크 시스템(Hub and Spoke System)으로 환승여객과 환적화물을 주로 처리함과 동시에 공항권역내의 기종점 항공수요를 처리하는 경우를 지칭한다. 관문공항은 공항의 직접 권역 내 기종점(起終點) 항공수요와 영향권 지역의 항공수요를 도로, 철도, 항만, 국내선 항공기에 의해 공항까지 수송한 후 타 지역의 허브공항 등과 연결하는 경우를 말한다. 지역공항은 지역의 공항

권역 내에 기종점 항공수요를 처리하는 공항으로서 정의할 수 있다.

공항에서 수행되는 업무를 살펴보면 세관업무(Customs) · 출입국관리 (Immigration) · 검역(Quarantine)등을 뜻하는 일명, CIQ(Customs, Immigration, Quarantine)업무를 포함하여 정부기관이 수행하는 업무로는 항공기의 운항 · 관제, 동식물 검역, 마약단속, 경비 · 보안업무 및 문화재간리 등이 있으며, 항공운송자인 항공사 등이 담당하는 항공기운항업무와 항공기 지상조업 등의 지원업무가 있고 민 간기업 또는 민간인이 담당하는 구내업체운영 등이 있다.

[그림 3-5] **출입국관리사무소**

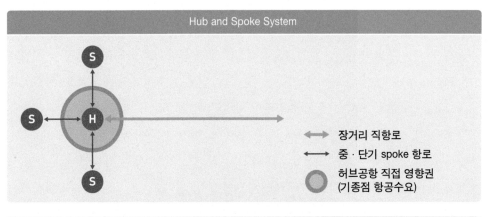

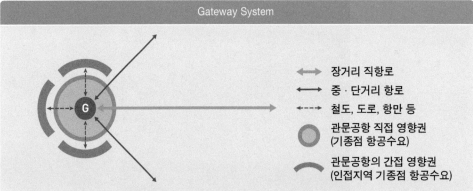

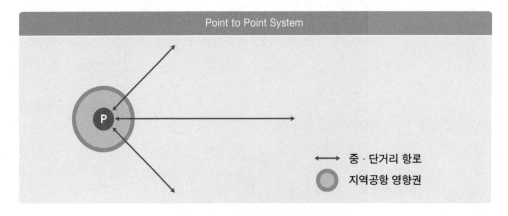

[그림 3-6] 국제공항의 운영체계

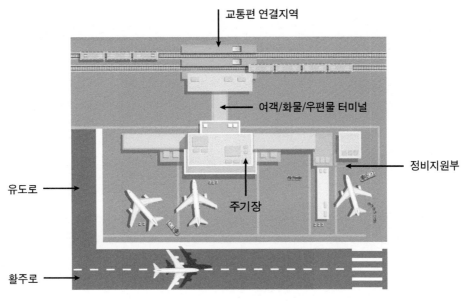

[그림 3-7] 공항의 기본시설

4 우리나라 공항 정책의 평가 및 전환방향

공항정책의 평가는 우리나라의 공항정책의 근간이 되는 공항개발중장기 종합계획을 토대로 분야별로 평가하고 전화방향을 제시하였다.

1) 공항정책의 환경변화 반영 측면

『공항개발 중장기 종합계획』에서는 세계 항공운송 산업의 환경변화의 분석을 통하여 항공자유화의 점진적인 진행을 전망하고 있다. 항공의 자유화는 미국을 중심으로 1978년부터 실시된 항공규제완화 정책을 토대로 전 세계에 확대되고 있다. EU는 이미 "The Single European Sky"를 표방하고 항공정책을 종합적으로 관리하고 있다. 아시아 · 태평양지역은 중국의 화물과 여객의 급성장으로 전 세계 항공 운송시장에서 차지하는 비중을 높여 나가고 있다. 이러한 여건 하에서 항공시장의 자유화는 당분간 다자간 보다는 양자 간 협정형태로 발전할 것으로 예상하고 있다. 따라서 우선 각 지역 블록내의 항공 자유화가 이루어지고 장기적으로는 대륙 간 자유화가 진행될 것으로 전망하고 있다.

이러한 정책전개가 전제된다면 항공운송산업의 경쟁을 촉진시키는 관점에서 충분한 공항정비가 선행되어야 한다. 만약 정책적으로 하나의 허브공항을 중심으로 용량증대를 추구할 경우 지역의 거점공항은 용량부족으로 향후 항공사간 자유경쟁에서 마이너스로 작용한다는 것이다. 이러한 측면에서 우리나라는 이제 더 이상 하나의 허브공항을 육성하는 정책으로 이용자의 편리성과 물류의 원활한 수송을 도외시한 노선배정과 슬롯배분은 지양하고 수요에 대응한 국제거점공항의 정비가 필요한 시점에 있다. 향후 동북아 협력체 또는 공동체 형성에 대비한 공항정책을 명확히 할 필요가 있다.

그리고 세계 항공시장에서 아태지역의 비중은 2019년 25%에서 향후 35%로 확대될 것으로 전망하고 있다. 아태지역의 성장요인은 인구가 전세계의 60%이고, 섬이 많아 항공이용 빈도가 높을 것이기 때문이다. 또한, 중국시장은 경제성장과 항공자유화로 인해 급격하게 변화하고 있어 폭발적으로 수요가 증가하였다. 동아시아의 각국들은 지역의 항공수요 증가를 고려하고 항공시장을 선점하기 위해 경쟁적으로 공항 인프라를 확충해 오고 있다. 우리나라는 이러한 주변국의 공항개발의 추세에 따라 2018년 인천공항 제2여객터미널을 개항하였고, 앞으로도 2024년 완공을 목적으로 4단계 계획을 진행하고 있다. 인천공항은 2019년 여객 수 7,117만 명, 환승객 839만 명, 연간 운항 40만 회를 달성하여 경제적으로 흑자를 기록하였다. 하지만 2020년 예상치 못했던 전세계가 코로나-19의 영향으로 국내외 항공산업이 커다른 위기를 맞게 되었다. 당분간은 항공수요가 침체될 것으로 예상되지만 항공산업은 코로나 이전의 수준을 회복할 수 있을 것으로 전망했다.

2) 공항정책의 사회 경제적인 편익 측면

공항은 승객과 화물의 수송에서부터 사회 · 경제적 영향을 직 · 간접적으로 미친다. 특히 고용창출과 비즈니스의 활성화는 공항별로 차이를 나타내고 있지만 지역경제에 미치는 영향은 매우 크다. 특히 공항의 유발효과로 분석된 무역, 관광, 지역투자, 노동공급, 생산력 및 마케팅의 효율성, 사회적 표준화 등은 사회전반에 영향을 미치는 것으로 나타났다. 따라서 공항정책 수립에 있어서는 국토의 국제적인 접근성 향상을 통한 국토의 경쟁력 확보 차원에서 보다 효율적인 접근이 필요하다. 이러한 측면에서 공항정책은 국토의 종합계획과 국가발전 전략차원에서 지역의 중심산업이 항공과 어떤 연관성을 갖고 있는지 또 사회적인 비용측면에서 어떤 것이 경제적인가에 대한 분석을 통해서 수립될 필요가 있다.

(1) 기존 공항정책의 모니터링 측면

인천국제공항이 공항 분야에서 최고의 권위를 인정받는 세계공항서비스평가(ASQ)에서 2014년도에도 1위로 선정돼 2005년 이후 9년 연속 세계 공항 1위를 달성했다.

인천공항의 이번 ASQ 9연패는 최근 주변공항의 시설 확장과 서비스 개선을 통한 치열한 경쟁 속에서도 1위를 유지했다는데 큰 의의가 있다. 인천공항은 제3단계 사업을 통해 제2여객터미널을 성공적으로 개장하였고 제 4단계 사업을 시작하여 2024년 세계 3개 공항으로 도약하기 위한 사업을 추진하였다.

승객예고제 도입 등 여객 수에 따른 출입국 지원 인력의 탄력 배치, 자동출입국 심사대 설치 등을 통해 전년 대비 11% 여객이 증가하였음에도 불구하고, 출국과 입국수속시간은 국제기준(출국 60분, 입국 45분)보다 세배 이상 빠른 수준(출국 19분, 입국 12분)을 유지하고 있다.

4년 연속 중형공항 부문 1위를 차지한 김포공항도 노후된 공항시설(국제선 1988년 준공) 등에도 불구하고, 최고의 서비스를 제공하기 위하여 전사적으로 서비스 품질혁신활동을 전개하고 있다. 공항 도착부터 항공기 탑승까지 전 과정에 대한 모니터링 및 관리, 개선을 통해 출입국 소요시간을 대폭 단축하고 안내, 보안검색 등 고객 접점에서의 서비스를 개선하는데 주력해 최신시설의 공항과의 경쟁에서 우위를 점할 수 있었다.

국토해양부 관계자는 "인천공항과 김포공항의 상주 정부기관 및 입주업체, 종사자들이 세계 1위 공항을 만들려는 의지가 대단하다. 지속적으로 1위를 달성해야 한다는 압박감이 매우 큼에도 모두가 우리나라의 국격을 높인다는 자부심으로 적극적으로 서비스 개선 아이디어를 제시하고 개선 노력에 적극 동참해 온 것이 8연패와 3연패 달성의 가장 큰 원동력"이라고 밝혔다.

또한 "정부도 서비스 개선 노력과 함께 인천공학 3단계 사업이 차질없이 완료되었고, 외국항공사 유치 확대, 물류 · 업무 · 관광 등이 포함된 다기능 복합도시 본격 개발 등 인천공항이 허브공항으로서 경쟁력을 강화해 나갈 수 있도록 지원하고, 김포공항도 청사 리모델링, IT 기술을 도입한 첨단 공항 구축으로 동북아 대표 비즈니스공항으로 자리 잡을 수 있도록 지원을 다할 것"이라고 말했다.

인천공항공사는 2024년 완료되는 4단계 건설사업이 동북아시아 허브공항의 지위를 차지하기 위한 중국, 싱가포르 등과의 경쟁에서 확고한 우위를 점하는 토대가 될 것으로 기대하고 있다.

[그림 3-8]

이를 달성하기 위한 방향으로 '허브공항', '경제공항', '스마트공항', '그린아트 공항', '안전공항' 등 다섯 가지를 제시했다. 인천공항공사는 인천공항 허브화에 박차를 가한다는 계획이다. 4단계 건설사업으로 연간 여객 수용 능력과 화물 처리 능력이 각각 1억600만명, 630만t으로 대폭 확대된다.

인천공항이 국제여객 수용 능력 기준으로 두바이공항과 이스탄불공항에 이어 세계 3위로 도약하는 것이다. 이와 함께 인천공항공사는 국제선 노선 확대 등 연결성을 강화해 허브공항의 지위를 공고히 한다는 방침이다.

(2) 우리나라 공항의 현실적인 한계극복 측면

일반적으로 우리나라의 항공정책을 다른 나라와 비교할 때 우리나라는 국토면적과 인구 규모 측면에서 절대적인 비교가 어려운 것이 사실이다. 그래서 우리나라의 공항의 현실을 외국과 직접 비교할 때는 우리나라가 GDP 세계 10위의 국가로서 인구나 국토면적에 대비해 다른 나라에 비해 매우 높은 생산 효율을 나타내는 국가인 점을 고려하여 공간적인 의미보다는 시간적인 접근성이 매우 중요하다.

따라서 기본계획에서 제시된 바와 같이 국내선 중심의 일반 공항은 국내선 수요가 적은 상태에서 현재의 운항조건으로 경제성을 확보하는 것은 어렵기 때문에 공공성 확보차원에서 관리하고, 중 · 장기적인 대책으로 저가 항공사와 소형 항공기 운송사업의 활성화로 국내선의 비용구조를 개선할 필요가 있다. 이는 지역의 이용객 욕구에 부흥하게 될 것이며 국내 공항간의 네트워크 구축을 가능하게 하여 항공산업의 활성화 및 공항의 위계별 관리로 효율성을 확보할 수 이을 것이다. 특히 국제선과 연계한 운행은 지역의 국제선 이용객의 편의 및 국제적인 접근성 향상으로 이어져 지역의 발전에 지대한 영향을 미칠 것이다.

또한 공항은 지역경제에 밀접한 관계가 있으므로 국가적인 효율성 확보 또는 특정 공항을 중심으로 국가 허브포트를 육성 발전시키고자 하는 정책적인 의지는 국토의 균형발전과 지역 간의 형평성의 부족으로 이제 더 이상 실효성을 갖기 어렵다. 따라서 지역의 경제·산업과 연계한 공항의 개발과 발전방안이 필요한 시점에 있다. 즉 현재 지역별로 추진되고 있는 국제자유도시, 국제무역자유도시, 물류거점도시 등의 기반시설로서 공항정책이 추진되어야 한다. 이러한 측면에서 중앙정부 중심의 재정사업으로서 공항을 개발하거나 관리하는 것은 어려운 실정에 있다. 예로서 부산의 경우 외국의 사례와 같이 항만공사가 공항을 관리 운영하는 것이 복합물류 수송체계구축 차원에 보다 효율적일 수도 있을 것이다. 이는 현재 재정적인 여건이 어려운 공항의 활성화에도 도움이 될 것이다.

(3) 항공수요 측면

공항정책의 중요한 요소 중의 하나가 장래 항공수요이다. 이는 공항의 확장과 신설을 비롯한 항공노선 등의 신설의 기준이 된다. 따라서 장래 우리나라의 국제선 수요를 어떤 전제로 예측하는가에 따라서 공항정책이 결정될 수 있다. 최근에 건설교통부의 제3차 공항개발 중장기 종합계획(이하 3차 종합계획)에서는 2024년까지 국내선과 국제선의 수요를 우리나라의 경제성장에 따른 시나리오별로 즉 고서장시, 중성장시, 저성장시로 구분하여 예측하고 실제로는 중성장치를 채택하고 있다.

한국교통연구원의 국내선 항공수요 예측은 국내선은 공항별 특성을 고려하여 예측방법을 각각 달리 적용하였다. 김해공항의 수요는 고속철도 및 고속도로의 영향과 항공요금 수준 등을 고려하여 실제 고속철도의 영향을 많이 받고 있는 대구공항 보다 낮은 증가율을 적용하여 2025년 기준 8.535천명을 예측하고 있다.

국제선 여객수요는 전국과 인천공항 및 김해공항은 과거의 증가 추세가 계속 유지될 것으로 보고 회귀분석으로 추정하였으며, 제주를 제외한 나머지 공항들은 전국 수요에서 차지하는 분담률을 적용하다 Top Down 방식으로 산출하였다. 보완적으로 향후 정부의 지역발전정책에 따라 항공수요가 늘어날 가능성이 있는 공항은 분담률을 상향 조정하였다. 여기서 문제점은 향후 지방공항의 활성화에 대한 정책적인 요소가 감안되지 못하고 기존의 처리실적과 전국 수요에서 차지하는 분담률을 토대로 예측한데서 찾아볼 수 있다. 향후 동북아 주요도시와 셔틀 노선 신설, 한중 항공자유화에 의한 지역 도시관 항공수요 증가 요인, 저가 항공사 진출 및 소형 항공기 도입 등에 의한 네트워크 공항기능 등을 위한 공항 시설 정비가 유발할 수요를 감안하지 못하고 있다. 특히 장래 예측 시나리오에 김해공항과 같이 배후지역에 일정 규모 이상의 수요가 있는 공항에 직항로 개설에 따른 수요를 예측하지 않았다. 이로 인하여 실제 향후 지역공항의 활성화 정책에 대한 경제적인 편익을 산출하기 어렵고, 그리고 지방공항의 활성화 방안으로 직항로 개설과 공항의 신설 및 확장 등이 국가정책에 반영이 되지 못하는 정책의 악순환이 발생되고 있다.

제3차 공항개발 중장기 종합계획을 토대로 지방공항의 활성화방안으로 직항로를 개설할 경우 예상되는 국제선 항공수요는 인천공항에서 전환수요와 유발수요가 발생하여 지방공항의 수요 증가와 함께 인천공항에서 전환수요와 유발수요가 발생하여 지방공항의 수요 증가와 함께 인천공항의 국제선 집중을 완화 할 수 있는 것으로 나타났다. 이영혁교수의 국제선 장래 수요예측 결과는 2025년 기준 공항별 수요는 인천공항이 72,485천명에서 61,584천명으로 15%감소하고, 김해공항의 경우 기존 인천공항에서 전환되는 수요가 2,859천명이고 유발 수요가 537천명에 달해 한국교통연구원의 예측치 7,681천명에 비해 무려 44%나 증가한 11,078천명에 달하는 것으로 나타났다.

(4) 우리나라의 공항정책 및 발전전략(국제 거점공항 중심)

우리나라 공항정책은 인천공항 중심으로 이루어져 왔다고 볼 수 있다. 인천공항이 김포공항의 용량부족과 소음문제 해결을 위해서 수도권 신공으로 건설되었으나, 동북아 지역에서 허브공항의 선점을 위한 국가가 역점 사업으로 육성해왔기 때문이다. 이러한 정책 추진결과는 앞서 제시된 공항정책의 평가결과에서 나타났듯이 국가 경쟁력확보 차원 등 여러 가지 이유로 공항정책의 전환이 필요한 것으로 나타났다.

휴스톤 공항 시스템의 경제적 영향

휴스톤 공항 시스템은 3개의 공항(George Bush, William P. Hobby and Ellington Field)에 의해서 승객과 화물, 일반 항공 서비스를 제공하고 있다. 이는 세계에서 6번째로 큰 공항시스템으로 2003년 기준 4천 2백만 명의 승객과 7억 4천만 파운드의 화물을 처리했다. 그리고 2003년에 발간된 연구 보고서에 따르면 다음과 같은 경제적 영향이 있는 것으로 나타났다.

운영기간 동안이 전체 경제적인 영향은 240억 달러이고, 지역경제에 151만 명의 일자리를 제공한 것으로 나타났다. 2019년 승객수가 8천만 명으로 증가하였다. 전체 액수의 3분의 1(US$ 89억)은 공항의 활동에 기여하여 왔고, 약 8%(US$ 20억)는 휴스톤을 방문하는 사람들에 의해서 교통과 관광산업분야에 소비되었다. 50%(US$ 133억) 이상은 지역경제에 있어서 판매와 급료에 사용되는 등 다양하게 기여한 것으로 나타났다.

일자리는 공항과 관련된 활동에 3만7천명이, 방문객의 소비에 관련된 일자리 2만6천, 다양한 영향으로부터 유발되는 일자리가 8만8천 등으로 구성되어 있다. 공항별로는 조지 부시공항이 가장 많은 액수(US$ 194억)와 고용(11만8천)을 지원했고, 다음으로 빌링&하비 공항이 45억불과 2만9천의 일자리, 엘링톤 필드공항이 3억3천불과 3천6백의 일자리를 지원한 것으로 제시하고 있다.

휴스톤 공항의 핵심 편익 중의 하나는 네트워크로 운영되고 있다는 것이다. 조지부시 공항은 국제 허브공항으로 역할을 수행하고, 하비공항은 지역과 저가항공에 초점을 맞추고, 엘링턴 공항은 일반 항공을 처리하도록 조정되어 있다는 것이다. 따라서 각 공항은 자체의 고유의 규칙을 가지고 있으며, 이러한 규모의 경제는 전체적으로 효율을 향상시켰고 보다 더 촉진되었다.

제2절 〉 항공교통과 공항운영시스템

1 항공교통

항공교통은 먼 거리의 시장에 대한 보다 쉽고 값싼 무역을 할 수 있다는 것과 전세계를 대상으로 상품의 마케팅과 서비스를 용이하게 한다. 칠레, 중국, 체코, 프랑스, 미국 등지의 기업에 대한 조사결과는 사업가의 70%가 공항서비스를 이용하는 핵심 편익은 보다 큰 마켓을 서브할 수 있는 능력이라고 답하고 있다.

시장에 있어서 항공교통은 경쟁력 향상, 혁신 활성화, 판매량 증가, 경제규모의 확대 등에 대한 편익이 있는 것으로 제시되고 있다.

- 경쟁력 향상 : 소비자에게 가장 중요한 것은 기업이 높은 효율성을 통하여 그들이 세계시장에서 위치를 유지함으로서 상품의 질을 입증함과 동시에 가격을 낮추게 하는 것이다.
- 혁신의 활성화 : 기업가의 30%는 보다 더 큰 시장에 서브할 수 있는 잠재력을 통하여 그들의 능력을 개선하는데 항공교통이 지속적인 영향을 미친다고 답했고 나머지70%는 다른 영향을 답했다.
- 판매량의 증가 : 항공 서비스는 상품의 세계적인 마케팅과 서비스를 가능하게 하고, 특히 장거리 무역과 시간에 민감한 생산품에 대해서는 경쟁력 있는 교통수단으로서 제공되고 있다.
- 경제규모의 확대 : 사업가의 약 25%는 항공교통이 그들의 경제규모를 확대하는데 지속적인 영향을 미친다고 대답했다. 그리고 40% 이상은 다른 분야가 영향을 미치는 것으로 답하였다.

② 비즈니스 운영의 영향

항공교통은 기업이 고객을 만나거나 서비스하는 것이 용이하고, 생산품의 효율적인 조합(분업)을 촉진시킨다.

- 고객의 만남과 서비스 : 항공서비스는 소비자의 현재 요구에 직면해 있는 바이어와 새로운 재품을 만든 기업과 보다 효율적인 대화와 접촉을 가능하게 한다.
- 효율적인 생산 : 사업가의 약 50%는 생산의 효율성에 대해서는 항공 서비스에 의존한다. 승객서비스는 관리자에게 자국의 타 지역은 물론 다른 나라의 방문을 가능하게 하고, 경쟁자 중 최고의 공급자를 선택할 수 있고 새로운 생산기술을 설비를 설치할 수 있다. 그리고 기업이 질 높은 고용자와 접촉을 가능하게 한다. 세계적인 공급체인은 컴퓨터 부품과 같은 값비싸고 가벼운 상품의 빠르고 신뢰성이 있는 이동에 의존하여 급속도록 증가하고 있다. 항공교통은 이러한 이동을 용이하게 한다.
- 높은 가치의 상품을 빠르고 신뢰성 있게 수송 : 특히 제약, 생명공학, 텔레커뮤니케이션 시설 분야와 같은 현대 다이내믹 산업에 관련된 상품의 경우 항공서비스가 필수적이다.
- 생산시장의 범위가 증가 : E-Business의 발전은 낮은 비용의 공급자가 유리하고 항공교통은 공급자와 바이어의 연결을 돕는다.
- 반품이나 문제 상품의 관리에 기여 : 예로서, 항공 서비스는 교체부품의 배달이나 수리의 처리시간을 빠르게 할 수 있다.
- e상거래의 발전을 활성화 : 예로서, 기업이 온라인 쇼핑 구매자에게 빠르고 신뢰성 있게 기업의 상품보관 창고와 각 나라 사이를 배달 비용과 소매를 줄이면서 수송하는 것을 가능하게 한다.
- 고속 수송산업의 활성화 : 기업에 빠른 문전 수송 서비스와 물류 지원이 증가될 것이다.

3 투자에 있어서 항공교통의 영향

양호한 항공교통의 링크는 기업이 투자할 곳을 선택하는 데 영향을 미친다. 조사결과 Healey and Baker(2003)에 의하면, 기업의 56%는 유럽에서 사업하는 데 있어서 국제 수송체계를 민감한 요소로 고려하는 것으로 나타났다. 다른 조사에서 기업가의 18%는 지금까지 투자를 결정하는데 양호한 항공교통의 존재가 직접적으로 영향을 미쳤다고 응답했다. 특히, 하이테크 산업의 경우는 매우 중요한 요소로 작용하고 있는 것으로 밝혀졌다. 기업의 28%는 혁신 및 연구개발 분야의 투자는 공항 서비스가 제한된다면 매우 나쁜 영향을 미칠 것이라고 믿고 있다.

[그림 3-9] 창이 국제공항 (친 환경적이고 매력적인 지역)

세계에서 가장 높은 실내폭포와 친환경적인 터미널을 자랑하고 있다. 쥬얼 창이공항의 심장부에 위치한 40m 높이의 HSBC 레인 보어텍스(HSBC Rain Vortex)는 장관을 연출한다. 특히 야간에 방문하시면 황홀한 조명과 사운드 쇼를 즐기실 수 있다.

4 항공교통의 국제무역에 기여

항공교통의 가장 중요한 경제적 편익 중의 하나는 발전 수준이 다른 각 나라의 경제성장을 촉진시키는 역할로서 국제 무역에 대한 파급효과이다. 항공교통은 중요한 무역 촉진제로서 소비자의 요구에 상응하는 상품을 시장에 빠르게 내놓을 수 있어 세계적인 기업을 증가시키고 있으며, 이러한 여건으로 표준화되고 보다 개선된 생활을 영위할 수 있도록 한다.

항공화물의 국제무역에 대한 기여는 국제무역의 수송에서 쉽게 찾아 볼 수 있다. 항공화물은 공장 제품의 지역 간 무역 액수의 40%를 차지하고 있으며, 국제무역에 있어서 전체 가치의 약 25%(2004년 기준, US$ 1,750billion)를 항공이 담당하고 있다. 그리고 항공 산업은 당일 또는 다음날까지 배달되어야 하는 시간에 민감함 상품(우편, 소포, 신문, 신선한 과일 및 야채, 꽃 등)의 무역에 기여하고 있다.

[그림 3-10] 미네아폴리스(Minneapolis) 공항의 관광산업의 경제적 영향

미네아폴리스 국제공항이 지역경제에 미치는 영향에 대한 연구결과[4]에 의해 공항산업이 28,545명의 직접고용자를 창출하는 것으로 나타났다. 이중 약 63%(18,000)은 공항을 이용하는 항공사의 고용자수 인 것으로 발표되었다. 추가로 3,000명은 화물기와 화물 포워드에 의해 발생하고 약 2,300명은 택시 랜트카 등의 육상교통회사에 고용되어졌다. 이러한 직접적인 활동에 의해 발생된 간접 고용은 11,264명이고 유발 고용지수는 26,406명이 나타났다.

하지만 공항이 지역경제에 미치는 가장 큰 영향은 방문객이 지출하는 것이고 이로 인해 87,000명이 고용되고 이중 60,500명은 관광에 의한 직간접 고용으로 이 연구는 밝히고 있다. 관광의 영향은 항공교통에 의해 유발되는 고용자수보다 30%이상 많으며 이들의 75%는 호텔, 레스토랑, 아울렛, 엔터테인먼트 분야에 종사하는 것으로 나타났다.

---

4 John C Martin Associates LLC(2005)

승객에 대한 항공 서비스가 국제무역에서 역할은 무역의 기회를 창출하는데 극히 중대하다. 이는 기업에게 고객과 대면해서 만나게 하고 그들의 비즈니스를 세계적으로 마케팅하게 해 준다. 그리고 기업에게 승객에 대한 항공 서비스는 칠레, 중국, 체코, 프랑스, 미국 등의 기업을 대상으로 조사한 결과 기업가의 65%이상은 고객을 만나거나 서비스하는데 항공교통이 중요하고 적대적이라고 생각하는 것으로 나타났다. 특히 중국 기업가의 경우는 항공교통의 중요성에 대해서 90%에 가깝게 답하고 있다. 즉 메이저 공항이 지역에 위치한 것을 기업의 매우 큰 인센티브로 여기고 있다는 것이다.

5 항공교통의 특성과 역할

항공교통이 다른 산업에 미치는 파급효과의 대표적인 분야가 관광 사업 분야이다. 관광산업은 방문객을 데리고 오는 교통에 의존한다. 반면 교통산업은 교통수요를 창출하는 관광산업에 의존한다. 현재 업무통행과 레저통행, 친지방문 등을 포함한 국제 관광객의 40%는 항공교통을 이용하고 있으며, 1990년대 보다 35% 증가한 수치이다. 항공교통의 주요 역할은 아래와 같이 설명할 수 있다.

1) 기존 교통수단에 대한 역할
- 장거리 교통을 초고속 교통수단으로 획기적으로 단축시킴과 능률화를 가져왔다.
- 우편물 및 화물의 능률적 수송을 실현시키는데 혁신적인 역할을 담당하고 있다.
- 항공교통-지상교통-해상교통 간의 상호 연계 수송 체제를 강화시키고 있다. 따라서 공항-항만의 연계를 통한 항만 물류시스템 확보가 국가 경쟁력으로 부상하고 있다.

2) 공공적 역할

- 항공교통은 이제 누구나 차별 없이 이용할 수 있는 공공적 교통수단이다.
- 항공사는 공적인 특성을 가지고 있으며 영업의 계속의무를 위해 공시된 스케줄대로 운항을 계속해야 한다.
- 사업, 경영이 정부규제를 받음.

3) 경제적 역할

- 산업입지 선택이 자유로워지고, 미개발 지역의 자원이용이 가능해져 생산성 향상
- 기술과 정보 및 인구의 이동으로 노동과 자본의 이용범위 확대
- 국제적 분업과 무역의 촉진으로 지역 경제 뿐 아니라 세계경제에 기여
- 항공기를 활용한 다양한 분야의 이용으로 경제성을 높여나가고 있다.
- 항공기 제작은 기존 중공업의 발달과 함께 전자 및 통신 컴퓨터산업의 발전을 가져왔다.

4) 사회 · 문화적 역할

- 기술, 지식, 정보, 사상의 국제적인 보급.
- 해외여행 및 문화교류 활성화

5) 국제항공교통의 역할로 지구촌화

- 항공기 제작기술의 향상으로 급속히 지구촌화 진행

Airline Insight ▷ 공항의 경쟁력 평가요소

공항의 경쟁력 분석을 위한 투입요소를 선정하는 것이 무엇보다도 중요하다. 공항경쟁력 요소는 폭넓은 문헌 및 기존 연구의 고찰 등을 통해 지금까지 공항부문에서 중요하게 인식되는 10개의 요소를 주로 선택한다. 이들 요소들의 특징은 다음과 같다.

1) 공항의 지리적인 특성 : 공항의 위치선정, 공항 배후지역의 크기 및 항공사들의 운항노선망 구축 등에 따른 잠재적 가능성을 나타낸 요소로서 공항을 개발할 때 매우 중요하게 고려되는 요소이다.

2) 공항 접근성 : 접근거리 및 소요시간, 대중교통수단의 가용성, 타 교통수단과의 연계성, 혼잡도를 최소화하는 교통수단별 분산 등이 포함되는 것으로서 그 공항의 서비스 수준이나 운영의 질을 평가할 때도 공항접근성을 매우 중요하게 취급한다. 현재 신공항을 추진 중인 많은 아시아 주변 국가들이 공통으로 중요하게 인식하는 부분도 바로 이 공항접근성이다.

3) 환경문제 : 공항으로 인하여 발생하는 항공기 소음, 수질 및 대기오염 등의 환경문제가 점차 중요하게 인식되고 있으며, 실제로 선진 공항들은 시설의 확장이나 신설계획에서 가장 많은 관심을 보이는 사항이 바로 환경문제라 하겠다.

4) 항공사 영업활동의 여건 : 지역간 운항노선 및 항공기 운항횟수 등과 같은 항공사의 서비스 수준을 높이고 항공수요를 창출하기 위한 항공사의 영업활동 여건을 말하는 것으로서 공항운영측면에서 본다면 항공사들이 선호하는 영업여건이란 곧 좋은 서비스를 제공할 수 있다는 의미와 상통한다고 볼 수 있다.

5) 사회 · 경제적인 파급효과 : 공항개발로 인한 항공산업의 발달 및 지역사회의 개발, 고용의 증대효과, 공항주변지역의 가치와 투자증대 등 많은 사회 · 경제적인 효과도 중요하게 취급되는 요소이다.

6) 공항 주변지역 : 국제무역지구, 금융자유지역, 레져센타, 물류단지, 컨벤션센타 등과 같은 공항주변 지원단지 등의 개발을 통해 육–해–공을 연결하는 새로운 교통중심지 개념의 도입이 점차 일어나고 있다. 따라서 공항도시(airport city)와 같은 새로운 개념의 접근도 가능한 것이다.

7) 공항 이용요금 : 공항에서 부과하는 각종 요금수준은 항공사의 유치 및 수요창출 면에서 중요하게 취급되는데, 현재 각 공항의 이용요금 수준을 기준으로 앞으로 부과할 각종 이용요금의 수준 등이 포함된다.

8) 계획의 실현성 : 일반적으로 공항의 수용능력을 증대시키는 방안으로 신공항을 건설하거나 기존공항의 확장을 들 수 있는데 이러한 계획의 실현성 정도를 나타내는 요소로서 여기에는 재원조달 능력, 기술보유 정도, 관련조직 간의 원활한 공조 등이 포함된다.

9) 공항 운영기술 : 공항운영 및 관리의 전문성, 전문인력의 육성 및 보유, 승객 및 항공기 처리능력 등과 같은 각 공항이 소유하고 있는 공항운영을 위한 기술 및 제반여건을 나타내는 요소이다.

10) 공항의 시설물 배치 : 공항의 항공기이동지역(airside)과 일반업무지역(landside)의 서비스 시설물 종류와 배치 그리고 터미널 구조 등이 그 공항의 서비스 수준과 경쟁력에 영향을 준다.

〈출처〉 아시아지역의 공항개발현황과 경쟁력 분석작성자 진스

01 공항의 허브 앤 스포크 시스템(hub and spoke system)이란?

02 김포공항, 제주공항과 함께 관문공항으로 기능이 부여된 김해공항의 실
    제 이용 실태조사에서 나타난 남부권의 관문공항의 문제점은?

03 일본의 공항정책과 정비방안은 항공자유화 이전과 이후로 구분하여 정
    리하고 있다. 우리나라와 일본의 공항정책을 비교 설명하시오.

04 공항정책을 사회 경제적인 편익 측면에서 설명하시오.

파생되는 질문과 중요 이슈

01 세계적인 항만과 연계하여 복합수송체계를 구축하고 있는 주요 공항을 예를 들어 설명하시오.

02 항공교통 산업이 제공하는 편익은 대표적으로 경제적인 편익과 사회적인 편익으로 구분된다. 경제적인 편익과 함께 고려되어야 할 공항의 문제점은 무엇인가?

03 항공사의 서비스 상품과 함께 유형적인 상품은 어떤 것이 있는가?

- 김경숙, 항공서비스론, 백산출판사, (2008), pp. 94-117

- 국토해양부 홈페이지(http://www.mltm.go.kr)항공정책자료

- 양한모, 김도현, 한국항공대학교출판부, (2014).

- 유광의, 공항운영과 항공보안, 백산출판사, (2006), pp. 45-47.

- 최치국, 국가공항정책과 신공항 개발방향, 부산발전연구원, (2007), pp. 2-25.

- City of Huston by the Campbell-Hill Aviation Group and Dr. Steven G. Craig, University of Huston, (2003).

CHAPTER

04

항공운항
프로세스

AIRLINE
MANAGEMENT

04 항공운항 프로세스

항공기 운항프로세스

1. 먼저 조종사들은 출발 몇 십분 전부터 항공기를 셋팅하며 기장-부기장간 공항 출항경로, 엔진 하나가 이륙 중 꺼졌을 시 공중에서 이동하는 경로, 활주로에서 이륙활주 중 이륙포기를 하는 조건 및 한계 등등 여러가지 사항을 프리핑 한다.

2. 다음으로 기내방송도 하고 Preflight Checklist 수행하고 출발시간 15~5분 근처가 되면 Clearance Delivery 라는 관제기관에 연락을 하여 비행허가를 받아낸다.

3. 그 다음 출입문을 닫고 지상의 장비들을 모두 철수시킨 후 Ground(대형공항에선 Ramp Control) 관제소에 푸쉬백을 요청한다.

4. 푸쉬백 허가를 받은 뒤 토잉카가 항공기를 연결하고 지상요원이 앞바퀴에 Steering Pin 넣고 항공기를 유도로까지 뒤로 밀어준다.

5. 엔진시동 & 푸쉬백이 끝나면 푸쉬백 장비들을 모두 철수시키며 아무 문제가 없다는 것을 서로에게 인식시켜 주기 위해 조종사-지상요원 간 Hand signal을 주고받는다.

6. 조종면 점검, 고양력장치 세팅 등 After Start/Before Taxi Items를 수행하고 Ground 에 활주로까지 지상활주를 요청한다. (대형공항의 경우 주기장에서 나가는 시점에 Ramp Control -〉 Ground 간 관제이관이 이루어진다.)

7. 활주로 까지 지상활주가 끝나면 조종사들은 항공기가 완벽한지 다시한번 확인 후 Tower 로부터 이륙허가를 받아내고 이륙한다.

제1절 〉 항공기 운항준비

1 운항 브리핑 및 운항관리

1) 운항승무원의 구성

운항승무원은(Cockpit Crew)이란 항공기 운항을 직접 담당하는 승무원으로서 기장(Captain), 부기장(Co-Pilot), 항공기관사(Flight Engineer : F/E)로 구성되어 있다.

2) 운항브리핑 실시

승무원은 항공기 출발 예정시각 전 운항, 객실승무원별도로 브리핑을 한 후 운항 및 객실승무원 합동 브리핑을 실시한다.

3) 운항브리핑 내용

운항승무원은 사전에 운항중에 필요한 모든 상황을 파악하고 비행시 적용되는 항공법규 및 구정에 따라 안전하게 운항할 수 있는가를 운항관리사와 함께 확인한다.

    ① 출발지, 목적지, 항로 및 교체공항의 기상예보
    ② 여객 및 화물에 관한 정보
    ③ 사용비행장 시설 등

4) 운항관리

항공기 출발전 해당편의 항공기 접속확인, 운항시간 결정, 승무원점검, 기상 확인(출발지/경유지/목적지), 해당 공항 운항제한사항 확인, 탑재연료 산출, 비행계획 등의 여러 업무를 진행하며 이러한 업무를 수행하는 사람을 운항관리사 (Dispatcher)[5]라고 한다.

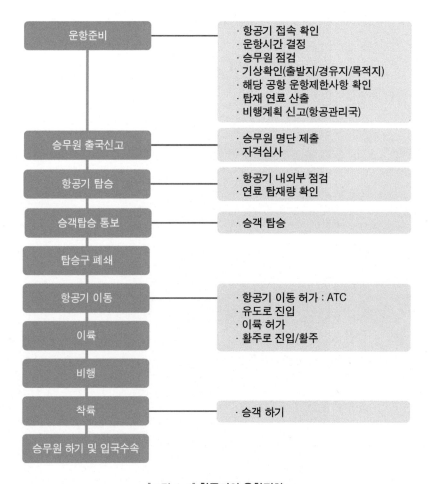

운항준비
- 항공기 접속 확인
- 운항시간 결정
- 승무원 점검
- 기상확인(출발지/경유지/목적지)
- 해당 공항 운항제한사항 확인
- 탑재 연료 산출
- 비행계획 신고(항공관리국)

승무원 출국신고
- 승무원 명단 제출
- 자격심사

항공기 탑승
- 항공기 내외부 점검
- 연료 탑재량 확인

승객탑승 통보
- 승객 탑승

탑승구 폐쇄

항공기 이동
- 항공기 이동 허가 : ATC
- 유도로 진입
- 이륙 허가
- 활주로 진입/활주

이륙

비행

착륙
- 승객 하기

승무원 하기 및 입국수속

[그림 4-1] 항공기의 운항절차

---

5 항공운항관리사의 시험은 학과시험과 실기시험으로 이루어져 있으며, 학과시험은 항공법규, 항공기, 항행안전시설, 항공통신, 항공기상 5개 과목이다. 항공법규 안에는 국내항공법규와 국제항공법규를 다루게 되며, 항공기과목은 항공운송사업에 사용되는 항공기의 구조 및 성능에 관한 지식, 항공운송사업에 사용되는 항공기 연료소비에 관련한 지식, 중량배분이 항공기 운항에 미치는 영향, 중량분포의 기술원칙 등의 내용을 다루게 된다.

[그림 4-2]

2 비행계획(Flight Plan, 飛行計劃)

　　비행계획(飛行計劃) 또는 플라이트 플랜(영어 : Flight Plan)은 항공기가 비행을 할 때 항공관서(항공교통관제 기관 등)에 통보하는 비행에 대한 계획이다. 따라서 비행계획은 운항을 위한 기본 필수작업으로 운항관리사(Dispatcher)에 의해 수행된다.

1) 비행계획준비

　　가. 기상 및 비행정보의 수집, 분석

　　　　출발공항, 경유항로 및 교체공항의 제반기상 및 비행정보(NOTAM)[6]를 수집하여 운항제한 또는 가능 여부를 판단한다.

6　NOTAM (Notice to Airmen)이란 우리말로는 항공고시보(航空告示報)라고 한다.
　발행목적은 크게 두 가지로 설명할 수 있다. 첫째는, 일시적인 항행안전시설(지상에 있는 항법장비), 공항시설(활주로 폐쇄 또는 주기장, 유도로 등의 폐쇄 변경)에 대한 사용변경 또는 폐쇄관련 정보를 알리는 데 목적이 있으며, 둘째는, 공역통제에 목적이 있다.(항로의 폐쇄, 신설, 군 작전과 관련된 일정지점에서의 비행금지)등이 있다. 즉, 항공기가 운항을 하기 위해 알아야 하는 일시적인 변동사항을 NOTAM을 통해 알린다.

나. 항공기에 대한 정보의 수집

항공기의 상태, 승무원의 구성 등 운항관련 제반사항을 파악한다.

다. 예상탑재중량의 확인

여객 및 화물 예약의 정확한 파악이 필요하다.

2) 비행계획서 작성(Flight Plan)

항공기가 출발공항으로부터 목적지 공항까지 비행하기 위한 비행항로, 예상연료
소모량, 허용탑재량 등의 제반 요소를 파악하여 비행계획서를 작성한다.

가. 비행계획서의 내용

① 허용최대이륙중량(AGTOW : Allowable Gross Take Off Weight)

② 예상비행항로

③ 허용탑재중량(ACL : Allowable Cabin Load)

④ 예상소모연료량

⑤ 예비연료량

⑥ 예상탑재중량

⑦ 예상비행시간

⑧ 출발지, 항로 및 목적지 기상예보

⑨ 예상비행고도

⑩ 교체공항

나. 비행계획서 제출

운항관리사가 작성한 비행계획서는 공항 관제기관에 제출하여 운항허가를
받아야 한다.

3 항공기상

항공기는 이륙 · 상승 · 순항 · 진입 · 착륙 등 모든 단계에서기상과 밀접하게 관련된다. 이착륙단계에서는 시정(視程) · 운고(雲高) · 풍향 · 풍속 · 강수 · 기온 등이 항공에 미치는 영향면에서 중요한 기상요소이므로, 비행장과 비행장 주변의 이들 기상요소를 정확하게 관측하고 신속하게 통보해야 함은 물론, 이들 요소의 양적예보도 해야 한다.

순항단계에서는 항공로상의 바람과 기온이 비행시간에 절대적인 영향을 주므로, 원거리 비행을 할 경우에는 광범위한 지역의 바람과 기온의 예보가 필요하다. 바람의 예보에 관련해서 제트기류(氣流)의 관측과 예보는 매우 중요한 몫을 차지한다.

또, 항공기는 이륙에서 착륙까지의 비행중에 뇌우 · 난류 · 착빙(着氷) 등에 의하여 비행에 장애를 받을 뿐 아니라 최악의 경우에는 추락하기도 한다. 항공기 운항에 심각한 장애가 되는 이들 악천후를 탐지하고 예보하여 항공기에 통보하는 것은 운항의 안전을 위해 중요한 일이다

1) 운항에 영향을 미치는 기상
① 안개 : 항공기의 이 · 착륙시 가장 중요한 시정장애 요인(시정 1Km 이하)
② 바람 : 항공기 이 · 착륙 성능에 막대한 영향
  시정장애 또는 활주로 상태를 악화
④ 난기류(Turbulence) : 쾌적운항의 가장 큰 장애요소
⑤ 기온 : 항공기 엔진출력에 영향

2) 최저 기상치(Weather Minima)의 적용
최저 기상치는 이 · 착륙을 위해 공항당국 또는 항공사의 운항규정이 정한 기준에 대해 이 · 착륙시점의 예보와 실제 관측 기상자료를 적용하여 이 · 착륙가능여부를 결정하게 된다.

1 항공객실 서비스의 개념

항공사의 객실 서비스는 기내에서 승객에게 제공되는 제반 물리적 · 인적 서비스의 설계에서부터 생산에 이르기까지 모든 과정의 업무를 말한다. 즉, 승객이 탑승하기 이전부터 객실시설물이나 서비스 용품의 설치 및 탑재에 관련된 여러 가지 준비업무를 포함하여 승객들이 항공기에 탑승하여 목적지에 도착할 때까지 객실승무원에 의해 서비스되는 모든 업무를 객실서비스라고 할 수 있다.

2 항공객실 서비스의 구분

객실서비스의 구성은 물적서비스와 인적서비스로 이루어진다. 예전에는 객실서비스의 판단이 유형적인 측면 즉, 물질적인 서비스를 중시하였으나 근래에는 더욱 편안한 신형항공기의 도입으로 항공사간 경쟁이 치열해지면서 보다 다양한 형태의 고객욕구를 맞출 수 있는 인적서비스의 중요성이 강조되고 있다.

한편, 물적서비스란 승객이 객실 내에서 필요로 하는 각종 시설물과 서비스물품을 기내에 장착 또는 탑재하여 승객에게 편의를 제공하는 업무를 말한다. 물적서비스는 기내 식음료서비스, 기내음악, 영화상영, Boarding Music, Air Show, 게임서비스, 기내전화서비스, 팩스서비스, 노트북 전용 콘센트서비스, 인터넷 서비스, 기내 이색 오락프로그램 서비스 등을 말한다.

3 항공승무원 브리핑

항공기 승무원은 항공기 출발예정시각 전에 각각 브리핑 장소에 참석하여 운항승무원은 운항관리사로부터 운항브리핑을, 객실승무원은 사무장으로부터 객실 브리핑을 받고 운항승무원과 객실 승무원과의 합동 브리핑에 참석한다.

① 승무원 소개 및 휴대품 확인
② 비행일정 소개
③ 승객정보 및 목적지 정보 제공
④ 업무분담
⑤ 서비스절차 및 신규서비스 방법
⑥ 비상사태시 행동요령반복
⑦ 기타 업무지시 등

4 항공객실 서비스의 내용

1) 기내식음료 서비스

기내 식음료 서비스는 항공기 객실 서비스의 주된 서비스로 인식되고 있으며, 고객의 입장에서 가장 선택의 폭이 넓고 그 종류가 다양하며 항공사 고유의 특성을 가장 잘 나타내는 서비스라 할 수 있다. 기내식의 시초는 1919년 영국항공(British Airways)이 런던과 파리의 정기항공노선에서 샌드위치, 과일, 초콜릿 등을 상자에 담아 제공한 것이었다.

2) 기내식의 구성에 따른 분류

[표 4-1] 시간대별 Meal의 형태에 따른 분류

Meal Type(Code)	Serving Time
Breakfast(BRF : BT)	03:00 ~ 09:00
Brunch(BRCH : BH)	09:00 ~ 11:00
Lunch(LCH : LH)	11:00 ~ 14:00
Dinner(DNR : DR)	18:00 ~ 21:00
Supper(SPR : SR)	21:00 ~ 24:00
Snack(SK)	14:00 ~ 18:00
Heavy Snack	24:00 ~ 03:00

[표 4-2] 구간별 Meal의 형태에 따른 분류

형태	탑재 노선 및 특징
Cold Meal	짧은 비행시간 노선에 탑재된다.
Hot Meal	기본적인 Meal의 형태 (1 Choice, 2 Choices)
한식	특정 노선에서 탑재되어 서비스된다.
일본식 도시락	특정 일본 노선에서 Cold Meal 형태로 탑재되어 서비스된다.
Sandwich	Movie Snack, Light Snack으로 구성되며 Napkin, 음료와 함께 서비스 된다.

[표 4-3] 비행시간별 Meal 형태에 따른 분류

비행시간	식사 서비스 횟수
6시간 미만	1 회
6시간 이상 13시간 미만	2회 + Snack
13시간 이상	3회 + Snack

영·유아식 및 아동식

- **영아식(Infant Meal)** : 12개월 미만의 영아에게 액상 분유 또는 가루분유, 아기용 주스가 제공된다.

- **유아식(Baby Meal)** : 12개월 이상 24개월 미만의 유아에게는 이유식과 아기용 주스가 제공된다.

- **유아용 아동식(Infant Child Meal)** : 아동식 식사가 가능한 24개월 미만의 영유아에게 제공되며 메뉴는 아동식(Child Meal)과 동일하다.

- **아동식(Child Meal)** : 만 2세 ~ 12세 미만의 아동에게 제공되며 한국 출발 편에서는 스파게티, 햄버거, 오므라이스, 돈가스 가운데 선택할 수 있다. 해외 출발 편에서는 햄버거, 피자, 스파게티, 핫도그 가운데 선택할 수 있다.

유의사항

- 영/유아용 기내식은 단일 브랜드 제품으로 제공된다. 특별히 선호하는 브랜드가 있다면 개별적으로 준비하기 바란다. 일부 노선의 경우, 현지 기내식 공급업체 사정에 따라 다른 메뉴로 대체될 수 있다.

참고사항

- 한일, 한중 구간 등, 일부 비행시간이 짧은 노선은 김밥이나 샌드위치 등의 간편 메뉴가 제공된다. 일부 노선의 경우, 현지 기내식 공급업체 사정에 따라 다른 메뉴로 대체될 수 있다. 일본, 중국, 동남아 등에서 출발하는 일부 비행 편은 한국 출발 편과 동일한 아동식 메뉴가 제공된다. 보다 자세한 자상은 서비스 센터로 문의해 주시기 바란다.

기내식 케이터링 운영절차

① 상황실에서는 PMI(Preliminary Meal Information)

고객사로부터 해당 항공편 출발 48시간 전에 출발일의 예약자 수를 받는 사전Meal Order정보)를 작성하여 각 작업장으로 전달한다. 각 작업장에서는 PMI에 따라 Meal을 생산하고 Tray Setting장에서는 생산된 Meal을 Cart에 승객 수에 맞게 1차 Setting을 해 놓는다.

② 해당 항공편 출발 24시간 전 PMO(Preliminary Meal Order)

해당 항공편 출발 24시간 전에 받는 PMI 보다 정확한 상세 Meal Order로 FLT NO, A/C NO, Class별 Meal 수량, SPML 등에 관한 정보가 구체적으로 포함)에 따라 생산부에서는 Meal을 추가 생산하고, Tray Setting 장에서는 생산된 Meal을 가지고 기내 카트에 승객 수에 맞게 추가 세팅을 하며 Bar Packing 장에서는 지정된 기내식 Manual 하에 음료 및 기물을 세팅한다. 보통 아침 FLT는 전일 야간에 작업을 완료하고, 저녁 FLT는 그날 오전 내로 세팅 작업을 완료한다.

③ FMO(Final Meal Order)

해당 항공기 출발 6시간 전에 받은 Meal Order를 하달하는 상황실은 전날 및 당일 아침에 작업 완료한 카트 내의 Meal 숫자를 담당 반장의 재확인을 거친 후, 출하 냉동실로 이동 보관하여 Food Car의 탑재 전까지 신선도를 유지, 보관한다.

④ Loading Supervisor

Meal 및 Beverage, 그리고 상황실로부터 상황을 접수 받은 후 늘어난 승객만큼의 Additional Meal을 기타 서비스 물품(Ice 등)과 함께 체크 후 Food Car에 탑재한다.

⑤ 기내에 도착 한 후 Supervisor

기내 승무원과 Meal을 인수인계하고 항공기 출발 전까지 승객의 변동 상황을 주시하고, 늘어난 Meal 및 서비스 물품 등의 추가 지원 대비를 위하 항공기 출발 전까지 항시 승무원 주위에 대기하도록 한다.

⑥ 항공기가 출발 후

상황실에 탑재 상황 종료 통보를 끝으로 케이터링의 기내식 탑재 지원이 종료된다.

⑦ 항공기 도착 후

하기는 탑재 역순으로 승객이 하기 후 세관 직원의 확인을 득한 후 하기 작업을 실시한다. 때때로 항공기는 공항 사정, 기후, 항공기 장비 상태에 따라서 장시간 지연 및 운항 취소가 되는 경우가 발생하기도 한다. 이 때 기내식의 폐기 및 재활용은 위생 담당자의 사전 합의를 통하여 처리하도록 한다. 재활용의 경우에는 어떠한 이유에 의해서도 생산에서 승객의 취식 시까지의 시간이 최대 72시간을 넘어서는 안 된다. 만약 72시간이 넘는다고 판단될 경우 케이터링 절차에 의거ㆍ폐기가 되도록 처리되고 있다.

3) 기내 면세품판매서비스

국제선 항공편을 이용하는 고객들은 기내에서 면세품을 구입할 수 있다. 이러한 혜택을 국제공항뿐 아니라 항공기에서도 누릴 수 있도록 준비한 것이 바로 기내 면세품판매서비스이다. 기내 면세품 판매는 승객들에게 편의를 제공함과 동시에 항공사의 수익을 올리는데 일익을 담당하고 있으며 각 항공사에서는 항공사의 브랜드 이미지를 높일 수 있는 상품을 자체개발하여 판매하기도 한다.

4) 기내 엔트테이먼트 서비스(Entertainment Service)

항공사 기내에서는 비행의 즐거움을 더하기 위해 다양한 프로그램의 엔터테인먼트를 서비스하고 있다. 최근에는 항공기 신기종들의 개발로 차별화된 엔터테인먼트 서비스들이 항공사간에 경쟁적으로 도입되고 있다. 대표적인 기내 엔터테인먼트는 기내영화와 음악을 들 수 있으며 Boarding Music[7], 그리고 화면을 통해 비행에 관련한 다양한 정보를 제공해주는 에어쇼(Air Show) 및 장거리 여행의 지루함을 해소하기 위해 항공사들은 다양한 독서물(Reading Material) 서비스를 제공하고 있다. 아울러, 기내 게임서비스, 기내전화, 인터넷 서비스 등을 들 수 있다.

---

7 보딩뮤직은 항공기에 처음 들어섰을 때 접할 수 있는 음악으로 항공사의 이미지를 전달하는 역할을 한다. 보딩뮤직은 기내에 탑승했을 때 편안한 느낌을 갖게 하고, 다소 생소할 수 있는 기내에 적응을 도와준다.

◈ 고객으로부터 출발하라 : 필요와 욕구 ◈

'기업을 경영하는 철학'으로서의 마케팅은 고객들이 현재 무엇을 원하고 있는지를 이해하고, 한 걸음 더 나아가서, 앞으로 무엇을 원하게 될 것인지를 예측하는 것이 기업의 성장과 발전을 달성하는 지름길이라는 믿음에서부터 출발한다. 평범함 속에 진리가 있다는 말이 있듯이, 언뜻 보면 시시하고 누구나 다 아는 것처럼 보이는 이 원리 속에 엄청난 성공의 비결이 숨어 있다. '마케팅 프론티어 1-1: 비아그라와 함께 일어선 화이자의 주가'는 1998년 3월 첫 시판된 이래 온 지구를 떠들썩하게 하였던 비아그라의 성공이 이러한 마케팅 원리를 충실히 실천에 옮긴 결과에 불과하다는 것을 보여준다.

그렇다면, 이번에는 고객의 필요와 욕구라는 말을 이해해보자. 필요(Needs)란 사람이 살아가는 데 필요한 음식, 옷, 집, 안전, 소속감 등과 같은 기본적인 것들이 부족한 상태를 말하며, 욕구(Wants)란 그러한 필요를 충족시킬 수 있는 어떤 구체적인 수단을 원하는 것을 말한다. 예를 들어, 배가 고프다는 것은 필요이지만, 명동칼국수나 농심 신 라면이 먹고 싶다고 느끼는 것은 욕구이다.

필요는 인간이 본능적으로 느끼는 것이어서 누가 어떤 영향을 미치기 어렵지만, 욕구는 우리를 둘러싸고 있는 문화, 사회, 또는 기업 활동이 영향을 미치게 된다는 것을 알 수 있다. 고객이 무엇을 원하는지를 이해하는 것이 마케팅의 출발점이라고 할 때, 마케팅의 대상은 대개 필요가 아니라 욕구라는 것을 알 수 있다. 예를 들어, 농심은 신 라면을 먹는 사람들이 무엇을 더 원하는지를 파악하거나, 또는 신 라면을 먹지 않는 사람들이 왜 안 먹는지를 이해하여 신 라면을 좀 더 좋게 만들고, 가격을 낮추고, 보다 먹음직하게 보이도록 하고, 쉽게 구입할 수 있도록 해야 할 것이다. 이렇게 사람들의 욕구를 체계적으로 이해하는 거, 바로 이것이 마케팅의 출발점이다.

제3절 〉 항공기 정비 및 지상조업(Ground Handling Service)

1 항공기 운항준비

안전하고 쾌적한 운항을 위해 항공기 출발전 항공기의 실내청소, 세척, 탑재물의 하기, 액체 및 기체류를 보충하고 결함사항이 있으면 필요조치를 취한다. 항공기 운항은 안전성을 최우선으로 하여 경제성, 쾌적성 및 정시성의 달성을 목표로 하며, 이를 위해서는 철저한 사전준비가 필요하다.

1) Pre-flight Briefing

Pre-flight Briefing은 해당 운항관리사에 의해서 행해지는데 여기서 실제 운항에 필요한 제반 운항정보를 기장에게 브리핑하고 Flight Release Sheet에 기장과 함께 서명함으로써 운항이 가능하게 된다.

2) 정비(Maintenance)

항공정비는 항공기의 안전한 운항을 위해 항공기 기체의 품질을 유지, 향상하도록 하는 점검, 서비스, Cleaning, 수리 등의 작업을 총칭하는 것이다. 정비의 대상이 되는 항공기 자재는 기체(Airframe), 원동기(Power Plant), 착륙장치, 항법장치, 전자통신장비 등 항공기에 대해 장탈착이 용이한 종합적인 장비품인 부분품(Compartment)등이다.

항공기 정비의 목표는 항공기재면에서 항공회사의 사명인 정시성을 유지함과 동시에 안전하고 쾌저한 항공운송을 달성함을 보증하는데 있다. 즉, 안전한 비행, 확실한 운항, 쾌적한 서비스가 되도록 항공기 및 그 부분품의 제 기능을 유지 · 향상시키는 것이다. 이를위해 항공운송에 있어 가장 큰 중점사항은 항공기가 안전한 운항을 할 수 있도록 성능을 보장하는 감항성(Airworthiness), 정확한 정비계획 및 예방차원의 정비수행으로 정시성, 쾌적성, 정비의 경제성이다.

3) 비행전 항공기 점검

운항승무원은 Briefing후, 부기장은 조종석에서 조종석 기기상태를 점검하며, 기장은 항공기에 도착하여 항공기의 외부 및 내부상태를 점검한다. 이상이 없을 경우에는 Flight Log에 정비사와 함께 서명을 함으로써 항공기를 인수하게 되는데 이때의 점검내용은 다음과 같다.

- 비행일지
- 항공기 외부상태
- 조종실 내 계기 및 시스템 상태
- 연료 탑재량
- Weight & Balance[8]

4) 지상조업

승객이 탑승하기 전 쾌적하고 깨끗한 기내환경조성을 위한 항공기 청소(Cabin Cleaning)를 말한다. 구체적으로 항공기내 화장실을 포함한 승객좌석, 갤리 등 기내 전 구역 쓰레기 청소, Head Seat Cover Setting, 승객좌석 밸트 정리, 승객좌석 주머니 속의 Item(항공기 기내지, 면세품안내지, 구토대 등)Setting 등의 작업들을 말한다. 지상조업은 공항에서 여객 및 화물의 수송을 위해 수행되는 다음의 제반 업무들을 포괄적으로 의미한다.

- 승객의 탑승 수속/출국/입국 및 수하물 취급
- 화물의 접수/보관/인도
- 승객/수하물 및 화물의 탑재관리
- 지상정비 지원 및 기체작업
- 항공기 청소
- 정비 및 연료보급
- 운항관리 및 관련 서류 취급

---

8 Weight Balance : 항공기가 구조상으로 안전을 유지할 수 있는 중량한계 및 무게중심의 허용범위내에서 운항할 수 있도록 승객 및 화물, 수하물 기타 탑재물 등을 한쪽으로 치우치지 않게 탑재하도록 균형을 조정하는 업무이다. 정확한 Weight Balance 업무는 항공기의 안전운항과 직결되며 적절한 무게 중심의 확보는 경제운항과 연관되는 중요한 사항이다.

[그림 4-3]

2 항공기 도착과 비행 후 브리핑

항공기가 도착후 안내방송을 진행하기 위해 방송담당 승무원은 기장/객실사무장, 캐빈 매니저로부터 받은 해당지역의 날씨, 현지시간, 시차, 공항명 등을 정확하게 숙지하고 있어야 하며 해당기종의 방송시스템을 적절히 활용할 수 있어야 한다. 일반적으로 기내현장에서는 방송문에 상기의 정보를 적지 않고 메모지에 정보를 따로 적어 방송문과 함께 보면서 방송한다.

비행이 끝나면 운항승무원은 비행의 경위를 운항관리사에게 설명하게 되는데 이를 Debriefing 이라 한다. 그 내용은 추후 비행계획수립에 참고자료가 된다. Debriefing후 운항승무원의 임무는 종결된다.

Debriefing 내용은 아래와 같다.

- 항공기의 상태
- 기상상태
- 비행계획과 실제 비행과의 차이점
- 비행안전의 저해요소

01 항공사의 객실 서비스는 항공사마다 다양하게 나타난다. 가장 차별화된
    기내서비스 제공의 방법은 어떤 것이 있는지 설명해 보세요.

02 대형항공사(FSC)와 저비용항공사(LCC)의 두드러진 기내 서비스의
    차이점은 무엇인가?

Key Words

01 항공사의 유형적 무형적 서비스

02 객실 서비스의 표준화

03 기내식의 구성에 따른 분류와 비행시간대별 Meal Service 형태

04 항공사의 지상조업의 직무

05 항공기 정비산업(MRO)

파생되는 질문과 중요 이슈

01 항공 승객들을 만족시킬 수 있는 가장 주된 서비스는 무엇이라 생각하는 지 토론해 보세요.

02 물적 · 인적 서비스의 복합적 시너지 효과를 높일 수 있는 방법을 설명하세요.

■ 박혜정 · 김남선, 항공경영의 이해, 백산출판사, 2017.

■ 조영신 외, 최신 항공객실 업무론, 한올, 2017.

■ 최성수, 착륙전 서비스 & 착륙후 서비스, 한올, 2016.

■ 허국강 · 서명원, 항공여객운송, 기문사, 2007.

■ Akis S, N. Peristianis and J. Warner, Residents' attitude to tourism development : he case of Cyprus, Tourism Management, 17, 7 (1996), pp. 481~494.

■ Cooke K, Guideline for Socially Appropriate Tourism Development in Britain Columbia, *Journal of Travel Research*, 21, 1 (1982), pp. 22~28.

■ Lankford S. V and D. R. Howard, Developing a Tourism Impact Attitude Scale, *Annals of Tourism Research*, 21 (1994), pp. 124~139.

■ Rollins R, Validation of the TIAS as a Tourism Tool, *Annals of Tourism Research*, 24, 3 (1997), pp. 740~756.

■ Um S. H and J. L. Crompton, Attitude Determinants in Tourism Destination Choice, *Annals of Tourism Research*, 17 (1990), pp. 433~447.

항공사
마케팅 환경

AIRLINE
MANAGEMENT

CHAPTER

05 항공사 마케팅 환경

항공사 마케팅 환경

1. 항공사 마케팅 환경

항공운송기업의 마케팅환경은 표적시장과의 성공적인 거래와 관련성을 발전·유지하고자 하는 기업능력에 의해 영향을 미치는 외적활동요인과 영향력으로 구성된다.

2. 대체산업의 발전에 따른 경쟁관계형성

항공여객을 중심으로 기존항공사간에 경쟁관계가 형성되는 것 외에도 여타 산업간의 관계에 의해서도 이루어진다. 그것은 인공지능으로 대변되는 4차 산업 혁명에 따른 정보산업의 발달로 경쟁의 정도는 날로 심화되어가고 있으며 그 경쟁정도는 실제로 측정, 평가될 수 있을 만큼 위협적이다.

제1절 〉 항공산업과 국제적 환경

1 항공운송 경영환경의 변화

세계항공운송업계는 1978년 미국의 항공규제완화법 통과[9]를 계기로 미국의 각 항공사는 시장 지배력을 키우기 위해 다각적인 전략을 개발하고 정착시켰으며, 이

---

9 지미카터 미국대통령은 1978년 항공규제완화법(Airline Deregulation Act, 1978.10.24.)에 서명하였으며, 이 법은 미국항공시장에 자유경쟁을 도입하였고 전 세계 항공시장에도 큰 영향을 끼쳤다.

는 전 세계 항공사의 경영전략에 큰 영향력을 미치게 되었다. 특히, 허브 앤 스포크 네트워크(Hub & Spoke Network), 상용고객우대제도(FFPs : Frequent flyer program), 수익경영시스템(RMS : Revenue Management System) 및 컴퓨터예약시스템(CRS : Computer Reservation System)의 개발[10]등은 미국항공사의 본격적인 국제무대 진출에서 중요한 전략적 수단으로 활용되었다.

특히, 우리나라는 지리학적 특성으로 항공을 통한 출입국자가 절대적으로 차지하기 때문에 항공산업의 성장은 곧 관광산업에 아주 큰 영향을 미치고 있는 실정이다.

최근들어 한류의 영향으로 한국을 방문하는 외래 관광객은 급속히 증가하고 있으며 내국인들의 해외여행 역시 소득증가로 가파르게 상승곡선을 그리고 있다.

문화체육관광부 따르면 양적 성장뿐 아니라 비즈니스 관광을 통칭하는 마이스(MICE)와 의료, 크루즈 관광 등 고부가가치 관광산업을 집중적으로 육성한 결과 최근에 관광 수입도 비약적인 증가를 나타내고 있다.

1) 항공사의 대형화 및 항공사간의 제휴 확대

오늘날 항공산업의 큰 변화중 하나는 초대형항공사의 출현과 국제항공시장의 적극적 진출, 컴퓨터예약시스템의 확장에 의한 세계항공시장의 지배 움직임이다. 이것은 항공운송산업의 규모경제에 의한 투자설비의 확장 경쟁을 의미하는 것으로 미국 뿐 아니라 전 세계 유수 항공사들이 진행하고 있다. 미국의 경우, 1978년의 규제완화이후 자유경쟁에 따른 항공기업의 도산, 흡수, 합병 등의 과정을 겪어 결국 초대형항공사들이 미국시장의 85%를 과점하게 되었다.

한편, 초대형항공사도 단일 항공사로는 지속적으로 증가하는 인건비와 유류비 등의 운영비용을 효율적으로 관리하기가 어렵다. 이로 인하여 각 항공사들은 세계화전략의 초기단계로 먼저 항공사간 제휴에 역점을 두고 있다. 항공사의 제휴에는 양

---

10 1964년 아메리칸 항공(American Airlines)과 IBM이 공동으로 구축한 SABRE(Semi Automated Business Research Environment)가 최초의 컴퓨터예약시스템이다.

자 간 제휴형태인 마케팅 제휴(Marketing Alliance)와 좀 더 포괄적이며 다자간 제휴형태인 전략적 제휴(Strategic Alliance)로 구분할 수 있는데 전략적 제휴를 특히 글로벌 항공사동맹(Global Airline Alliance)이라고 부른다. 항공사의 제휴는 다음 장에서 상세히 다루도록 하겠다.

[그림 5-1] 백악관에서 항공규제완화 법령에 카터 대통령이 서명하는 순간

2) 항공운송산업의 다국적화

항공사가 행사하는 운수권(Traffic Right)은 국제항공체계에 따라 일정한 요건을 갖춘 항공사에 의하여 행사되는 것이 원칙이다. 즉, 항공사의 실질적인 소유(Substantial Ownership)와 유효적인 지배(Effective Control)에 관한 것으로, 해당국 국적을 가진 국민이나 기업에 의하여 소유되고 운영되어야 하는 원칙을 의미한다. 따라서 현재까지 특별한 경우를 제외하고 다국적 항공사의 출현이 불가능하였으나 세계화의 확산과 지역 경제 블록의 탄생, 시장의 다변화 등으로 다국적 항공사에 의한 운수권 행사가 불가피하게 됨으로써 세계적으로 다국적 항공사를 어느 정도 용인하는 추세이다. 가장 오래된 다국적 항공사로는 스칸디나비아3국에 의하여 설립, 운

영되고 있는 스칸디나비아 항공사(Scandinavian Airlines System : SAS)가 있고, 최근에는 에어프랑스와 합병한 네덜란드항공(KLM), 독일항공(LH)과 합병한 스위스항공(SR) 등도 다국적 항공사로 분류할 수 있다.

[그림 5-2]

1946년 8월 스웨덴, 덴마크, 노르웨이 3국의 국영항공사 컨소시엄으로 설립되었다. 북유럽을 대표하는 항공사로 2009년 현재 유럽, 아시아, 북미 지역에 취항한다. 허브공항은 코펜하겐 카스트루프공항, 오슬로 가르데르모엔공항, 스톡홀름 아를란다공항이다. 모기업은 SAS그룹이다. 본사는 스웨덴의 수도인 스톡홀름 근처의 솔나에 있다.

3) 저비용항공사의 시장지배력 확대

1972년 미국의 사우스웨스트항공(Southwest Airlines)이 저비용항공사(Low Cost Carrier : LCC)로서 텍사스 러브필드(Love Field)공항을 근거로 운항을 개시하였다. 사우스웨스트항공은 버스나 열차 등 지상교통수단을 경쟁상대로 하여 저가를 무기로 고속으로 성장하였는데, 1978년 미국의 항공자유화 조치 이후 미국뿐 아니라 유럽 각 국에서도 저비용항공사들이 출현하게 되었다.[11]

미국이나 유럽 각 국에서는 저비용항공사가 부침을 거듭하면서 빠른 속도로 시장점유율을 높이고 있는 실정이다. 미국의 경우 저비용항공사의 시장점유율이 2020년까지 약 55%정도로 예상하고 있으며, 아시아 지역에서도 저비용항공사 다수 출현하여 운항하고 있다. 특히 아시아지역에서는 기존 대형항공사들의 자회사 형태로 시

---

11 영국의 레이커항공(Laker Airways), 미국의 피플 익스프레스(People Express), 리프블릭칸(Republiccan) 등이 대표적인 초기 저비용항공사들이다.

장에 진출하고 있으며, 국내시장의 규모가 비교적 작고 항공시장이 통합되어 있지 않은 환경에도 불구하고 에어아시아(Air Asia)등의 성장은 아시아 시장에서의 저비용항공 시장의 성장 가능성을 확인해 주는 좋은 예이다.

2 항공사의 글로벌 시스템 환경

1) 항공사의 글로벌 네트워크 구축

통신수단과 교통수단의 발달은 지구상의 거리를 단축시킴과 동시에 정치, 경제, 사회, 그리고 문화면에서 더욱 더 세계화를 촉진하고 있다. 이러한 세계화의 추세 속에서 관광객의 국제적 대이동은 하나의 중요한 사회, 경제적 현상으로 등장하고 있다. 관광객의 빈번한 그리고 대량적인 국제간의 이동은 항공을 비롯한 교통수단과 관광객의 체류시설인 호텔산업 그리고 관광객들이 보고 즐길 수 있는 레저시설과 관광지의 기능과 역할의 중요성을 부각시키고 있다.

관광산업 일반에서 나타나고 현상이지만, 특히 관광객의 국제이동에 참여하는 항공사들 간에 진행되고 있는 경쟁관계는 어떠한 관광 관련 산업보다 치열하다고 할 수 있다. 항공사간의 경쟁에서 패배하여 업계를 떠난 항공사가 2011년도에 10개 사였고 타 항공사에 인수 합병된 항공사도 4개 사에 이를 정도로 경쟁은 치열하다. 이러한 상황에서 항공사들이 정상적인 기능과 역할을 수행하고 이를 유지하는 일이 중요한 경영과제가 되고 있다.

항공사들은 경쟁관계를 유지하면서 노선확대, 서비스개발, 전산예약시스템의 개선, 신형항공기의 도입 등을 통해 경쟁우위를 확보하려고 노력하지만 자본과 능력의 한계에 봉착하고 있는 것이 현실이다. 따라서 타 항공사의 자원을 활용하는 대안이 제시되었고, 이의 구체적인 방안이 전략적 제휴이다. 항공사의 전략적 제휴는 미국계 항공사들이 가장 먼저 도입한 전략이지만 이제는 항공기업 상호간에만 한정하지 않고 철도, 크루즈, 렌트카, 그리고 신용카드사에 이르기까지 제휴범위를 확대시키고 있는데 이들이 추구하는 목적에는 마케팅 네트워크의 확대, 경쟁우위의 확보, 합병사업의 유지 등도 포함된다.

이처럼 항공사가 파트너를 찾아 제휴관계를 맺게 되는 배경에는 항공사의 경쟁영역이 글로벌(Global)화 됨에 따라 자연도태와 적자생존이라는 진화의 법칙이 적용되는 항공업계의 환경변화와 밀접히 관련되어 있다. 세계적 추세인 국제여행의 활성화는 관광시장을 하나로 통합시키고 있다. 이와 같은 각국의 관광시장개방과 가속화에 따라 필연적으로 대두되는 항공시장의 쟁탈전은 항공사의 독자적인 역량만으로는 더 이상 경쟁력을 유지, 발휘할 수 없게 만들고 있다. 전략적 제휴는 바로 이러한 급변하는 환경에 항공사를 포함한 여러 관광산업들이 어떻게 적응해야 하는가를 제시해 주는 전략대안이 된다. 즉, 무한경쟁시대에서 살아남기 위한 생존전략의 한 방편으로서 항공사가 자신의 약점을 보완해 줄 파트너의 힘을 빌려 시너지효과를 창출해 내어야 한다. 그런 점에서 항공사간의 전략적 제휴를 통한 자원과 위험의 공유는 글로벌 시대의 새로운 생존전략이 된다.

국적항공사도 최근 세계적 규모의 항공사와 전략적 제휴를 맺고 이를 실행하고 있으므로 상당한 발전 단계에 있다고 할 수 있다. 제휴항공사간 마일리지의 합산, 업무제휴, 공동시설이용, 공동 전산개발, 마케팅 제휴 등의 기본적인 제휴내용은 물론이고 공동노선개발에 관한 내용도 포함함으로써 긍정적인 성과인식을 창출시키고 있다.

향후 예상되는 세계경제의 침체와 불황 그리고 급변하는 세계정세로 국제항공수요의 증가를 크게 기대할 수 없다고 본다면, 항공사간의 경쟁은 가일 층 심화될 것이다. 이러한 상황을 염두에 둔다면 국적항공사들은 전략적 경쟁의 제로섬(Zero-Sum)에서 모두 승리를 구가할 수 있는 윈윈(Win Win)전략으로서 항공사간의 전략적 제휴를 지속적으로 추구하는 것이 바람직할 것이다.

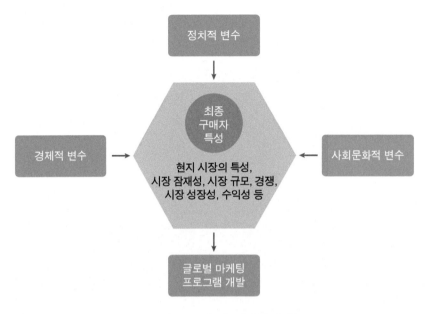

[그림 5-3] 글로벌 마케팅의 환경변수

<출처> 박재기, 글로벌 마케팅, 형설출판사, pp.62~63.

2) 경영환경과 전략적 시스템 관계

기업은 변화하는 경영환경조건에 합리적으로 적응하며, 다른 한편으로는 기업 고유의 경영목표를 달성하기 위하여 기업이 갖고 있는 능력과 외부적 경영환경이 제공하는 상대적 환경조건을 합리적으로 최대한 활용하여야 한다. 이러한 경영환경에의 적응성과 목표 지향적인 경영활동을 경영전략이라 하며, 그리고 다음과 같은 내용으로 명제화(命題化) 될 수 있다.

첫째, 경영전략은 경영환경조건의 변화에 따라 영향을 받으므로 경영환경에 대하여 기업은 경영목표를 달성하기 위한 적극적인 경영활동을 합리적으로 할 수 있으며, 또 경영환경에 소극적인 적응활동을 합리적으로 전개할 수도 있다는 것이다. 이러한 명제화는 기업이 처해있는 상황과 여건에 따라 적극적 또는 소극적으로 대처할 수 있다는 것을 설명해 주고 있다.

둘째, 경영전략은 기업이 발전해 가는 일반적인 발전방향을 제시해 줌으로 경영활동과정을 지속적으로 개선, 보완해야 한다는 것이다. 이것은 기업이 '고인 물'처럼 정태적인 관점에서 기업을 경영해서는 안 되고 계속적인 성장과 발전을 유도하려면 동적인 차원에서 새로운 상품과 시장의 개발, 고객의 자사상품에 대한 만족도를 주기적으로 확인함으로써 자기기업의 개선을 위한 부단한 노력이 경주되어야 함을 시사해 주고 있다.

셋째, 기업의 경영전략의 목표는 시장에서 인식할 수 있는 기업의 시장경쟁력 또는 상대적 경쟁력과 자원을 활용함으로써 달성할 수 있는 잠재적 성과인식을 구조화한다는 것이다. 이 내용이 의미하는 것은 시장에서 기업 간의 경쟁관계는 숙명적이고, 이러한 경쟁관계가 형성되면 경쟁력의 우위가 설정되므로 상대적으로 유리한 시장을 대상으로 집중적으로 공략하거나 또는 경쟁기업과 제휴하여 강력한 경쟁력을 형성함으로써 시장지배력을 형성할 수 있음을 설명하고 있다.

3) 국제적 효과

국제관광은 두 개의 중요한 국제적 효과를 가진다. 우선 국제관광은 관광객의 왕래에 의해서 국민상호간의 이해를 찾고, 국제친선의 증진과 문화교류의 향상에 기여한다. 그래서 그것들을 통해서 세계의 끊임없는 평화촉진이 가능하다. UN은 1967년을 국제관광의 해로 지정하고 국제관광에 관한 세계 각국의 협력과 국제관광사업의 진흥 및 국제관광의 PR을 실시했지만, '관광은 모든 개인과 국가의 관심과 장려를 받는 기본적인 것과 동시에 가장 바람직한 인간 활동이다.' 라는 취지의 선언을 하였다. 그래서 세계 각국에서의 국제관광의 해 기념행사에서 평화를 상징하는 세계 통일마크를 사용하였으며, '관광은 세계평화로 가는 패스포트' 라는 새로운 용어를 정하였다.

국제관광은 국제친선과 문화교류의 가교역할을 한다. 이것은 국제무역이 국제경제의 가교역할을 하는 것과 같은 형태이다. 국제관광과 국제무역은 모두 세계평화로 가는 길을 위한 가장 유효한 핵심수단으로, 이것을 국제관광의 국제 문화적 또는 국제 사회적 효과라 칭하게 된다.

국제관광의 국제 경제적 효과의 또 다른 측면은 '국제경제협력'(International Economic Cooperation)적인 의의이다. 즉, 국제관광은 선진국(Advanced Countries)과 개발도상국(Under Development Countries)간의 국제협력에 기여하는 역할을 한다. 개발도상국은 어떤 경우도 국제수지(International Balance of Payment)의 누적 적자에 대한 고민을 하고 있으며, 공업개발 지연에 따른 고용의 확대를 전망할 수 있다. 선진국으로부터 개발도상국으로의 관광객의 왕래는 개발도상국의 외화수지를 증대시키고 국내의 관광개발을 촉진시키며, 고용 증대를 도모하는 등 남북문제 해결의 한 방법이 된다. 또한, 선진국 관광기업의 개발도상국으로의 '합병'(Joint Venture)적 기업진출 (예를 들어, 호텔업의 해외 합병 기업경영 등)은 개발도상국으로의 유력한 국제경제협력의 일환이 된다.

4) 국내적 효과

국제관광은 국내관광과 다른 국내적 효과를 가진다. 국내적 효과란 '한 나라에 의해서 국제관광이 가지는 효과'를 의미한다.

한 나라의 국민이 외국을 왕래하고, 외국의 문물, 제도 등을 시찰하고, 외국의 풍광 등을 관상, 유람하는 것은 외국의 회사, 문화 등에 대한 지식을 증대시킨다.

해외여행 (Overseas Tour)은 국민교양 향상 역할을 하게 되고 더 나아가 일국의 문화의 진전, 사회의 발전에 기여하는 역할을 한다. 외국관광객의 방문에 의해 자국의 문화의 진전, 사회의 발전에 기여한다. 외국에 대해서 자국을 폐쇄적이게 한다면, 자신의 전통을 계속 유지하는 것이 된다. 반대로 외국과의 교류는 고유문화와 다른 새로운 양식의 문화의 도입을 초래하고, 일국의 문화전체를 비약적으로 발전시킨다. 이것을 일국에 따른 국제관광의 "문화적 효과'(Cultural Effect), 사회적 효과(Social Effect)라 칭한다.

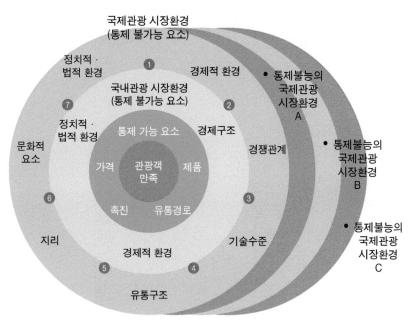

[그림 5-4] 국제관광마케팅의 시스템적 접근

〈출처〉 Cateor, P. International Marketing ed. Richard D. Irwin, Inc. Home-Wood, Illinois, P. and Rob Davidson.,
Tourism 23d, Pitman Publishing, 1993.을 참고하여 저자가 재 작성하였음.

1 PESTE 분석[12]

1) 정치적 환경요소

정치적 환경요소 중 테러리즘에 의한 정치적 불안은 2001년 9월11일 발생한 항공기 테러사건을 들 수 있다. 무장 테러리스트들이 장악한 민간 항공기가 워싱턴의 펜타곤과 뉴욕의 세계무역센터로 날아가 충돌, 폭발함으로써 수천 명의 사람들이 목숨을 잃거나 부상을 당했다. 이 사건은 항공업계에 공황과 같은 충격을 주었고 사건 후 나흘 간 미국 동부 행 항공기 운항이 전면 취소됨으로써 항공업계는 막대한 손해를 감수해야 했다. 더욱 심각한 것은 악질적인 테러집단들에 의한 항공기 납치사건이 또 다시 발생하지 않을까하는 불안감과 우려가 항공여행에 부정적인 영향을 미쳐 세계항공업계는 부도와 감원의 소용돌이에 파 묻혔다.

이러한 국제적 정치 환경변화는 국제관광과 항공여행에 상당한 영향을 미친다. 과거 제2차 세계대전 이후 '80년대까지 동서냉전체제제하에서 군비경쟁과 긴장상태로 관광교류가 서방세계 국가 간에 주로 이루어져 왔으며 극도로 폐쇄적 정책을 견지한 사회주의국가들은 개방을 거부하고 여행자의 자유로운 왕래를 제한해 왔다. 그러나 구소련과 중국을 중심으로 한 개방과 개혁정책은 피폐해진 이들 국가에 새로운 활력과 희망을 가져다주는 전환점을 마련하였고, 이에 영향을 받은 위성국가들도 하나씩 구체제의 개혁 또는 청산을 하여 근대화의 길을 걷고 있다. 동서 진영 간 긴장완

---

12 PESTE분석이란 정치적 요소(Political Factors), 경제적 요소(Economic Factors), 사회적 요소(Social Factors), 기술적 요소(Technological Factors) 그리고 환경적 요소(Environmental Factors)의 분석을 중심으로 환경을 분석한 기법이다.

화가 나타나면서 사회주의국가들이 외국관광객을 받아들이고 서방자본의 국내유치, 합작투자 허용이 이루어지고 여기에는 관광기업의 진출이 활발해지면서 관광산업의 발전을 기약할 수 있게 되었다.

2) 경제적 환경요소

항공 운송 량의 증대, 특히 해외여행은 세계경제사정 및 각국의 경제현상과 직결되므로 항공사 마케팅은 국내외 경제상황을 파악하는 것이 중요하다.

항공여행수요는 수요탄력성이 크다. 그래서 만약 세계경제가 성장하면 할수록 항공여행 역시 증가될 것임을 예측할 수 있다. 그리고 경제가 지속적으로 성장하면 항공산업에 다양한 기회를 제공하지만 동시에 큰 도전도 안겨준다. 이 도전은 경제성장률이 매년 동일하지 않으므로 이러한 세계동향에 어떻게 항공사가 대처해 나갈 것인가의 문제가 된다. 그리고 만약 특정연도에 고도의 경제성장이 이루어졌다면 그해의 항공수요는 증가할 것이므로 이것은 항공사에게 기회가 되겠지만 경기 침체기에는 완만한 수요증가율로 인해 리스크가 가중될 수 있다.

3) 사회문화적 환경요소

항공시장은 상이한 성, 연령, 직업, 종교, 문화를 가진 사람들로 구성되며 이들이 처한 사회문화적인 환경은 항공운송서비스의 구매욕과 구매력을 결정짓는 요건이 된다. 이것을 확인하려면 사회문화적 분석을 통해 알 수 있다.

일찍이 세사(Sessa, A)는 관광수요량을 결정짓는 요인으로 경제적 · 사회문화적인 요인을 들었고, UN도 세계관광의 미래는 인간의 행동소비행태인 관광구매력, 레저시간 그리고 여가문명에 의해 결정될 것이라 전망한바 있다. 그리고 세계 관광기구 (WTO: World Tourism Organization)는 인구증가율, 도시집중화 현상, 경제성장률, 휴가제도, 취업구조의 변화를 세계관광량을 결정하는 변수로 설정한바 있어 항공마케팅에서는 이것들을 분석하는 일이 중요하다.

주요 사회문화적 환경요소와 변화추이는 다음과 같다.

- 선진국의 인구증가 둔화
    - 산아제한, 핵가족, 만혼 출산기피
    - 인구증가율 0%-0.5% 수준
    - 시장수요 둔화, 시장규모 한계 도달
- 인구구조 변화
    - 선진국 : 마름모형 (청소년과 노인층이 적고, 중·장년층이 많음)
    - 후진국 : 피라미드형 (연령이 낮을수록 인구구조가 아래로 확산)
- 인구 편중화 현상 가속화
    - 도시로의 인구 집중화에 따른 불이익 증가
    - 지방산업, 농어촌경제 피폐, 농촌공동화 현상
    - 도시·지방간 경제, 문화, 생활의 질적 수준에 큰 격차 발생
- 여가시간 증가
    - 대부분 국가가 산업화와 노동대체 생산방식 채택으로 근로시간 단축과
      여가시간 증대
    - 개성중시, 독특한 가치관 형성
- 셀프서비스 문화
    - 소비자 서비스 혁신 : 기업, 점포의 인건비, 유통경비 절감 기여
    - 24시간 서비스 구매체제 구비
- 유통혁명에 따른 소비자 서비스 향상
    - 공급자와 수요자간 배달, 수송시간 단축
    - 가정주문, 신청에 따른 통신판매 및 통신서비스, 홈쇼핑 도입
- 판매이후 서비스(after service)업무정착
- DIY(Do-it-Yourself) 소비방식 도입
    - 타의적, 형식적 서비스 지양
    - 스스로 장비, 도구를 이용함으로써 자신감, 만족감, 성취감 가짐
    - 문제해결식 레크레이션 수요증가

- 환경문제와 자연보호 중요성 인식
  - 깨끗한 지구환경 보전을 위한 전 세계적 캠페인 전개
  - 생태계 보호, 대기와 수질보전, 무공해 청정 환경 가꾸기 확산
  - 공해유발산업 규제
  - 자연관광, 생태관광 권장 및 수요증가

4) 기술 · 교통적 환경요소

현대사회는 정보화 사회다. 캐나다의 문명비평가인 맥루한(MaCruhan)은 통신위성의 개발은 세계를 지구촌으로 변모시켰다고 했고, 미국의 미래학자이며 역사학자인 앨빈 토플러(Alvin Toffler)는 사회전체에 이러한 혁신적 변혁을 초래한 현상을 제3의 물결이라 했으며, 미국의 다니엘 벨(D. Bell)은 이러한 새 시대를 탈산업화사회(Deindustrialization Society)라 불렀다. 따라서 정보통신기술의 발달은 세계를 하나의 동시정보권으로 만들었고 그 영향으로 생활과 산업 일반에 일대 변혁이 일어났으며, 특히 이러한 변화는 항공업계에 큰 자극이 되고 있다.

비즈니스항공 여행에서 항공사가 처한 현실적인 경쟁적 요소는 오디오 시각(audio visual)전화와 팩시밀리 그리고 이러한 시설을 활용하는 위성비디오 회의산업의 등장이다. 비디오 회의는 직접 대면대화가 불가능한 단점이 있으나 필요시에는 언제나 회의개최가 가능하고 비용이 저렴하며 전화와 달리 차트(chart)나 그래픽 전송이 가능한 데다 공식적인 회의보다 부드러운 분위기를 조성할 수 있는 장점이 있어 점차 그 활용이 확대되고 있다.

탈산업화 [Deindustrialization]의 기술적 혁명들은 아래와 같이 설명할 수 있다.

- 인터넷과 예약시스템의 보급 확대(Global Distribution System예약프로그램의 활성화 : GDS)
- 인터넷 화상회의 및 스마트 폰의 보급

- 초음속 대형항공기 개발, 운항으로 국제관광 촉진
  - 대륙 간 여행, 장거리 시장개척 촉진
  - 장거리 저 운임 적용으로 장거리 관광 촉진
  - 다양한 요금구조에 바탕을 둔 다양한 여행상품 개발 촉진
- 항공정책과 국제관광정책의 상관성
  - 항공노선 개설 및 확장으로 관광시장 개척, 관광객 유치용이
  - 주 시장, 잠재시장에 정기노선 개설
- 항공시장의 저 운임 경쟁으로 요금인하 추세
  - 황금노선에서의 취항 항공사간 치열한 운임인하 경쟁
  - 해외여행가격 안정 및 해외여행수요 증가
  - 장기간 유가안정으로 요금인상요인 억제
- 냉전종식 이후 서태평양지역에서의 한국위치 부상
  - 한국의 전략적 위치 입지
    대륙-해양, 북방국가-서방국가연결 교통요충 위치
  - 화물, 여객의 경유 및 집중 촉진
    관광객의 경유, 입국편의 증대
- 대륙횡단노선 개설로 장거리시장 개척, 경쟁력 제고
  - 기존 노선 : 태평양 노선(한국-미국, 한국-북극-유럽)
  - 신설 노선 : 남태평양 노선(한국-호주/뉴질랜드)
    유라시아 횡단노선(한국-중국-러시아-유럽)
  - 초고속 국제선 취항 항공기 등장(마하 3이상)
- 수시간대 대륙횡단여행 실현으로 장거리 시장 개척 용이
  - 장거리 유망시장 개척으로 시장다변화 촉진
- 남북한 항공노선 개설 및 접속
  - 남북한 관계개선 이후 남북연결 국내항공노선 개설로 남북한 간 관광객
    왕래 편의 제공

- 남북한 관광의 국제경쟁력 향상 및 외국관광유치 편의 증진
- 북한지역 관광활성화 기여

5) 환경적 요소

여러 가지 항공사 마케팅 환경 중에서 항공사 경영자에게 가장 전략적인 사고를 요하는 부분이 환경적 요인이다. 그것은 바로 이 요인이 항공수요의 특성과 성격 양면에서 영향을 크게 미치기 때문이다. 환경적 요인을 구체적으로 나열하면 다음과 같다.

- 지구 온난화 현상
- 항공공해 문제와 환경파괴 문제
- 과도한 관광지 개발로 자연 훼손심각
- 선진공업국 지배 형 국제 관광시장구조 지속
  - 세계관광객 송출량의 70% 선진국 점유
  - 세계 관광 지출액의 82% 선진국 점유
- 아세아 · 태평양 지역의 비중 점증
  - 일본, 신흥공업국(한국, 대만, 홍콩), 호주, 중국을 주축으로 한 관광시장 등장
- 관광권의 블록화
  - 미주 : OAS, NAFTA, MERCOSUR(남미)
  - 아태지역 : APEC, PATA, EATA, ASEANTA, AFTA
  - 중동지역 : CTO, EMTA(동지중해관광협회)
  - 유 럽 : ETC

이처럼 항공사를 둘러싸고 있는 마케팅 환경은 항공사 경영자로 하여금 생태지향적인 마케팅 정책을 수립 · 실천해야 함을 강조해 주고 있으나 이러한 정책들은 모두

PESTE의 분석과 연계한 것이어야 한다.

2 국내 · 외 관광환경의 변화

1) 국제적 환경

관광산업은 21세기 체험경제시대의 신 성장 동력 산업으로 발돋움 하고 있으며, 삶의 가치가 여가 · 문화 · 관광 등 체험 및 감성소비를 중요시하는 패러다임으로 변화함에 따라 세계 각국은 전통적인 제조업 중심에서 문화, 관광 등 소프트산업의 경쟁력 강화에 노력을 집중하고 있다.

글로벌시대의 세계관광시장은 끊임없는 성장을 지속할 것으로 전망되는데 세계관광기구(UNWTO)는 「Tourism 2020 Vision」의 장기전망을 통해 전 세계 국제관광객수는 1995년 5.6억 명에 2010년 10억 명, 2020년 15.6억 명으로 성장할 것으로 전망하고 있으며, 세계여행관광협의회(WTTC)는 2010년까지 관광산업이 세계 GDP의 11.6%로 성장하고, 세계 총고용의 9%가 관광관련 산업에 종사할 것으로 전망하고 있다.

특히 동북아시아 지역이 국제관광목적지로 급성장하고, 중국이 세계 최대 잠재관광시장으로 부상하고 있으며, 한 · 중 · 일 · 러시아를 중심으로 한 동북아 지역이 세계 주요 경제 블럭으로 등장하면서 관광시장 또한 경제성장을 바탕으로 고속성장 초기단계에 진입하고 있어 역내 · 외 관광수요와 공급이 급증할 것으로 전망된다.

아 · 태 국가들의 전략적 관광산업 육성과 관광객 유치경쟁이 더욱 심화되고 있으며, 선진국을 비롯한 세계 각국과 지자체는 지역성장과 고용창출을 위해 관광산업을 21세기 국가 전략산업으로 육성하고자 싱가포르의 「Tourism 21 : Vision of a Tourism Capital」, 호주의 「Tourism : A Ticket to the 21st Century」, 일본의 「New Welcome Plan 21」, 중국의 「관광비전 계획」 등 관광 진흥 정책을 수립하여 추진하고 있다.

아울러 자연생태환경에 대한 관심으로 지속가능한 관광개발 및 New Tourism에 대한 관심과 실천이 증대되고 있으며, 21세기에는 자연환경 파괴와 자원고갈 가속화에 대응하여 지구 차원의 환경협력이 강화되고 환경보존의 중요성에 대한 인식과 관심이 더욱 증대될 전망이다. 그리고 지속가능한 관광에 대한 국제적, 정책적 중요도가 확대되면서 기존 대량관광에 대한 반작용과 환경보존에 대한 인식 증대에 기초하여 자연환경을 보전하여 체험하는 자연친화적 관광형태의 New Tourism이 부상하고 있고, 최근에는 생태관광, 녹색관광 등 새로운 형태의 관광유형이 각광받고 있다.

한편, 디지털화에 따른 기술발달로 인터넷 전자상거래 등 신 관광사업 출현이 확대되고 있다. 정보와 지식에 대한 수요 증가, 디지털 기술 발전, 네트워크화 진전에 따라 전 세계적으로 디지털 경제가 급속하게 확산되어 시·공간의 제약이 사라지고 있으며, 이를 반영하여 인터넷을 통한 관광산업 간 및 관광산업과 개인 간의 거리장벽 해소에 따라 IT를 기반으로 하는 신 관광산업이 지속적으로 등장하고 있다. 이와 함께 관광사업체의 경영효율화 작업이 가속화되고 있으며, 이미 유럽연합을 중심으로 관광 총 경비에서 상당부분을 차지하고 있는 항공 숙박료에 대한 저비용 경영체제가 성공을 거두고 있다. 관광산업의 경쟁력 확보를 위하여 각국은 이러한 사업 모델을 도입하여 시행하기 위한 방안을 강구하고 있으며, 특히 경제블록 및 FTA 확대로 역내 관광경비 절감을 위한 경영효율화 방안이 다각도로 모색되고 있다.

국제적인 관광형태는 지속적으로 다변화되고 다양화되고 있다. 세계화와 지역주의의 가속화, 정보통신기술의 영향력 확대 등으로 해외여행이 보편화되고 있고, 오지여행이 증가하고 있으며 3Es(Entertainment, Excitement, Education)를 결합한 테마형 관광상품 등이 부상하고 있다. 또한 쾌적한 자연환경, 고유한 문화유산, 삶의 질 추구 등 세계관광시장의 조류 변화로 단체관광, 대중관광에서 모험관광, 생태관광, 녹색관광, 문화관광, 테마관광 등 체험을 중요시하고 보다 세분화된 대안관광(Alternative Tourism)으로 전환될 전망이다.

2) 국내적 환경

주 5일 근무제 확대와 고령화 사회 진입으로 국민관광수요가 급증하고 다변화하는 추세이다. 주 5일 근무제에 따른 여가 시간의 증대로 삶의 질 향상과 건강 증진을 위한 레저, 스포츠 활동 및 근거리, 단기간의 국내·외 여행이 지속적으로 증가하는 동시에 휴가분산 확대로 숙박관광과 장거리 관광이 확대되면서 국민의 여가활용 및 여행패턴이 크게 변할 것으로 전망되고 있다. 또한 소득수준 향상, 의학기술 발달 및 국민의 라이프스타일 변화로 인해 소 자녀 화, 핵가족화, 고령화 현상 등 우리 사회의 인구구조 변화가 가속화되고 있는데, 이는 관광행태와 내용에 있어서도 많은 영향을 미치고 있다.

아울러, 지자체의 관광에 대한 정책적 관심과 중앙정부의 지원 확대로 지역관광 개발이 대폭 확대되는 추세에 있는데 최근 지역발전을 위한 대안산업으로서 자연·역사·문화자원을 활용한 관광개발 및 관광산업 육성의 중요성이 증대되면서 이를 통해 지역주민의 삶의 질 향상, 생활환경 개선 등의 효과를 기대하는 지자체가 급증하고 있다. 중앙정부 차원에서도 문화관광부 이외에 해양수산부, 농림부, 환경부, 행정자치부, 재정경제부 등에서도 관광관련 정책지원 사업 증가추세에 있으며, 지자체 단위 관광개발 계획 및 사업추진이 지속적으로 급증하는 추세이다.

결론적으로 국내관광의 환경은 위기와 기회를 동시에 맞고 있다고 평가할 수 있다. 주 40시간 근무제 확대실시, 중앙정부와 지방자치단체의 관광개발에 대한 높은 관심, 남북관광협력의 지속적인 확대 등으로 외부적인 기회요소는 상당히 긍정적인 환경을 구성하고 있다. 이에 부응하여 국내 관광환경 개선을 위해 관광산업 진흥을 위한 제도적 기반과 관광인프라 확충과 개선이 요구되고 있다.

"글로벌 코리아 , 관광이 힘이다"
외화 획득·일자리 창출.........

미래학자 존 나이스빗(John Naisbitt)은 일찍이 관광을 '글로벌시대의 무한 성장산업'이라 말했다. 또 흔히들 관광을 '굴뚝 없는 산업', 공해유발이나 환경파괴가 없으면서 국가나 지역경제 발전에 크게 이바지하는 고도의 '감성적 휴먼서비스이자 하이테크 산업'이라 부른다.

〈출처〉 연합뉴스

01   경영환경과 전략적 시스템 관계를 설명하시오.

02   국제관광은 두 개의 중요한 국제적 효과(International Effect)를
설명하시오.

03   국내관광시장과 국제 관광시장 계획의 차이는?

04   국제관광마케팅 관리자의 과업을 간략히 요약해 보세요.

Key Words

01 관광 수지

02 국제관광수지(International Tourism Balance)

03 해외여행수지(Overseas Travel Balance)

04 단순관광목적(Single Tourism Object)

파생되는 질문과 중요 이슈

01 국제 관광현상을 항공운송산업의 발달과 동일시하여 설명할 수 있는가?

02 세계화와 항공사의 글로벌 시스템 환경간의 영향관계가 성립하는가?

03 항공사의 전략적 제휴를 모든 항공사에 공통적으로 적용시킬 수 있는 전략 대안인가?

■ 김정남, 경영전략과 의사결정, 1998, 경문사

■ 김재원 외, 항공사경영론, 2012, 학현사

■ 삼성경제연구소, SERI 경영노트, 2014. 4. 29.(제14-4호)

■ 한국관광공사, 세계 주요국 관광통계, 2012

■ Anthony R. N, Planning and Control System, Prentice-Hall(1996), pp. 52-53.

■ Cateor, P, International Marketing ed, Richard D, Irwin, Inc. Home-Wood, Illinois, P. and Rob Davidson., Tourism 23d, Pitman Publishing, 1993.을 참고하여 저자가 재 작성하였음.

■ Drucker .P, Age of Discontinuity(New York; Harper & Row. 1969)

■ Porter M. E, Competitive Strategy, The Free Press(1980), pp. 49-53.

■ Terpstra, V., International Marketing, 3rd ed., Hinsdale, Illinois, Dryden Press, 1983, p.553, 국제관광 · 국내관광과 일부 수정 재작성.

■ Toffler. Alvin, Future Shock(New York; Bantom Books, 1970), pp. 28-32.

항공사 마케팅
믹스 관리

AIRLINE
MANAGEMENT

06 항공사 마케팅 믹스 관리

항공사 마케팅 믹스

1. 항공사 마케팅 믹스 개념

- 항공사 자원으로 활용할 수 있는 마케팅 제 수단(諸手段)의 결합을 의미.

- 항공사가 이러한 수단을 최적으로 결합하고, 통합적으로 관리 · 운영함으로써 상승작용에 의해 보다 효과적으로 항공시장을 개척하고 항공여객의 욕구충족을 통해 장기기대이윤(長期期待利潤)을 최대로 확보하려는 것.

- 항공운송서비스를 가장 바람직한 조건으로 항공시장에 제공하기 위해 마케팅 계획 속에서 사용되는 일련의 노력과 능력을 창조적으로 결합함으로써 마케팅 목표 내지 항공사가 기대하는 목표를 달성하려는 것.

2. 항공사 마케팅 믹스의 구성

- 항공운송 서비스 상품믹스

- 항공운임믹스

- 유통경로 믹스

- 촉진믹스

- 항공사 종사원 믹스

제1절 > **항공사 마케팅 믹스의 개념 및 기초이론**

1 마케팅 믹스 기초이론

"기업이 표적시장을 대상으로 하여 원하는 반응을 얻을 수 있도록 통제가능한 마케팅 변수들인 4P, 즉 제품, 가격, 촉진, 유통의 배합"

마케팅 믹스(Marketing Mix)란, "기업이 표적시장을 대상으로 하여 원하는 반응을 얻을 수 있도록 통제가능한 마케팅 변수들인 4P, 즉 제품, 가격, 촉진, 유통의 배합"이라고 정의할 수 있다. 고객에게 무엇을 어떤 가격으로 어떻게 유인하여 어디서 판매할 것인가를 결정하는 것이다. 따라서 판매대상이 되는 제품이나 서비스가 준비되어야 하고, 판매가격(Price)이 결정되어야 한다. 또한 판매대상을 소비자가 쉽게 선택할 수 있도록 다양한 판매촉진(Promotion)활동이 필요하며, 전국적인 판매조직(Place)등에 대한 결정을 해야 한다.

마케팅 믹스(4P)를 처음 주장한 분은 1960년대 하버드대학교 마케팅 교수였던 제롬 매카시(Jerome Mccarthy)이며, 마케팅 전문가인 필립 코틀러(Philip Kortler)에 의해 세상에 널리 알려지게 되었다. 그가 제창한 4P는 제품(Product), 가격(Price), 유통(Place), 판매촉진(Promotion)이 그것이다. 즉, 마케팅 믹스는 "고객만족을 창출함으로써 조직의 목표를 합리적으로 달성하기 위하여 기업자체가 구사할 수 있는 통제 가능한 변수들의 독특한 결합이다(H. Borden)"라고 정의할 수 있다. 또한 여러 마케팅 수단이 최적으로 결합 내지 통합되어 있는 상태이다.

그러나 4P로 정리된 마케팅 믹스는 처음부터 이런저런 또 다른 논의의 대상이 되었다.

▶ 향수회사들은 4P에다 다섯 번째 P로 포장(Packaging)을 추가해야 한다고 주장했다 그러나4P 옹호자들은 포장이 제품 속에 이미 포함되어 있다고 주장했다.

▶ 세일즈 매니저들은 판매인력(Sales Force)이 배제되었는지 여부를 따져 물었다. 4P 옹호자들은 배제된 것이 아니라 판매촉진책의 한 도구로 포함되어 있다고 밝혔다. 광고나 Pr, 다이렉트 마케팅과 함께 판촉의 한 수단이라는 것이다.

▶ 서비스 매니저들은 서비스가 마케팅 믹스 중 어느 곳에 들어있느냐고 물었다. 4P 옹호자들은 서비스가 제품 속에 들어있다고 밝혔다. 서비스의 중요성이 점차 커지자 서비스 마케터들은 본래의 4P에 3P를 덧붙여야 한다고 주장했다. 즉 인력(People)과 서비스 조립과정(Process of Service Assembly), 물리적 환경(Physical Evidence)을 곁들여야 한다는 것이었다. 가령 레스토랑의 경우 종업원과 음식을 서빙하는 과정이나 형태(예를 들면, 뷔페식이냐 패스트 푸드식이냐 또는 식탁보의 사용여부 등), 레스토랑의 외견상의 형태와 특징 등이 영업성과를 좌우한다는 이유를 들었다.

▶ 마케팅 믹스에 '개인화(Personalization)'를 추가해야 한다고 주장하는 사람도 있다. 마케터는 제품과 가격, 유통, 판촉을 결정하면서 개인화를 어느 정도까지 추구해야 할지를 결정해야 한다.

▶ 한편, 마케팅 믹스를 P라는 글자에 묶어둬서는 안된다고 주장한 적도 있다. 즉 4P의 핵심적 기능을 다른 말로 표현할 수 있다고 판단했던 것이다. 즉, 제품은 상관성 배치나 위치(Configuration), 가격은 가치 평가(Valuation), 유통은 편의성(Facilitation), 판매촉진책은 상징화(Symbolization)로 표현할 수 있는 것이다.

그러나 4P에 대한 보다 근본적인 비판은, 4P가 구매자의 마음가짐이 아닌, 판매자의 마인드를 드러내고 있다는 점이다. 로버트 로터봄(Robert Lauterbom)은 판매자들이 4P를 결정하기에 앞서 4C에 관심을 쏟아야 한다고 주장했다.

4C란 (제품이 아닌)고객의 가치(Customer Value)와 (가격만이 아닌) 고객의 코스트(Customer Costs), (유통만이 아닌) 편의성(Convenience), (판촉이 아닌) 커뮤니

케이션(Communication)을 말한다. 마케터들이 목표가 되는 고객층의 4C를 깊이 헤아린다면 4P를 설정하기가 훨씬 수월해질 것이다.

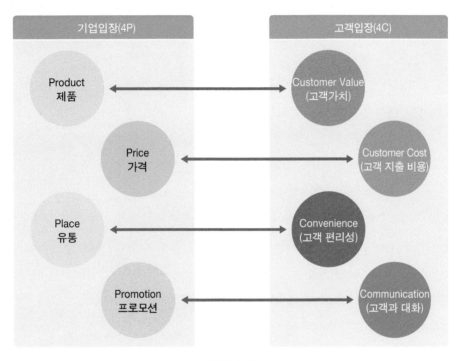

[그림 6-1]

여러 가지 P는 판매를 촉진시키기 위해 서로 대체할 수도 있다.

가령 승용차 판매상이 10명의 인력을 거느리고 통상적인 수준의 이윤을 붙여 자동차 판매에 나섰지만 판매량이 부진했다. 그러자 그는 인력을 다섯 명으로 줄이고 승용차 가격도 대폭 인하했다. 그러자 매출이 눈에 띄게 늘어났다. 아마존 역시 광고비를 줄이면서 가격을 인하하자 아마존의 온라인 매출이 대폭 늘어났다.

흔히 마케팅 도구(Marketing Tools)는 제품의 라이프 사이클에 따라 단계별로 그에 합당한 것이 선택된다. 예를 들어 광고와 홍보활동은 제품의 출시단계에서 가장 큰 효과를 볼 수 있다. 이런 활동은 소비자의 인지도와 관심을 강화시킨다. 제품의 성숙기가 되면 판매촉진 활동과 대인판매(Personal Selling)가 한층 중요시된다. 대인판매는 제품의 장점에 대한 소비자의 인식을 강화시켜 제품에 그만한 가치가 있다는 믿음을 심어준다. 판촉활동을 지속하되, 광고와 홍보 및 대인판매 활동은 줄여나간다.

마케팅 도구의 선택은 기업의 규모에도 영향을 받는다. 시장의 선두 기업은 광고활동을 확대하는 대신 판촉활동을 자제할 여유가 있다. 그에 반해 소규모 기업은 판촉활동을 한층 적극적으로 펼치게 마련이다.

소비자를 대상으로 하는 마케터는 대인판매보다는 광고에 역점을 두는 경우가 많고 다른 기업이나 비즈니스를 대상으로 하는 마케터는 그 반대의 경향을 보인다. 그러나 이런 두 가지 타입 시장 모두에 광고와 대인판매는 다 같이 필요하다. 소비자를 대상으로 하는 마케터 중 '밀어붙이기 전략(Push Strategy)'을 강조하는 사람은 소매상이나 대리점들이 최종소비자에게 회사 제품을 권유하고 판매하게끔 유도하도록 판매 인력을 독려해야 한다. 그러나 소비자를 대상으로 하는 마케터 중 '끌어당기기 전략(Pull Strategy)'에 중점을 두는 사람은 고객을 판매점으로 끌어오기 위해 광고활동과 소비자 판촉활동에 크게 의존한다.

마케팅이 제대로 이뤄지려면 마케팅 믹스를 통합적인 형태로 관리해야 한다. 그러나 아직도 많은 기업이 마케팅 믹스의 대상이 되는 여러 가지 요소들에 대한 책임을 각기 다른 개인이나 부서에 두고 있다.

[그림 6-2]

2 마케팅 관리 개념

기업은 자신의 생존과 성장을 위하여 여러 가지 활동들을 해야 한다. 주요 활동들만 꼽아보더라도 인적 자원의 획득 및 유지, 기술개발, 생산설비 확보, 원료 및 부품의 조달, 제품생산, 생산된 제품의 유통 및 판매, 판매 후 서비스의 제공 등을 들 수 있다. 마케팅을 기업의 활동으로 보기로 한다면, 마케팅은 위와 같은 기업 활동들의 한 부분에 해당될 것이다.

1) 마케팅 관리의 정의

본서에서는 마케팅 관리(Marketing Management)를 다음과 같이 정의한다.

"마케팅 관리는 고객에게 경쟁자보다 더 큰 가치를 제공하기 위하여, 상품(Product), 가격(Price), 촉진(Promotion), 유통(Place)을 계획하고, 실행하고, 통제하는 과정"이다.

[그림 6-3]

위의 정의에 따르면, 새로운 상품을 개발하거나 기존의 상품을 수정·보완하고 (상품), 가격을 결정하며(가격), 이를 고객들에게 알리고(촉진), 고객들이 쉽게 구입할 수 있도록 만드는(유통) 활동들이 기업 내에서 마케팅 관리의 영역임을 알 수 있다.

마케팅 관리의 정의는 사람들 간에 완전히 통일된 것은 아니며, 어떤 관점을 취하는가에 따라 다소 달라질 수 있다. 세계적으로 널리 인용되고 있는 미국 마케팅학회 (American Marketing Association : AMA)의 정의는 다음과 같다.

" 마케팅이란 개인이나 조직의 목표를 만족시키는 교환을 창출해내기 위해 아이디어, 재화, 서비스의 개념 설정, 가격책정, 촉진 및 유통활동을 계획하고 집행하는 과정이다."
(The process of planning and executing the conception, pricing, promotion, and distribution of ideas, goods, and services to create exchanges that satisfy individual and organizational objectives)

마케팅의 개념은 위의 정의에 나타나는 마케팅의 핵심 요소를 중심으로 다음과 같이 설명할 수 있다.

① "마케팅이란 개인이나 조직의 목표를 만족시키는 교환을 창출해내기 위해" – 마케팅은 연구대상이 교환 행위(또는 현상)이고 마케팅 활동의 목표는 교환당사자들 모두를 만족시키는 교환의 창출이라고 할 수 있다.

② 기업과 같은 영리 조직뿐만 아니라 비영리 조직, 개인도 마케팅의 영역이다.

③ 마케팅을 영리부문에만 명시적으로 한정하고 있지 않다. 영리를 위한 마케팅만이 존재하는 것은 아니다. 대학들도 학생들을 더 얻기 위해 경쟁하고, 박물관도 관람객을 더 끌려고 노력합니다. 영리, 비영리를 떠나 조직이나 개인의 성장목표 추구라는 관점에서는 동일한 마케팅 원리가 적용되는 것이다.

④ 마케팅의 대상(객체)이 재화, 서비스에 그치지 않는다는 것이다. 사람이나 장소, 아이디어나 생각, 사상, 경험까지도 마케팅의 대상(객체)이 될 수 있다.

⑤ 마케팅의 시작을 재화, 서비스, 아이디어의 개념 설정 혹은 착상이라는 점에서 보고 있다는 점이다.

마케팅은 존재하는 물건을 파는 행위가 아니라 '팔릴 것을 만들어 내는 것'입니다. 즉, 판매가 필요 없도록 만드는 것이 진정한 마케팅이라는 것입니다. 아래의 피터 드러커의 정의에서는 이를 중요시하고 있다.

피터 F. 드러커 : "비즈니스의 본질을 고객에서 찾은 고객 중심주의"
"고객 없이는 사업도 없다 (No Business without a Customer)"

기업이 무엇인지를 결정하는 것은 경영학자도, 기업의 오너도 아니고 바로 고객이다. 기업이 창조한 제품과 서비스에 대해 대가를 치를 의향이 있는 고객만이 기업을 존재하게 만든다. 기업의 유일한 이익센터는 고객뿐이다.

그렇다면 고객은 기업으로부터 무엇을 구입하는 것일까?
"고객이 구입하는 것은 기업이 파는 제품이나 서비스 그 자체가 아니라 제품과 서비스가 제공하는 효용(Utility) 혹은 가치 (Value)다."

기업은 시장에서 가치를 창출하기 위해 기업이 해야 할 가장 기본적이면서 가장 중요한 두 가지 활동이 있는데, 하나는 고객이 뭘 좋아하는지 발견하는 것(Marketing)이며, 다른 하나는 고객들이 깨닫지 못하는 욕구를 찾아내는 것(Innovation)이다. 기업의 성과를 올리는 것은 이 두 가지 활동뿐이며 기업의 나머지 활동은 이를 지원하는데 지나지 않는다.

마케팅(Marketing)이 궁극적으로 지향하는 것은 고객을 충분히 알고 이해함으로써 제품과 서비스를 적절하게 제공하여 그것들이 스스로 팔리도록 만드는 것이다. 이런 점에서 마케팅은 판매활동과는 오히려 반대되는 의미를 갖고 있다. 이상적인 마케팅은 궁극적으로 판매활동을 필요 없도록 만드는 것이다.

'우리가 팔고자 하는 것은 무엇인가'라고 질문하지 마라.
'고객이 구입하려는 것은 무엇인가'라고 질문하라.

"고객 만족이야 말로 모든 기업의 목적이자 사명이다." 그러므로 '우리의 사업은 무엇인가'라는 질문에 대한 대답은 그 기업의 고객과 시장의 관점에서 검토되지 않으면 안 된다.'

마케팅 전략은 아래의 그림과 같이 기본적으로 시장세분화, 표적시장 선정 그리고 포지셔닝 등이 마케팅 전략의 기본 요소라 할 수 있다. 즉, 마케팅 프로세스는 3C ➡ STP ➡ 4P 순으로 진행된다.

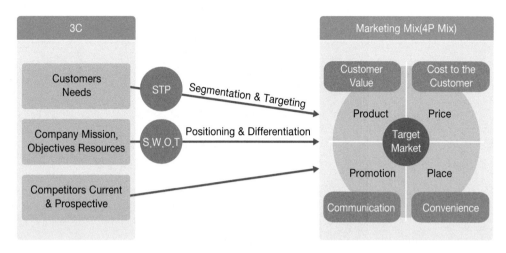

[그림 6-4]

마케팅에 관하여....

경영학과 마케팅이란 미국에서 생겨났고 가장 잘 발달(?)되어 있기 때문에 AMA의 정의가 중요하다. 대부분의 교재에서도 저자가 따로 마케팅에 대해 정의하기도 하지만 AMA의 정의는 대부분 들어있다. 하지만 1985년대 기존의 정의를 수정하여 내려진 정의라 요즘의 마케팅 개념에 그대로 적용하기에 무리가 있다. 이에 필립 코틀러의 정의도 많이들 말한다. '교환과정을 통하여 욕구와 필요를 충족시키려는 인간 활동'이라고 필립 코틀러는 정의하고 있다. 단순히 마케팅의 정의를 기업이나 개인 등에 국한시키지 않고 대상도 제품이나 서비스에 국한시키지 않아 욕구 충족을 위한 모든 교환활동을 마케팅으로 보는 것이다. 마케팅의 종류는 이루 헤아릴 수 없다. 좀 과장하면 이름만 붙이면 다 마케팅이 될 수 있다. 하지만 어디에 붙이더라도 마케팅의 본질은 변하지 않는다. 키즈 마케팅이나 실버 마케팅이나 대상에 따른 세부적인 시행 방법이 다를 뿐 마케팅 자체는 다르지 않기 때문이다. 마케팅을 구분하는 기준도 매우 많다. 마케팅의 대상, 방법, 목표 등등에 따라 구분할 수 있다. 생산재/소비재 마케팅, 그린 마케팅, 실버 마케팅, 스포츠 마케팅, 디마케팅, 인터넷 마케팅, 감성 마케팅, 스타 마케팅, 데이타 베이스 마케팅, 칼라 마케팅 등 일일이 다 적을 수가 없다.

2) 마케팅과 판매의 차이

사람들은 흔히 마케팅 활동을 판매활동과 같은 것으로 생각한다.
과연 판매활동과 마케팅 활동은 어떻게 다른 것일까?

마케팅은 고객이 무엇을 원하는지를 파악하고, 경쟁자보다 고객이 원하는 바를 더 잘 충족시켜 줄 수 있도록 상품, 가격, 촉진, 유통을 계획하고 실행하는 것이기 때문에, 마케팅 활동의 대부분은 판매활동보다 앞서서 일어난다. 다른 말로 표현하면, 마케팅은 무엇을 만들어야 잘 팔릴 수 있을지 고민하는 것이라면, 판매는 일단 만들어진 상품을 어떻게 하면 잘 팔 수 있을지 고민하는 것이라고 할 수 있다. 결국, 마케팅 활동은 판매활동을 포함한다. 즉, 판매는 마케팅의 일부분이다.

3 항공사 마케팅 믹스 적용

항공사 마케팅 믹스란 항공사의 자원으로 활용할 수 있는 마케팅 제 수단(諸手段)의 결합을 의미한다. 항공사가 이러한 수단을 최적으로 결합하고, 종합적으로 관리·운영함으로써 상승 작용에 의해 보다 효과적으로 항공시장을 개척하고 항공여객의 욕구 충족을 통해 장기기대이윤(長期期待利潤)을 최대로 확보하려는 것이다. 다시 말하면, 항공사마케팅 믹스는 항공운송 서비스를 가장 바람직한 조건으로 항공시장에 제공하기 위해 마케팅계획 속에서 사용되는 일련의 노력과 능력을 창조적으로 결합함으로써 마케팅 목표내지 항공사가 기대하는 목표를 달성하려는 것이다.

항공사가 마케팅믹스를 구함에 있어 명심해야 할 사항은 당면한 이윤추구에 급급한 나머지 장기적인 항공사의 이윤 또는 수익의 원천인 고객을 희생시키거나 고갈시켜서는 안 된다는 점이다.

❹ 확대된 서비스 마케팅 믹스의 범위

"서비스산업에서의 마케팅믹스는 기존의 4P's에 3가지 요소인 서비스 참여자 (Participant), 서비스의 조립과정(Process of Service Assembly), 그리고 물적 증거 (Physical Evidence)를 추가한 7P's를 제시"

전술한 바와 같이 마케팅믹스는 급변하는 환경적 영향력의 제약 하에서 기업이 통제 가능한 전략적 요소들을 최적으로 배합하여 기업의 목표달성이 가능하도록 마케팅활동을 실제로 조정하는 수단이다.

일국의 산업구조가 제1차 및 2차 산업에서 점차 3차 산업인 서비스산업분야로 그 비중이 옮겨져 감에 따라 서비스산업에 적합한 마케팅 믹스의 개발 필요성이 부각되어 붐스(Bernard H .Booms)와 비터너(Mary J. Bitner) 등의 학자들을 중심으로 연구가 이루어졌다. 그리하여 이들 학자는 서비스는 생산과 동시에 소비가 이루어지고 그 과정에 소비자가 참여하는 특성을 고려해 서비스 마케팅믹스에 기존의 4P's에 3가지 요소인 서비스 참여자(Participant), 서비스의 조립과정(Process of Service Assembly), 그리고 물적 증거(Physical Evidence)를 추가한 7P's를 제시하여 이를 관리해야 한다고 하였고, 코틀러(Kotler)와 클라크(Robert N. Clark)는 기존 4P's를 수정하여 제품, 가격, 판매경로, 판매력, 광고 및 촉진, 그리고 공중관계(Public Relations)의 6P's를 제시하였으며, 민다크(William A. Mindak)와 파인(Seymour Fine)은 4P's에 공중관계를 추가하여 5P's를 제안하는 등 서비스산업에 적용시킬 다양한 마케팅믹스를 거론하였다.

여기서 확장된 마케팅 믹스요인 중 7Ps란 전통적인 제조업 위주의 4Ps를 산업의 서비스화 따라 확장된 마케팅 믹스 개념이다. 1980년대 후반부터 전 세계적으로 서비스 산업이 급성장하고 품질이 상향평준화 된 제조 산업에서도 서비스 요인이 기업 승패를 좌우할 정도로 중요해졌다.

그래서 제품 개념을 논할 때도

- 핵심 제품(Core Product)/(본원제품),
- 실체 제품(Formal Product/Tangible Product)/(형식 제품),
- 확장 제품/증폭제품(Augmented Product)/(보강 제품) 등으로 분류하며,

점차 소비자들이 제품 선택의 기준으로 실체 제품이 아닌 핵심 제품이나 서비스 부분이 포함된 확장 제품을 들고 있다.

이처럼 서비스가 경쟁 환경에서 점점 중요한 위치를 차지함에 따라 People(서비스를 직접 수행하는 직원과 해당 고객으로 구성된 사람 요인), Physical Evidence(비가시성의 특성을 가진 서비스의 품질을 소비자에게 확인시켜주는 물리적 증거로서, 예를 들면 시설, 디자인, 간판, 유니폼, 서비스의 유명화〈특히 금융 상품의 경우 등〉등 다양한 외형적인 요소들), 및 Service Process(제공하는 서비스를 표준화할 것인지 맞춤화할 것인지, 고객의 참여를 어느 정도 유지할 것인지에 대한 의사 결정 변수인 서비스 제공 과정) 등과 같이 3가지 P 요인이 마케팅 믹스에 추가되어 전통적인 마케팅 믹스의 확장 개념으로 활용되고 있다.

이상에서 보면 항공운송서비스 산업이라도 사업내용과 생산하는 서비스 상품의 특성이 상이하므로 어떠한 마케팅믹스의 조합이 자사에 적합할 것인가의 선택은 자사의 상황에 따라 결정될 문제이나 대체로 서비스산업 일반에 공통적으로 적용될 수 있는 것이 Bernard H. Booms와 Mary J. Bitner의 7P's이다.

[표 6-1] Booms와 Bitner의 마케팅 믹스(7P)

제품	서비스계열, 서비스의 품질보증, 상표면, 사후판매서비스
가격	수준, 할인 및 공제, 지급조건, 고객의 인지가치, 품질/가격 차별화
유통	입지, 접근성, 유통경로, 유통범위
촉진	광고, 인적판매, 판매촉진, 홍보, PR
참여자	종사자(훈련, 분별력, 용모, 보상, 업무수행, 태도) 고객(행동, 개입정도, 고객과의 접촉도)
물리적 증거	환경(비품, 색상, 배치, 소음도, 촉진제, 유형적 단서)
서비스의 조립과정	정책, 절차, 제도적 장치, 종사자 분별력, 고객개입, 고객의 지시, 활동의 흐름

[그림 6-3] Booms and Bitner's Extended Marketing Mix : 7P's(확장된 마케팅 믹스)

고전적 마케팅 믹스(4P's)가 주로 제품에 초점을 맞춘 모델이라면 확장된 마케팅 믹스(7P's)는 서비스 산업(Services Industries)과 지식집약적 산업(Knowledge-Intensive Industries)에 적합한 모델로 기존 4P's에 통제 가능한 변수(Controllable Variables)로 프로세스(Process), 물리적 증거(Physical Evidence), 사람(People)의 3가지 변수를 추가시킨 모델이다.

제2절 〉 항공사 마케팅 믹스의 제 요소

1 항공사 마케팅 믹스의 구성과 내용

"항공운송서비스는 하드웨어적인 측면보다는 소프트웨어적인 측면이 더 강조되고 소프트 서비스 중에서도 인적서비스가 중심이 되어 여객제일주의, 고객존중사고에서 고객을 접대할 때 비로소 만족스러운 서비스가 제공된다."

흔히 마케팅 관리요소 혹은 마케터의 통제가능요소(Controllable Factors)라고도 지칭되는 마케팅 믹스요소에는 제품결정·포장·상표·고객서비스·가격·유통경로·광고·홍보·마케팅조사 등 마케팅관리활동과 관련된 모든 기능이 포함된다. 그러나 이들은 맥카시(E.J. McCathy)에 의해 이른바 4P's(Product, Price, Place, Promotion)로 요약해서 나타내게 되었는데(물론 이에 물리적 유통(Physical Distribution)을 하나 더 넣어 5P's로 나타내는 사람도 있지만) 이들을 구체적으로 표현하면 다음과 같다.

1) 항공사의 상품(Airline Product)

항공운송서비스 상품은 다양한 하드서비스(Hard Service) 및 소프트 서비스로 구성된다. 정시운항, 좌석예약, 발권 및 수하물 취급의 정확성, 지상과 기내에서의 친절한 접객태도, 편리한 운항 스케줄, 다양한 항공노선 등의 소프트 서비스 그리고 여유 있는 좌석배치, 신형항공기의 운영 및 정선된 기내 식음료의 제공 등과 같은 하드 서비스, 심지어는 항공사의 이미지 까지도 고객들은 자신의 욕구를 만족시켜주는 항공운송서비스로 인식하고 있으므로 고객의 욕구를 충족시켜줄 구체적인 모든 제공물이 이 믹스요인에 포함된다.

즉, 항공사의 노선 망, 운항스케줄, 기종, 좌석의 형태, 명성 및 이미지, 안락함, 기내서비스, 탑승수속 절차의 신속성 등이 이에 속한다.

2) 항공상품의 가격(Airline Product Price)

항공운임은 항공사가 여객에게 운송서비스를 제공하는 대가로 받는 돈의 크기 즉 가격이다.

오늘날 소비자들이 제품과 서비스를 선택할 때 비가격요인을 상대적으로 중시하려는 경향이 있으나 가격은 여전히 기업의 시장점유율과 수익성을 결정짓는 요소 중의 하나가 된다.

즉, 정상운임, 촉진운임, 할인운임, 계절운임, 특별운임 등이 이에 속한다.

3) 항공사의 판촉활동(Airline Sales Promotion)

항공사가 의도적으로 정보를 전달하는 활동을 마케팅 커뮤니케이션(Marketing Communication)이라한다. 이것은 궁극적으로 판매를 촉진하려는 것이므로 촉진(促進 : Promotion)이라고도 한다.

그러므로 항공사가 자사의 운송서비스에 대한 교환을 용이하게 하기 위해 고객에게 알리고 상기시키며 설득하는 모든 형태의 커뮤니케이션이 곧 촉진이다.

따라서 항공사의 매체활동 및 광고(신문, TV, 라디오 등), 무료티켓 제공, 스포츠문화행사 초대, DM발송, FAM tour초대, 진열광고(항공사 로고 등), 행사후원 등을 일컫는다.

4) 항공사의 유통경로(Airline Place)

경로(經路 : Channel) 또는 장소(場所 : Place)라고도 불리우는 유통(流通 : Distribution)은 목표시장의 고객이 편리하게 접근할 수 있는 지점에 운송서비스를 도달시키는 활동이다.

이러한 유통경로의 설정과 시스템화는 고객의 편의와 만족을 향상시켜줌과 함께 장기적으로는 항공사의 이익증대에도 기여하게 된다.

즉, 항공사의 판매 대리점인 여행사, 총판매대리점(General Sales Agent : Gsa), 전화예약, 타 항공사, 항공권자동판매기, 인터넷(항공사 웹사이트, 여행사웹사이트, 온라인대리점, 연합항공사 웹사이트, 경매 사이트 등)을 활용한 유통시스템이 이에 속한다 할 것이다.

5) 항공사 종사원(Airline Staff)

항공사 종사원은 항상 고객과 접촉하므로 항공사의 좋고 나쁜 인상을 줄 수 있기 때문에 가장 중요한 믹스라 할 수 있다. 항공서비스의 창출이 곧 여객에의 배달로 이해되고 이 과정에는 필연코 고객참여가 전제되는 서비스배달시스템 관점에서 보면 고객과 항공사 종사자들 간에 강한 상호작용(相互作用)이 이루어지는 직접적인 대면관계는 필연적이다.

이 과정에서 항공사 종사자들의 정서적인 질과 기능적인 질이 여객에게 이전되며 이러한 상호작용이 고객의 항공사에 대한 이미지 형성에 영향을 주어 항공사의 선정과 반복구매결정에 많은 영향을 미치게 된다. 항공사종사자들은 이처럼 창조적인 판매를 유도하고 고객에게 정보를 제공하며 고객의 반응을 청취해 피드백(Feedback)시키는 역할을 하기 때문에 항공사에서 중심이 된다.

특히, 항공운송서비스는 하드웨어적인 측면보다는 소프트웨어적인 측면이 더 강조되고 소프트서비스 중에서도 인적서비스가 중심이 되어 여객제일주의, 고객존중 사고에서 고객을 접대할 때 비로소 만족스러운 서비스가 제공되었다고 할 수 있다. 이와 같이 중요한 항공운송서비스의 생산요소이자 항공운송서비스 배달시스템의 주체인 항공사 종사자들에게 항공사는 외부마케팅에서 고객만족을 강조하고 있는 것과 같이 이들에게도 서비스 개념을 마케팅하는 내부마케팅(Internal Marketing)이 요구된다.

이와 같은 5가지 요소는 항공사 자체의 능력 즉, 인적자원과 물적 자원으로 통제할 수 있는 요소이다. 양질의 항공서비스를 추구하려는 항공사의 경영활동에서 제품, 가격, 판촉, 유통경로의 4P는 더욱 강조되고 있다. 따라서 항공사의 마케팅 활동에서는 어느 특정요소를 사용할 것인가가 중요한 것이 아니고, 마케팅적 의사결정시에 어느 요소에 역점을 두느냐가 경영활동의 성패를 가름하는 관건이 된다.

[표 6-2] 마케팅 관리요소

제품 (product)	유통 (place)	촉진 (promotion)	가격 (price)	종사원 (people)
품질 제품의 특색 · 옵션 스타일 상표명 포장 제품 라인 보증 서비스 수준 기타 서비스	유통 채널 유통 범위 유통 기구 · 위치 판매 지역 재고 수준 수송 수단	광고 인적 판매 판매 촉진 홍보	가격 수준 할인 제도 지불 조건	종사원 교육 수준 기능적인 기술 정서적인 질 여객 존중 사고

2 항공사 마케팅 환경과 마케팅 믹스

항공사 마케팅 관리란 "마케팅의 관리요소를 환경변수에 최적으로 적응시키기 위한 마케팅 활동의 계획 · 집행 · 분석 · 통제활동"이라 정의할 때, 마케팅관리활동은 당연히 회사이익이라는 측면에서 가장 유리하도록 마케팅 믹스의 각 요소들을 결정함을 의미한다. 따라서 회사이익을 I라 할 때 아래의 식으로 나타낼 수 있다.

$$I = f(X1, X2....,Xn \, / \, Y1, Y2,..., \, Yn)$$

$X1, X2....,\, Xn$ = 통제가능 요소$(4p's)$
$Y1, Y2,..., \, Yn$ = 통제 불가능 요소(마케팅환경요인)

즉, 회사이익은 마케팅환경요인이 주어졌을 때 마케팅믹스요소의 함수라는 것이다.

이는 다시 마케팅 믹스의 결정과정이라 할 수 있는 마케팅관리를 위해서는 소비자·경쟁자·지역사회 등의 과업환경은 물론 정치·경제·사회·기술 등 거시환경에 대한 평가와 분석이 선행되어야만 하는 이유도 바로 거기에 있다.

3 항공사 마케팅 전략과 마케팅 믹스

항공사 마케팅전략이란 변화하는 마케팅 환경 하에서 마케팅목표를 효과적으로 달성함으로써 경영목표의 달성에 기여하도록 하기 위한 마케팅 자원의 배분계획을 일컫는다. 따라서 그것은 마케팅 믹스 전략으로 집약될 수 있다. 그런데 마케팅전략의 수립은 ① 표적시장의 선택과 ② 마케팅 믹스의 결정이라는 두 단계를 거쳐 이루어진다.

물론 마케팅 전략에도 안소프(I. Ansoff)의 제품·시장 매트릭스에 의한 ① 시장침투전략, ② 시장개척전략, ③ 제품개발전략, ④ 다각화전략이 있고, 기본전략으로 ① 시장세분화전략, ② 제품차별화전략, ③ 제품 포지셔닝 전략 등 여러 가지가 있을 수 있다. 그러나 이들 모든 전략 역시 결국은 마케팅 믹스, 즉 제품·가격·유통경로·촉진 등에 대한 조정활동에 불과함을 알 수 있다.

[표 6-3] 항공시장의 내 · 외부적 환경의 SWOT분석 자료예시

External 요인	Social (사회)	Social (사회)
	Competition (경쟁)	Competition (경쟁)
	Economic (경제)	Economic (경제)
	Politic (정치)	Politic (정치)
	Technology (기술)	Technology (기술)
	Information (정보)	Information (정보)
	Client (고객)	Client (고객)
	Opportunities	**Threats**
Internal 요인	**Strength**	**Weakness**
	Man (사람)	Man (사람)
	Material (물자)	Material (물자)
	Money (돈)	Money (돈)
	Information (정보)	Information (정보)
	Time (시간)	Time (시간)
	Image (이미지)	Image (이미지)

01 마케팅 도구(Marketing Tools)는 제품의 라이프 사이클에 따라
    단계별로 그에 합당한 것이 선택된다. 그 실례를 설명해 보시오.

02 마케팅이 제대로 이뤄지려면 마케팅 믹스를 통합적인 형태로
    관리해야 한다. 구체적인 방법과 사례를 설명하시오.

03 마케팅(Marketing)이 궁극적으로 지향하는 것은 무엇인가?

04 붐스(Bernard H .Booms)와 비터너(Mary J. Bitner) 등의 학자들을
    중심으로 연구가 이루어 진 확장된 마케팅 믹스 요인은?

01 확장된 마케팅 믹스요인 중 7Ps

02 마케팅환경요인

03 포지셔닝 전략

04 내부마케팅(Internal Marketing)

05 피드백(Feedback)

파생되는 질문과 중요 이슈

01 항공운송산업을 중심으로 기존 마케팅 믹스와 확장된 변수들 간의
    상관관계는?

02 유통경로의 설정과 시스템화는 고객의 편의와 만족을 향상시켜줌과 함께 장기
    적으로는 항공사의 이익증대에도 기여할 수 있는가?

03 항공운송서비스 상품은 다양한 하드웨어(Hard Ware) 및 소프트 서비스(Soft
    Ware)로 구성된다. 하드웨어적인 상품은 어떤 것들이 있는가?

- 박찬수, 마케팅 원리, (2001), 법문사

- Ansoff, Igor, Strate for Diversification, Havard Business Review, 1957.

- Bernard H. Booms and Mary J. Bitner, Marketing Strategies and Organization Structures for Service Firms, Marketing of Service, 1981.

- Berry. L.L Service Marketing is Different, Business Magazine, 1980.

- Earl E. Sasser and Arbeit P. Stephan, "Selling Jobs in the Service Sector," Business Horizons, 1996, pp. 61-68.

- Kotler, P. Marketing Management : Analysis, Planning Control, 4th, Englewood Cliffs, New jersey, Prentice-Hall, Inc., 1980.

- McCarthy, E.J, Basic Marketing Richard D, Irwin, 1981.

- Shaw, Stephen, Airline Marketing and Management, TJ International Ltd, Padstow, Cornwall, 5th, 2005, pp. 174-192.

- Shostack, G. L. Human Evidence : A New Part of the Marketing Mix, Bank Marketing 1997.

- Stephen Show, Airline Marketing and Management, Pitman, 1999.

- William A. Mindak and Seymour Fine, A Fifth Public Relations in Marketing of Service, AMA, 1981.

항공운송과
상품관리

AIRLINE
MANAGEMENT

07 항공운송과 상품관리

항공운송서비스 상품관리

1. 항공사의 상품 개념

- 고객의 필요나 욕구를 충족시키기 위하여 제공되는 것.

- 오늘날 거의 모든 상품들은 유형적인 요소와 무형적인 요소를 함께 갖고 있다. 단지 어떤 상품은 유형적인 요소가 무형적인 요소보다 더 많을 뿐이고, 다른 상품은 그 반대로 무형적인 요소가 유형적인 요소보다 더 많을 뿐이다.

- 결국 항공사의 상품믹스란 항공사가 판매하는 모든 상품들의 집합체라고 할 수 있다.

2. 항공사의 고객을 위한 편익서비스 개발

- 사전좌석지정 예약제도 도입

- 목적지 정보제공서비스의 실시

- 선택적 투어 실시

- 선물배송 서비스

- 비 동반 소아서비스 실시

Airline Insight 항공사의 편익서비스

▶ 독일 무료 리무진서비스

대한항공 프랑크푸르트 출발 또는 도착 항공편을 이용하여 독일 내 다른 지역으로 여행하는 고객의 편의를 위해 프랑크푸르트–본–쾰른–뒤셀도르프 간 무료 리무진 서비스를 제공하고 있다. 프랑크푸르트 출발 또는 도착하는 대한항공편을 예약하거나 항공권을 구입할 때 대한항공 직원에게 리무진 버스 서비스 예약을 신청하면 이용할 수 있다.

▶ 비 동반 소아서비스

보호자 없이 혼자 여행하는 어린이도 항공사 직원의 보호 하에 안전하고 즐겁게 항공편을 이용할 수 있다. 대한항공에서는 이러한 어린이를 '비 동반소아(Unaccompanied Minor)'라고 지칭한다. 항공사의 사전 승인이 필요하며 연결 편 항공사로 갈아타는 경우에도 공항 출발부터 도착지의 보호자 인계까지 항공사 직원의 보호를 지속적으로 받게 된다.

▶ 한 가족서비스

7세 미만 유/소아 2 명 이상 동반한 여성 고객, 보호자 없이 여행하는 만 65세 이상 고객, 보호자 없이 여행하는 12세 이상 16세 미만인 고객, 목적지에서 언어 소통에 문제 있는 해외 초행 고객, 당일 도착편의 타 항공사 연결 편 승객 중 환승지역에서 언어소통에 문제가 있는 승객들 기준으로 사전에 항공권 예약 시 한 가족 서비스를 신청하면 출발지, 경유지, 도착지에서 안내를 받을 수 있다.

▶ 몸이 불편한 고객을 위한 서비스

① 휠체어, 전동차, 장애 고객용 특장차 서비스

대한항공에서는 휠체어 서비스, 전동차 서비스(인천공항, 김포공항), 장애 고객용 특장차(인천공항, 김포공항, 제주공항) 운영 등을 통해 몸이 불편하신 고객이 좀 더 편리하게 항공기를 이용하실 수 있도록 도와주고 있다. 담당 직원이 탑승수속 카운터부터 출발 탑승구 또는 좌석 착석 시까지 이동을 도와주며, 도착 시에도 좌석 또는 탑승구부터 마중 나온 분이 계신 곳까지 안전히 모시고 있다.

② 기내 전용 휠체어

장거리 구간의 경우는 기내에서도 승무원의 도움을 받아 기내전용 휠체어를 사용할 수 있다. (대한항공 보유 항공기 중 B747, B777, A330)

③ 본인 휠체어 사용 경우

본인의 휠체어를 가지고 여행하시는 경우 항공기 탑승구까지 휠체어를 사용하여 이동하실 수 있다. 고객의 이동시, 좌석 착석 시 직원의 도움을 받을 수 있다. 휠체어는 수하물 칸으로 별도 탑재가 되며 도착지 시 탑승구부터 바로 사용할 수 있도록 휠체어를 다른 수하물보다 고객에 먼저 인도해 준다. 건전지가 부착된 휠체어의 경우는 특별 조치가 필요하오니 예약 시 상담해야 한다. 대한항공에서는 휠체어 또는 장애인이 필요로 하는 다른 종류의 보조 기구는 무료로 운송해 주고 있다.

항공사의 프리미엄 서비스가 진화하고 있다. 차별화된 대우를 받고 싶어 하는 상위층의 욕구와 항공사의 경쟁력이 만난 결과다. 루프트한자 독일항공사의 리무진 서비스는 공항과 도심을 바로 연결해 준다.

제1절 〉 항공운송서비스상품

우리가 공장에서 만드는 것은 화장품이지만, 우리가 가게에서 파는 것은 희망이다.
— 찰스 렙슨(Charles Revson), 레블론(Revlon) 화장품

이 세상의 새로운 것들이란 우리가 이미 알고 있는 것들을 결합한 것에 불과하다.
— 조셉 슘페터(Joseph Schumpeter), 오스트리아 경제학자

마케팅 믹스 계획은 상품(product)으로부터 출발한다. 경쟁자의 상품보다 고객의 욕구를 더 잘 충족시켜줄 수 있는 상품을 차지하고 있다면, 절반은 성공했다고 할 수 있을 정도로 상품은 마케팅 믹스 중에서 중요한 위치를 차지하고 있다.

상품관리의 기본개념 : 고객은 상품을 사는 것이 아니라 편익을 사는 것이다.

고객의 필요나 욕구를 충족시키기 위하여 제공되는 것이라면 무엇이든지 상품이라고 부른다. 상품의 개념을 보다 잘 이해하려면, 다음과 같은 원리들을 알고 있어야 한다.

☎ 제품과 상품의 차이

우선, 제품은 상품 속에 속한다고 생각하면 된다.

제품은 만들어져 있는 사물을 뜻하므로, 제조과정을 거쳐야만 제품이 된다.

상품은 가치가 인정되어 가치를 화폐 또는 그에 상응하는 대가를 치를 수 있는 것을 말한다.

예를 들어, 보험은 상품이지만 제조과정이 없기 때문에 제품은 아니다.

또한, PC는 제조과정을 거쳤으니 제품이면서 가치성이 인정되어, 화폐나 기타 다른 부분으로 가치를 파는 부분이므로 상품이면서 제품이다.

이렇게 제품은 사물이지만 상품은 화폐로 계산되는 모든 재화를 말한다.

서비스도 이에 속한다.

이제 상품과 제품의 차이를 이해했으리라 믿는다.

---

1 항공운송서비스상품의 특성과 구성요소

1) 항공운송서비스상품의 구성요소

서비스산업에서 서비스는 사람이나 시스템을 통해 고객에게 제공되는 상품이다. 이때 중요한 것은 상품이 고객의 전반적인 경험에 기초하여 가격이 정해지고 거래되기 때문에 고객의 관점에서 보면, 서비스란 곧 이를 제공하는 조직과 그 구성원들의 활동과 성과 자체를 의미한다. 서비스 상품은 일반상품과 다른 특성을 지니고 있다.

서비스는 기본적으로 매우 다양한 형태와 특성들을 지니고 있다. 그러나 서비스가 상품으로서 고객들에게 제공되기 위해서는 지원시설, 서비스물품, 내재적 편익, 보조적 편익 등과 같은 공통적인 요소들이 갖추어져야 한다.

이러한 구성요소들은 서비스의 유형과 내용이 다양한 것과 마찬가지로 서비스의 종류에 따라 전부 또는 일부 요소들의 혼합(Service Mix)으로서 소비자에게 제공된다. 그 이유는 서비스 상품이란 서비스 생산자에 의해 소비자에게 제공되는 관련요소들의 집합이기 때문이다. 일반적인 서비스 상품의 구성요소는 [표 7-1]와 같다.

[표 7-1] 항공운송서비스의 구성요소

구성요소	서비스 상품의 구성요소 내용
지원시설 (support facilities)	• 서비스가 제공되기 위해 필요한 시설과 장비 등을 의미함 • 항공사의 경우, 항공기와 예약사무실, 공항 및 보안시설 등을 들 수 있음
서비스 물품 (goods of services)	• 서비스 제공 과정에서 필요한 물품으로 항공사의 경우 연료, 기내식이나 의약품 등이 이에 해당됨
내재적 편익 (internal convenience)	• 핵심적이고 본질적인 서비스의 구성을 구성하는 요소 • 교육기관의 교육 프로그램, 소방서의 출동시간, 레스토랑의 음식수준, 항공사의 경우 항공기 탑승의 안전성과 쾌적성 등이 이에 해당됨
보조적 편익 (supplementary convenience)	• 함축적 서비스로서 소비자가 암묵적으로 인지하거나 서비스의 외재적 특성에 의해 느끼는 편익 • 레스토랑의 인테리어 분위기, 항공사의 경우 승무원의 친절 등 기내 서비스의 수준이 이에 해당됨

2) 항공운송서비스의 특성

항공운송서비스란 항공기를 이용하여 여객과 화물을 출발지에서 최종 목적지까지 이용시키는 상업적 행위를 의미하며, 이와 관련한 항공운송부문의 모든 과정을 서비스 상품으로 판매하는 기업을 항공사라고 한다. 즉, 항공상품은 항공기를 이용하여 여객과 화물을 대상으로 고객이 원하는 두 지점 또는 다 구간 이동 서비스를 제공하는 행위 그 자체를 의미하는 것이다. 이를 더불어 최근에는 여객과 화물의 지점 간 이동 서비스뿐만 아니라 더 나아가 항공여행을 편리하게 수행하는 데 필요한 다양한 여행정보, 기내에서의 안락한 여행에 제공되는 제반 서비스, 여행에 필요한 항공스케줄, 지역정보, 기후 등에 관한 간접 정보까지를 항공상품에 포함하는 것이 추세이다. 이때 이 모든 항공서비스 정보의 가장 기본이 되는 것은 여객을 대상으로 하는 항공 좌석(Seats)과 화물을 실을 수 있는 기내 공간(Space)이라고 할 수 있다.

항공상품은 그 대상에 따라 여객운송서비스와 화물운송서비스로 구분한다. 일반적으로 여객운송서비스는 최초 고객을 직면하는 판매, 예약 서비스와 이를 기반으로 항공권을 발급하는 발권 서비스, 당일 공항에서 고객에게 제공하는 공항 서비스 및 목적지까지 가는 항공기 내에서 이뤄지는 기내 서비스로 구분, 제공된다. 한편 화물운송서비스는 운송대상이 여객이 아닌 화물에 대하여 여객운송서비스와 같은 과정으로 제공되는 일련의 운송서비스를 일컫는다.

한편 항공상품은 일반 재화와는 달리, 일정시점까지 판매되지 못하면 재고로 남는 상품에 대해서 재판매할 수 없는 특성을 갖고 있다. 즉 정해진 스케줄에 맞춰 출발과 동시에 소비행위가 발생하며, 운항 스케줄이라는 무형의 서비스와 여객과 화물을 운송할 수 있는 좌석 및 공간이 결합된 형태로 생산되기 때문에 해당편의 출발시점까지 소비되지 못한 좌석 및 공간은 여분의 상품으로 보관되어 재판매할 수 없다.

항공운송서비스는 여러 가지 복합적인 활동에 의하여 구성되고 시스템에 의해 자동생산 및 판매된다. 항공운송서비스가 고객의 측면에서 보면, 항공사가 판매하는 상품이란 한 장소에서 다른 장소까지 여객이나 화물을 운송하는 제반 활동을 통칭한다.

항공운송서비스가 고객에게 제공되는 과정은 공간적 이동을 위한 시간흐름에 따라 항공기의 운항 전(Pre-Flight) 단계와 운항 중(In-Flight) 단계 그리고 운항 후(Post-Flight)의 단계로 구분할 수 있으며, 각 단계마다 관련 서비스가 제공된다.

이는 곧 항공운송상품이 경험적인 것인 동시에 고객의 욕구에 따라 제공되며, 만족도에 의해 상품의 가치가 결정되는 특성을 지니고 있음을 의미한다. [그림 7-1]은 시간 흐름별로 고객에게 제공되는 상품의 구성요소, 즉 운송서비스의 내용을 나타내고 있다.

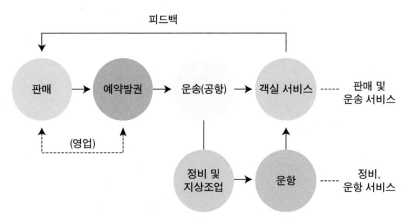

[그림 7-1] 항공운송서비스의 구성흐름도

2 항공운송서비스 상품의 예약/발권

항공운송서비스 상품은 특정 시간대, 요일 혹은 특정 구간 등에 수요가 편중되는 특징이 있다. 항공사로서는 이러한 수요의 편중 현상을 완화하여 수요가 고르게 분포되도록 유도함으로써 가능한 좌석판매율을 극대화하고자 한다. 이를 위하여 각 항공편마다 탑승 거부상황이나 공석의 발생을 최소화함은 물론 항상 예약상황을 철저히 파악하고 관리해야 한다. 그렇지 않으면 상품의 판매 기회를 상실함으로써 수익성이 저하되고, 여행객들은 여유좌석이 있음에도 불구하고 희망하는 항공기의 탑승기회를 잃게 된다. 따라서 이와 관련된 항공좌석관리업무를 통칭하여 항공여객예약 서비스업무라고 한다.

한편, 항공여객발권 서비스업무는 여행자를 직접 상대하는 발권 카운터 서비스로 탑승을 앞둔 고객들과 직접 대면하는 항공사의 영업현장이다. 따라서 발권담당자의 업무능력, 대고객 서비스 태도, 언어, 표정 등은 회사의 이미지로 직결된다. 따라서 항공사의 발권 카운터는 항공사의 상품을 직접 구매하는 장소이기 때문에 그 자체가 하나의 상품요소의 성격을 갖는다. 이러한 특성으로 인해 발권담당자는 서비스의 자세와 항공권을 발행에 따르는 제반규정 및 업무지식을 충분히 갖춰야 한다.

　아울러 고객에게 제공되는 항공권 판매가격(MSP)(Market Sales Price) 설정과 함께 수요의 여행패턴과 성격에 따라 차등가격운영은 항공사의 수익 결정에 있어 중요한 역할을 하므로 경쟁사의 판매 전략과 제 소요비용을 적절히 산정하여 최종 판매가를 결정하는 것은 발전 기능에서 빼 놓을 수 없는 중요한 요소라고 할 수 있다. [그림 7-2]은 항공여객 예약 및 발권 서비스를 세부업무 중심으로 정리한 것이다.

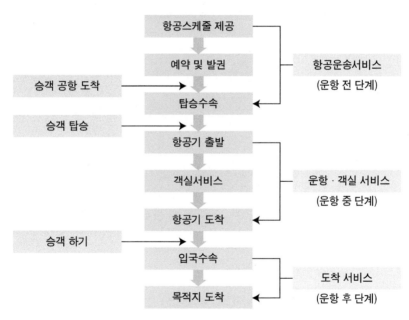

[그림 7-2] 항공승객의 예약/탑승/도착의 서비스 체계

③ 항공사의 고객을 위한 편익서비스 개발

1) 제품과 서비스

오늘날 거의 모든 상품들은 유형적인 요소와 무형적인 요소를 함께 갖고 있다. 단

지 어떤 상품은 유형적인 요소가 무형적인 요소보다 더 많을 뿐이고, 다른 상품은 그 반대로 무형적인 요소가 유형적인 요소보다 더 많을 뿐이다. 흔히 유형적인 상품은 제품이라고 부르고, 무형적인 상품은 서비스라고 부르지만 [그림 7-3]을 보면 실제로 어디까지가 제품이고 어디까지가 서비스인지를 구분하는 것은 쉽지 않다는 것을 알 수 있다.

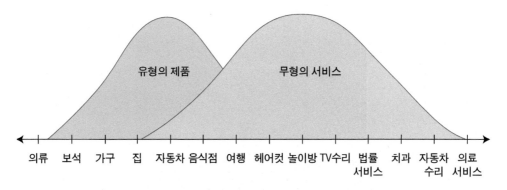

[그림 7-3] 제품과 서비스

예를 들어, 자동차는 흔히 제품이라고 부르지만, 자동차를 구입하는 고객에게는 자동차만 제공되는 것이 아니라 여러 가지 서비스들도 함께 제공되고 있다. A/S, 할부판매, 등록 대행, 중고차 처분 등이 대표적인 예이다. 경우에 따라서는 자동차 그 자체보다도 이러한 서비스들이 경쟁우위의 원천이 되기도 한다.

반대로, 자동차 수리는 흔히 서비스라고 부르지만, 무형적인 수리 서비스보다도 유형적인 요소들, 예를 들어 정비공장의 시설, 작업자들의 복장, 윤활유나 부품 등이 고객에게는 더 중요한 요소가 되기도 한다. 그러므로 이 책에서는 유형적인 제품과 무형적인 서비스를 통틀어 제품이라고 부르기로 한다.

2) 제품의 편익성(便益性)

우리는 '가치'(Value)라는 용어를 배우면서, '편익'(Benefit)이라는 용어에도 접해 본적이 있었다. 편익이란 어떤 상품을 고객이 구입하고 소유하고 사용하면서 얻게 되는 효과를 가리키는 말이다. 예를 들어, 치약으로부터 얻을 수 있는 편익에는 충치예방 편익, 잇몸질환예방 편익 등이 있을 수 있다. 대개 어떤 상품이든지 단 한 가지의 편익만 제공하는 것이 아니라, 여러 개의 편익들을 동시에 제공하기 때문에, 상품은 편익의 묶음이라고 볼 수 있다.

상품을 편익의 묶음으로 보는 것이 중요한 이유는 이것이 바로 고객의 관점에서 보는 것이기 때문이다. 생산자의 관점에서 상품은 단지 상품일 뿐이다. 예를 들어, 생산자의 관점에서 치약을 보면 , 불소인산나트륨, 불화나트륨, 이산화규소, 민트향 등이 배합되어 플라스틱 튜브 안에 들어가 있는 상품이지만, 고객의 관점에서는 이 치약이 자기가 원하는 편익을 얼마나 많이 제공해 주는지가 더 중요하다.

상품을 편익의 묶음으로 보는 것이 중요하다는 것을 이해하였으면, 편익에는 기능적 편익, 심리적 편익, 그리고 사회적 편익의 세 가지 종류가 있다는 것을 알아야 한다.

치약의 충치예방 편익처럼 상품이 직접적으로 제공해주는 편익은 기능적 편익(Functional Benefit)이라고 부른다. 목적지까지의 이동을 위해 단순하게 항공운송이라는 교통편에 초점을 두고서 여행이 이루어 졌다면 항공사의 기능적 편익으로 생각할 수 있을 것이다.

상품을 구입, 소유, 사용하면서 얻는 심리적인 만족감을 심리적 편익(Psychological Benefit)이라고 부른다. 예를 들어, 화장품을 쓰면서 얻게 되는 보습효과나 자외선 차단 효과는 기능적인 편익이지만, '이 화장품은 세계적인 모델들이 쓰는 유명 브랜드이니까 나도 그렇게 아름다워질 수 있겠지.'라는 희망을 갖게 된다면 이것은 심리적인 편익에 해당된다. 항공여행이 가족의 행복을 가져다준다고 믿는 것은 심리적 편익에 해당될 것이다.

사회적 편익(Social Benefit)은 다른 사람들에게 '나는 이런 사람이야'라고 자신의 개성을 표현하면서 얻게 되는 편익을 가리킨다. 예를 들어, 대한항공 프레스티지 클래스를 탑승하면서 자신의 사회적 위치를 다른 사람들에게 보여주는 편익이 사회적 편익에 해당된다.

[그림 7-4]

장거리 여행에서 퍼스트클래스가 더욱 빛을 발하는 이유. 엔터테인먼트 프로그램인 '루프트한자 미디어 월드' 덕분이다. 영화와 TV는 물론, 최신 뉴스, 스포츠 하이라이트, 오디오북과 다양한 CD, 그리고 30여 개의 라디오 채널 등 오디오 프로그램을 준비했다. 총 8개 언어로 제공한다. 버튼 하나로 2m 길이의 침대로 변하는 좌석. 루프트한자 퍼스트클래스 탑승객이 누리는 특권이다. 그 위에는 고급 침구와 파자마가 놓여 있다. 아무리 좌석이 여유가 있어도 옷과 침구가 불편하면 편안한 잠자리가 될 수 없다는 생각에서다. 파자마는 '반 락크' 제품이다. 파자마뿐만이 아니다. 루프트한자 어메니티 키트(Amenity Kit)는 여행을 자주 하는 이들 사이에서 소장할 가치가 있다고 평가된다. 최근 업데이트된 퍼스트클래스 어메니티 키트에는 독일의 대표적인 스킨케어 브랜드인 '라 메르'를 추가했다. 파우치는 '보그너'에 의뢰해 제작했다.

제2절 항공운송상품의 구성

"항공사가 제공하는 상품은 크게 핵심상품(Core Product), 유형상품(Tangible Product), 부가상품(Augmented Product)이 있다."

1 항공운송상품의 3대 구성요소

항공사가 제공하는 상품은 크게 핵심상품(Core Product), 유형상품(Tangible Product), 부가상품(Augmented Product)이 있다. 핵심상품은 항공사가 제공하는 교통이다. 이것은 항공사의 첫 번째 기능이며 핵심적인 상품의 성격이다. 유형상품은 승객들이 직접 제공받는 총체적인 서비스를 의미한다. 부가상품은 항공사들이 차별화된 서비스를 제공하기 위한 여러 가지 추가적인 서비스 혹은 프로그램이다.

핵심상품은 상품이 제공하는 가장 기본적인 목적 또는 효용과 관련이 있다. 항공사의 핵심상품은 바로 승객(Passenger)의 운송(Transport)또는 화물(Cargo)의 운송을 들 수 있다.즉, 상품이 제공하는 하드웨어를 의미한다하겠다.

유형상품은 핵심상품의 기능 및 효용과 관련된 것으로 승객의 구매행동에 직접적인 영향을 미치는 요소들로 구성되어 있다.

- 항공사명(Airlines Name)
- 항공권(Tickets)
- 체크인(Fast Check In/Out)
- 귀빈실(Executive Lounge)
- 기내식(Food and Drink Quality)
- 기내오락(Movie Etc)

부가상품은 승객들의 상품에 대한 매력을 증가시켜주거나 신뢰를 구축시키는 요소들로 구성되어 있다. 항공상품을 비롯한 관광상품은 유사성을 띄고 있기 때문에 차별화하기가 힘들다. 따라서 많은 항공사들이 부가상품 또는 부가서비스를 제공하여 차별화를 시도하고 있다. 항공사의 부가상품의 예는 다음과 같다.

- 상용고객프로그램(Frequent Flyer Programme)
- 셔틀서비스(Shutter to Airport)
- 기내전화 · 화상회의서비스(Teleconferencing)
- 호텔연계할인제도(Hotel Add-On to Flight)
- 추가마일리지 제도(Mileage Offer)

제품과 서비스란 고객이 인지하는 유형 혹은 무형의 편익을 의미한다. 이러한 편익의 관리에 있어서 기본적으로 고려되어지는 사항들 중 많은 부분이 제품관리와 서비스관리의 양자에 모두 동일하게 적용된다. 마케팅관리자는 제품관리이든 서비스관리이든지간에 자신의 의사결정에 있어서의 개념전달활동과 운영활동의 의미를 고려하여야 한다.

1) 제품믹스의 구성요소

제품믹스는 제품디자인, 제품기능, 브랜드명(상표명), 로고, 포장 그리고 제품관련 서비스특성(포괄제품 특성)으로 구성된다. 이들 구성요소들 중 제품디자인과 포장은 각각 하위구성요소들을 지니며, 이는 다시 제품디자인 믹스와 포장믹스를 구성한다.

제품믹스는 일관성을 유지하기 위한 하양식 진행과정과 보완성을 얻기 위한 상향식 진행과정을 밟음으로써 결정된다. 일관성의 원칙 하에서 제품개념은 제품믹스의 각 구성요소들이 동일하게 될 수 있는 방향을 제시한다. 동시에 제품믹스의 각 구성요소들과 하위구성요소들은 보완성의 원칙에 따라서 결정되어야 한다.

비록 일관성이 어느 정도의 보완성을 의미한다고 볼 수 있지만, 일관성과 보완성이 항상 동시에 발생한다고는 볼 수 없다.

(1) 제품 디자인

모든 제품이나 서비스는 기술적(記述的) 차원을 가진다. 제품 차원은 색, 크기, 형태, 재료, 그리고 무게를 포함한다. 서비스 차원은 판매자의 예절, 서비스 제공 분위기, 그리고 교육이나 훈련증명서와 같이 전문성을 나타내는 다양한 단서들을 포함한다. 각 차원들은 결합되는 방식에 따라서 기능적/심리적으로 매우 상이한 의미를 전달할 수 있다. 이러한 차원들의 결합이 제품디자인 믹스를 구성한다.

(2) 제품기능

마케팅관리자는 고객의 관점에서 중요한 제품기능상의 필요요소가 무엇인지를 이해하여야 한다. 동시에 마케팅부서 뿐만 아니라 생산부서나 연구개발부서와 같은 타부서들도 또한 고객 관점에서 제품기능상의 필요요소가 무엇인지를 이해하여야 한다. 왜냐하면 이들 부서들도 제품이 고객의 욕구를 만족시키거나 특별한 용도에 적합하도록 하는데 커다란 영향력을 지니고 있기 때문이다. 특정 제품개념의 위상에 적합한 제품디자인은 컨조인트 분석기법을 통해 파악할 수 있다. 이러한 기법을 통하여 제품을 설계함으로써 제품개념(그의 위상과 함께)과 일치할 가능성이 커지며 제품가치를 증대시킬 가능성도 커진다.

(3) 브랜드명(Brand Name)

브랜드명은 ① 제품개념을 전달하며, ② 제조업자, 소매업자, 고객, 그리고 기타 대중에 의한 제품 확인의 수단으로서, 그리고 ③ 제품의 법적인 보호를 위해 중요하다. 많은 성공적인 브랜드명들은 제품개념을 명확히 전달하며 고객이 제품을 쉽게 찾을 수 있게 한다.

(4) 로고

브랜드명과 마찬가지로 로고도 제품개념을 전달한다. 잘 알려진 제품에 사용된 심볼은 그것이 제품과 연관된 심리적 암시작용을 불러일으킨다는 점에서 유용하다.

때때로 로고 혹은 상표마크는 고객이 제품을 확인하는 것을 돕고, 그렇게 함으로써 지각적 장애를 제거하는데 도움을 준다.

(5) 등록상표

등록상표는 다른 제품과 자신을 구별시키는 이외에 제품의 개념을 전달하는 효과적인 수단이며, 그렇게 함으로써 지각상의 장애를 제거하는 법적인 방어책이 된다. 상표명과 같이, 등록상표는 제품개념의 전달에 유용할 뿐만 아니라 시각적인 차이가 나게 한다. 심볼(로고)은 상표명과 따로 혹은 병행하여 등록상표로 사용될 수 있다.

상징적 의사소통과 제품 확인에 있어서의 등록상표의 중요성은 로고와 등록상표를 회사의 소리 없는 판매원으로 만든다.

(6) 포장

포장은 종종 판매증진뿐만 아니라 다른 중요한 영업활동의 수행을 용이하게 한다. 또한 포장은 개념전달 활동에서도 중요하다. 예컨대, 포장은 상징적인 제품개념을 전달하기 위해서 상징적인 면을 강조하기도 한다.

(7) 제품관련 서비스 특성(포괄제품특성)

기본적 제품, 그것의 기능, 그리고 포장은 제품 전체의 한 구성요소들이다. 포괄제품은 이러한 제품구성요소들을 넘어서는 것이다. 포괄제품은 반품, 보증, 배달서비스와 제품구매상의 스케줄, 신용조건, 그리고 사후 서비스 등을 포함한다. 이러한 요소들은 모두 공급자와 고객 간의 소유상의 장애를 제거하는 데 중요한 것이다. 또한 제품개념을 전달하는 것도 중요하다. 장기제품보증은 우월한 제품기능과 품질을 전달하는 효과적인 수단의 하나이다.

2) 제품믹스의 개발

제품믹스의 각 구성요소들은 제품개념을 전달하는 데 기여하여야 한다. 또한 각 구성요소들은 거래상의 장애를 제거하는 특정한 기능을 수행하여야 한다. 특히, 상표명은 쉽게 기억되어지고, 로고와 등록상표는 타 상표와의 구별을 용이하게 해 주며, 그렇게 함으로써 지각상의 장애를 감소시켜 주어야 한다. 포장은 제품 내용물의 보호와 취급과 저장을 용이하게 할 뿐만 아니라 제품을 타제품과 효과적으로 구별시켜야 한다. 포괄제품 특성은 소유상의 장애와 관련된 필요한 보장(혹은 보증)과 구매 후 서비스(설치와 배달)를 제공하여야 한다.

개념전달활동과 운영활동 간의 긍정적인 시너지를 창출할 수 있는 제품믹스를 개발하는 것은 매우 어렵다. 마케팅관리자에게 유용한 것으로 증명된 의사결정과정 중의 하나는 각 믹스 구성요소들에 대한 다양한 대안들의 시너지의 정도를 평가하고 그 평가치를 기록하는 것이다. 관리자는 먼저 각 제품믹스 구성요소들의 대안들을 세분화하여야 한다.

그 후 각 대안들은 거래장애를 제거할 수 있는가와 제품개념과 일관되는가 하는 관점에서 평가되어야 한다. 그리고 일관성의 점수가 기록된다. 하향식 진행과정에서, Top(제품믹스)에서 Bottom(제품디자인믹스와 포장믹스)까지의 제품믹스상의 모든 구성요소들이 일관성의 원리에 일치하여야 한다. 다음으로 각 제품믹스 구성요소들은 다른 구성요소들과 보완성의 관점에서 평가되어야 한다. 이것은 Bottom으로부터 시작하여 믹스의 Top수준(상향식 진행과정)으로 나아가면서 각 구성요소들의 각 대안들에 대한 평가를 요구한다.

만약 구성요소들이 제품믹스의 낮은 수준에서 보완적이지 않는다면 제품믹스의 보다 높은 수준에서의 보완성은 기대할 수가 없다. 만약 긍정적인 평가가 이루어지지 않는다면, 이 과정을 더 진행시킨다는 것은 무의미하다. 마케팅믹스의 개념전달

활동과 운영활동에 모두 적용되어질 때, 긍정적 시너지의 손실 없이 믹스 대안들을
제거할 수가 있다. 최대의 긍정적 시너지를 제공하는 믹스의 선정기준은 아직 없다.
그러나 이 과정은 바람직한 믹스를 선택할 가능성을 높여 준다.

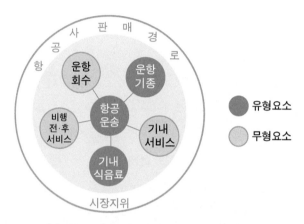

[그림 7-5] Molecular Structure Model

〈출처〉 G.L.Shostack, "Breaking Free from Product Marketing, "*Journal of Marketing,
Vol. 41, No.2, (April 1977, AMA), p.76*

3) 서비스믹스의 개발

서비스가 우리 경제에 있어서 점차 중요한 역할을 담당하게 됨에 따라 어떠한 방
식으로 서비스믹스가 혼합되어야 하는지가 중요하게 되었다. 서비스는 몇 가지 차
원에서 제품과 다르다. 첫째, 서비스는 무형이다. 서비스를 소비하는 경험이 비록
상당히 시각적(예, 극장), 촉감적(예, 물리치료), 그리고 다른 감각적 차원을 지닌다
고 할지라도, 전통적인 관점 하에서는 쉽게 볼 수도, 맛볼 수도, 혹은 만질 수도 없
다. 또한 물리적 의미에서의 특정한 디자인, 포장, 그리고 기능적 수행들도 명백하
지가 않다.

제품마케팅과 서비스마케팅간의 흥미 있는 두 번째 차이점은 고객이 제품 혹은

서비스의 실제적인 준비에 관여하는 정도의 차이이다. 고객은 종종 제품의 준비보다는 서비스의 준비에 보다 많이 관여한다. 다른 말로 하면, 제품에 비하여 서비스의 소비가 그 편익을 얻기 위해서 고객의 보다 적극적인 참여를 필요로 한다는 것이다. 예를 들면, 물리치료 서비스에는 동일한 편익을 제공하는 근육이완제의 섭취보다는 더 많은 고객의 참여가 필요하다. 이 점이 "제품"디자인상의 중요한 고려사항이다.

서비스의 제공에 있어서 고객의 상당한 참여를 필요로 하는 것으로는 간이레스토랑에서의 식사, 호텔과 모텔에서의 간식과 음료서비스, 그리고 공항에서의 소화물 서비스 등이 있다. 서비스를 설계하는데 있어서, 각 고객들이 서비스 제조과정에 참여하는데 대하여 어떠한 선호의 차이를 보이며, 특정한 변수들이 어떠한 상황 하에서 중요 한가 – 예를 들면, 웨이터와 대인접촉, 공항에서의 수화물 대기시간, 혹은 가스펌프상의 잘못이 발생하였을 때의 위험 정도가 얼마나 중요한가 – 등과 같은 요소들이 주의 깊게 고려되어야 한다.

- ● **고정적 상품요소 :** – Cabin space
  – Operation Schedule
  – Aircraft type 등

- ● **유동적 상품요소 :** – Reservation & Airline's ticket
  – Issuance Cabin Service
  – Baggage Delivery Service

[그림 7-6] 항공상품과 서비스

4) 항공상품 수명주기[13]

관광상품 특히 항공사의 상품 역시 사람의 일생처럼 유한한 수명을 가지고 있다. 항공상품의 수명주기를 수요와 공급의 시각에서 해석하면 다섯 단계를 거친다. 항공상품은 시장개발 및 상품소개를 시작으로 급격한 판매성장, 경쟁, 시장포화를 거쳐 상품의 쇠퇴기에 이르게 된다.

예를 들면, 새로운 관광지가 관광객에게 알려지고 점차 인기가 생겨서 관광객을 증가시키고, 궁극적으로 관광지로서의 매력을 잃어버리기까지의 과정이다.

이러한 상황을 도입기, 성장기, 쇠퇴기, 퇴출 및 신상품 개발로 나누어 설명할 수 있다.

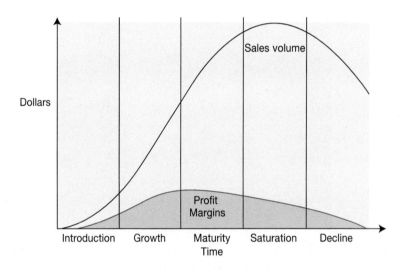

[그림 7-7] 항공사 신규노선에 대한 상품수명주기(Product Life Cycle : PLC)

---

13 신현주 외 옮김, 관광학원론, 세종연구원, 1996, pp. 450~452.

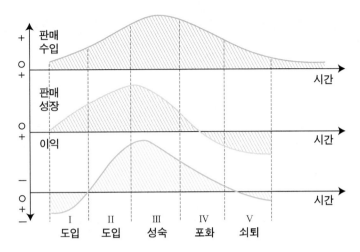

[그림 7-8] 항공사 신규노선에 대한 상품수명주기(Product Life Cycle : PLC)

제3절 〉 항공운송상품의 포트폴리오 분석과 관리

"항공사는 결국 공간(space)을 관리 판매하는 기업이다."

1 BCG 메트릭스를 통한 항공사 전략수립

항공사는 결국 공간(Space)을 관리 판매하는 기업이다. 항공사는 한 가지 서비스에만 과도하게 집중하면 위험하므로 많은 서비스 상품을 취급하게 된다. 따라서 항공사 이익을 최대화하는 데 기여할 수 상품의사결정에 도움이 될 프레임이 필요하다. 특히, 항공사의 노선개발과 신규노선의 개설에 다른 시장분석에 활용할 수 있다. 이때 미국의 보스톤 컨설팅회사(Boston Consulting Group)가 개발한 상품포트폴리오 분석방법이 유용하다.

Star	Problem Child (Question Mark)
유지전략(Hold) 육성전략(Build)	육성전략(Build) 수확전략(Harvest) 철수전략(Divest)
유지전략(Hold)	수확전략(Harvest) 철수전략(Divest)
Cash Cow	Dog

시장성장률

시장점유율

[그림 7-8] BCG 매트릭스에 근거한 전략수립

[그림 7-9] BCG 매트릭스에 의한 시장분석

BCG 매트릭스 상의 전략적 선택은 다음과 같이 할 수 있다.

- 기존 사업단위에 대한 전략(기존 항공노선에 따른 분석)
  - 유지전략(Hold) : 현재의 시장 점유율 유지
  - 육성전략(Build) : 현재의 시장 점유율 보다 높게끔 육성
  - 수확전략(Harvest) : 더 이상의 투자 없이 수확을 통하여 점차 비중을 낮춰감
  - 철수전략(Divest) : 매각

  참고로, 기존 사업이 아닌 신규로 고려중인 사업일 경우 아래와 같은 전략을 취할 수 있다.

- 신규로 고려중인 사업단위(신규취항 노선에 따른 분석)
  - 개발전략(Develop)
  - 인수전략(Acquisition)

1) 물음표(Question Mark) 상품

의문표의 상품은 시장점유율은 낮지만 전반적으로 시장에서 높은 성장률을 가진다. 이들은 시장점유율의 증가는 고사하고 유지하는 데에도 많은 현금이 필요하다. 따라서 경영자는 어느 '의문표' 상품을 '별'로 키워야 할 것인가 또는 철수해야 할 것인가를 신중히 판단해야 한다. 그러나 투자를 적절히 하고 이를 잘 관리하면 전체시장을 확대시켜 이익을 창출할 수도 있는데 이때 마케팅믹스를 잘 활용해야 한다. / 투자는 상품전문화에 집중하고 광고와 촉진활동은 시장점유를 높이기 위한 것이어야 하고 저가격정책이 효과적이다. 경쟁적인 가격정책이 실행된 후에는 유통경로의 중간상들에게 추가수수료를 지급하는 등 판매 장려책도 사용해야 한다.

항공사경영에서 이러한 상황은 항공노선에서 쉽게 발견할 수 있고, 많은 항공사들은 인내와 지속적인 투자로 이를 견뎌 나가고 있다. 그것은 단기간의 처방으로는

시장을 잃을 수도 있으며, 만약 이 의문시되는 노선의 성장가능성이 크다면 이 시장손실도 보상받을 수 있기 때문이다. 따라서 항공사로서는 의문시되는 항공노선을 철수하는 문제에 신중해야 한다. 항공노선을 철수하는 항공사는 자항공사의 위상과 정부의 항공노선 배정 그리고 향후 철수 노선에 다시 참여하려 할 때 많은 어려움을 각오해야 한다.

2) 별(Star) 상품

항공사에서 별은 높은 성장률과 높은 점유율을 가진 항공운송서비스를 말한다. 따라서 이 항공운송서비스는 항공사의 중요한 이익원천이므로 집중적인 관리가 요구된다. 그것은 전체시장에서 이 항공운송서비스가 급성장하면 새로운 경쟁자가 진입할 것이기 때문이다. 따라서 기존항공사는 이 지위를 계속유지하기 위해 많은 투자를 해야 하고 광고와 촉진활동 노력을 지속해야 한다. 따라서 항공요금 수준은 이익마진(Profit Margins)을 확보할 수준까지 내려가므로 판매량에 비해 이익은 하한선을 유지할 정도로 낮아진다.

이 예는 원가우위전략 항공사에서 쉽게 발견된다. 항공시장 규모는 급속히 늘어나지만 원가우위전략을 추구하는 항공사도 증가하고 있어 이익마진은 낮은 단계에 머무를 수밖에 없는 경우이다. 이 별에 속하는 항공운송서비스는 언젠가는 시장점유율이 낮아져 자금젖소(cash cows)로 이동하게 된다.

3) 자금젖소(Cash Cow) 상품

항공사에서 이 운송 상품은 시장점유율은 높지만 상대적인 시장점유율은 더 이상 증가하지 않은 것을 의미한다. 따라서 젖소가 앞의 별과 다른 점은 이 젖소시장이 매력이 없어 신규항공사가 참여를 꺼린다는 점이다. 따라서 기반을 구축한 항공사들은 이 항공운송서비스의 시장점유율의 유지를 위해 거의 투자를 하지 않는다. 그러나 항공사 중 이 분야에 참여하려는 항공사는 치열하게 도전을 해야 하므로 많은 투자가 필요하다. 이처럼 신규시장에 참여하려면 많은 투자를 요하고, 특히 성장세가 멈춘 시장에서는 더욱 그렇다.

　계속 성장추세에 있는 항공시장에 새로운 시장 확보 또는 기존항공사의 고객을 자사로 유치할 수 있을 것이라 희망하지만 시장성장세가 정체되어 있으면 그럴 가능성은 없다. 이런 상황에서도 신규진입항공사가 성공하려면 기존항공사의 시장점유를 확보해 와야 하는데,. 이럴 때에는 비용도 많이 들지만 위험도 있다. 그것은 기존항공사는 이 자금젖소가 중요한 이익원천이므로 신규진입항공사의 활동들을 수수방관하지 않을 것이기 때문이다. 이 자금젖소가 이익 확보 또는 창출의 원천이긴 하지만 시장성장률이 낮아 그 기회가 오래 지속될 수 없을 수도 있다는 것이 문제점이다.

　항공사에 있어 이 자금젖소는 미래에 성장가능성이 낮은 항공노선에서 언제든지 나타날 수 있다. 이것의 대표적 예가 영국 히스로(Heathrow)공항과 프랑스 파리(Paris)공항 간의 항공노선이다. 이 노선은 양국을 잇는 대서양터널이 개통되기 전까지는 황금노선이었지만 터널개통으로 상황은 일변했다. 과거 항공이용객들이 터널을 통과하는 육상교통으로 많이 이동함에 따라 성장이 주춤한 상황에 있다. 이런 상황에서 이 노선에 참여하려는 항공사가 있다면 어리석은 것이다. 따라서 도전항공사가 별로 없는 상태에서 기존항공사들이 수요확보를 위한 전략을 실천했지만 육상교통의 이용이 효과적이라는 인식이 널리 퍼지자 이 노선은 이익을 창출하는 자금젖소에서 다음 단계인 개(Dogs)로 이전하였다.

4) 개(Dog) 상품

　이것은 항공사의 항공운송서비스가 낮은 성장률과 낮은 점유율에 처하는 경우이다. 비록 이 경우는 항공운송서비스를 유지하는 데 소요되는 충분한 수입을 창출할지는 모르나 보다 큰 수익원천이 될 전망은 없다. 따라서 항공운송서비스가 이 상황에 처하면 그것을 유지할지 철수할지 또는 시장점유율의 제고를 위해 개선을 해야 할 것인지 등을 결정해야 한다.

　항공사에서 이것의 예는 항공노선의 철수 결정이다. 모든 항공사는 자사의 운항

노선에 대한 여객과 화물운송 상황을 주기적으로 확인하는데 운송수요가 증가하지 않고 자사의 시장점유율도 낮아 손실이 발생한다면 해당 노선의 운항을 중단하고 보다 가능성이 높은 노선으로 자원을 배분하는 경우이다.

이상과 같이 네 가지 상황이 분류되면 항공사는 어떻게 미래에 대처해야 할 것인가를 결정해야 한다. 네 가지의 대안적 전략 중 한 전략이 추구될 수 있다.

첫째, 구축(Build) 혹은 육성전략이다. 이것은 항공사가 시장점유율을 높이기 위해 많은 투자를 하는 것이다.

둘째, 유지(Hold)전략으로 이는 현재수준에서 항공사가 시장점유율을 유지할 수 있도록 투자를 하는 것이다.

셋째, 수확(Harvest)전략이다. 이 전략의 목적은 장기적인 효과에 관계없이 특정한 항공운송서비스에 거의 투자를 하지 않음으로써 단기적인 현금흐름을 증가시키는 것이다.

넷째, 철수(Divest)전략은 자금을 다른 항공운송서비스의 도입과 운영에 사용하도록 할당하면서 기존서비스를 철수하는 것이다.

2 항공운송상품포트폴리오 분석의 한계점과 유리점

이처럼 BCG 방법은 항공사의 전략적 계획수립에 큰 변화를 가져오게 했지만 이 방법들을 실행하기 어렵고 시간이 많이 소요되며 실행에 많은 돈이 필요하다는 한계가 있다. 또한 항공사경영자들이 시장점유율과 시장성장률을 측정하는 데 많은 어려움이 있다. 뿐만 아니라 BCG 방법은 시장점유율을 높이거나 새로운 매력적인 시장에 진출하여 성장하는 방법만을 지나치게 강조하는 단점도 있다.

이러한 한계점과 문제점에도 불구하고 많은 항공사들은 그들의 상황에 보다 적합한 특유의 방법을 동원하여 전략계획을 수립하고 있다.

이처럼 BCG 분석이 최선의 전략을 위한 만병통치약 같은 방법은 아닐지라도 항공사들은 이 방법을 통해서 항공사의 전반적인 상황을 이해할 수 있고 어떤 항공운송서비스가 얼마나 공헌하는가를 평가할 수 있으며 보다 적절한 자원할당방법과 미래의 성공을 위해 항공사가 지향해야 할 방향을 잘 이해할 수 있다.

　항공운송서비스는 시간이 지남에 따라 시장-점유율 매트릭스에서 그 위치가 변한다. 그것은 항공운송서비스가 생명주기를 갖기 때문이다. 많은 항공운송서비스들은 '의문표'에서 시작해서 성공하면 '별'이 되고 후에 시장점유율이 떨어짐에 따라 '자금젖소'가 되었다가 결국에는 수명주기의 끝인 '개'가 되거나 폐기된다. 따라서 항공사는 고객욕구를 충족시킬 신규서비스를 부단히 개발·도입해서 그중 어떤 것이 '별'이 되었다가 후에 다른 서비스에도 지원을 할 수 있는 '자금젖소'가 되도록 해야 한다.

3 항공운송상품의 위험과 기회의 균형잡기

　항공사는 현재의 서비스를 평가하는 것 이상으로 사업포트폴리오 설계 시에는 항공사가 고려해야 할 미래사업과 서비스를 발견하고 규명하는 일이 중요하다. 항공사들이 효과적으로 경쟁하기 위해서, 이해관계자들을 만족시키며 또한 최상의 직원을 불러들이기 위해, 성장은 필요하다.

　마케팅은 항공사가 수익성을 창출할 수 있는, 그리고 성장하도록 해야 하는 중요한 책임을 맡고 있다. 즉 마케팅은 시장기회를 확인·평가하고 선정해야 하며 시장기회를 장악할 수 있는 전략을 수립해야 한다.

　이러한 성장기회를 추구하기 위해 필요한 도구가 [표 7-1]의 제품/시장 확장 그리드이다. 이 그림을 항공사의 사례를 들어 설명한다.

[표 7-1] Ansoff(앤소프)의 제품/시장 확장 그리드를 이용한 시장기회 확인

제품＼시장	기존	새로운
기존	시장 침투 전략	제품 개발 전략
새로운	시장 개발 전략	다각화 전략

Ansoff(앤소프): "경영전략이란 경영 목표를 달성하기 위한 의사 결정을 내는 지침이라 하고 각종 의사 결정은 기회주의적 요인에 의한 수단선택의 성격을 갖는 것" 이라고 정의했다.

Ansoff(앤소프)는 제품 시장 전략이라는 한정된 경영전략을 중심으로 다음과 같이 분류하고 있다.

① 제품시장 분야: 기업의 제품시장 지위 (position)가 어느 업종의 것인가?
② 성장 벡터(Vector): 기업이 자기의 제품, 시장분야에서 어떠한 방향으로 나아가려는 변화 축
③ 경제상의 이점: 시장분야와 성장 벡터에 의하여 정해진 영역 내에서 기업 경제상의 특성
④ 시너지(synergy): 1+1=2 이상 되는 것과 같은 상승(누적)효과를 지님

첫째, 항공사경영자는 시장침투전략(Market Penetration)을 사용할 수 있다.

이때에는 항공사가 지금 고객들에게 제공하고 있는 항공운송서비스를 변경하지 않고 기존고객들이 보다 많이 이용할 수 있는 방법을 생각해야 한다. 신규시장에 새로 진입하는 항공사는 초창기에 시장점유율을 어느 정도 확보해야 하므로 저렴한 항공요금을 적용하거나 계절별 촉진요금을 제시하여 고객들의 여행기회를 확대시키는 방안들이 검토될 수 있다.

둘째, 기존서비스를 이용할 새로운 시장을 확인하여 개발하려는 시장개발전략 (Market Development)이다. 예를 들어 항공사경영자는 고령화 추세의 진전으로 노인인구가 증가하고 있는 사실에 주목하여 이들을 중요한 미래시장으로 삼을 방안을 구상하거나 항공시장이 성장하고 있는 시장을 잇는 항공노선의 개설 그리고 신규시장으로 등장한 인터넷 세대를 위한 홈페이지의 운영과 인터넷 판매 강화 등이 고려될 수 있다.

셋째, 기존항공시장에다 신규서비스를 제공하는 상품개발(Product Development)이다. 이것에는 비행 중에 여객이 지상과 교신할 수 있는 장치인 기존의 기내전화기

대신에 여객들의 휴대전화로 통화할 수 있는 시스템을 개발한 경우 등이 해당된다.

넷째, 다각화(Diversification)이다. 이것은 기존의 서비스나 항공시장과는 완전히 다른 새로운 사업을 시작하거나 인수하는 전략이다. 예로서 항공사는 항공운송서비스의 제공이 본업이지만 기내식 가공업인 케이터링(Catering) 사업에 진출하거나 여행객들이 머물 호텔업 등에 진출하는 것이 여기에 해당된다.

Airline Insight 항공사의 경영전략

메트릭스 분석(Matrix Analysis)이란?

BCG매트릭스는 경영전략 수립에 있어 기본적인 분석도구인 사업포트폴리오 분석기법입니다. 기업 외적인 요인인 시장의 성장율과 기업 내적인 요인인 상대적 시장 점유율의 관계에 의해서 각 사업부들을 평가하고 전략을 제시해주는 방법론입니다.

우리가 현재 근무하는 직장이나 운영하는 사업체를 한번 생각해 봅시다. 예를 들어 의류를 생산하는 기업이라고 할 때 회사에서 생산하고 운영하는 브랜드는 연령별, 성별, 계절별 등의 요인으로 다양한 제품을 판매하고 운영하고 있을 것입니다. 하지만 생산하고 판매하는 모든 의류가 다 현재 수익을 내고 있는 것은 아니겠죠. 어떤 브랜드제품은 잘 팔리고 향후에도 성장 가능성이 있는 게 있겠지만, 어떤 브랜드는 시장에서 잘 먹히지도 않고 향후 성장가능성도 적은 제품이 있을 것입니다. 이러한 사업부문별로 가지는 특성을 고려하여 사업전략을 수립하기 위해 시장성장률과 상대적 시장점유율에 의해 4가지로 분류하여 평가하고 전략을 수립하는 방법이 BCG매트릭스입니다.

BCG매트릭스는 크게 4가지로 나눕니다. 의문부호(Question Mark), 스타(Star), 황금젖소(Cash Cow), 개(Dog)가 그것인데, 각 분류별로 살펴보겠습니다.

첫째, 의문부호(Question Mark)는 고성장과 저점유율을 점하는 사업 군입니다. 성공하면 큰 수익을 올릴 수 있을 것이나, 실패하면 큰 손실이 발생할 수도 있죠. 이는 점유율 확대가 가장 큰 관건이 됩니다. 투자를 통해서 점유율을 확대할 가능성이 높은 제품을 선별하여 투자하는 것이 필요합니다.

둘째, 스타(Star)는 고성장 고점유율을 점하는 제품들로서 많은 수익 창출이 나오기는 하지만 동시에 빠른 성장을 위해서 추가적인 자금투자가 필요한 사업 군입니다.

셋째, 황금젖소(Cash Cow)는 저성장 고점유율 제품으로써 이미 안정된 시장에서 선도적 위치를 차지하는 제품군입니다. 추가적인 투자는 필요하지 않은 상태이므로 순 현금을 많이 창출하여 의문부호나 스타 사업에 지원하는 사업 군입니다.

넷째, 개(Dogs)는 저성장 저점유율 제품들로써 시장이 위축되고 큰 수익이 기대되지 못하는 제품들입니다. 자체 사업을 유지하기 위한 자금은 창출 가능할 수 있으나 적절한 시기에 철수하는 것이 필요한 사업 군이기도 합니다.

각 분류별로 어떤 관리전략을 펼쳐야 하는지를 나타내는 것입니다.

육성전략은 시장위치를 육성하거나 개선하고자 하는 목적으로 단기적 수익을 포기하고 보통 스타제품이나 경쟁력 있는 의문부호 제품에 투자하는 전략입니다.

유지전략은 현재의 시장 지위를 유지하는 수준에서 투자/현금흐름을 창출하는 황금젖소 제품에 적합한 전략입니다.

수확전략은 장래가 어두운 황금젖소 제품군처럼 투자를 하지 않고 단기적인 현금흐름을 추구하는 전략입니다.

회수전략은 보다 유망한 사업을 위해 투자를 회수하거나 매각 또는 청산하는 전략으로 개 사업이나 의문부호 사업에서 선별적으로 적용하는 전략입니다.

〈출처〉 (경영지도사) 마케팅관리론 – BCG매트릭스작성자 안시헌 경영컨설턴트

01 오늘날 거의 모든 상품들은 유형적인 요소와 무형적인 요소를 함께 갖고 있다. 유무형의 요소를 동시에 가지고 있는 상품과 기업군을 설명하시오.

02 제품의 편익성을 3가지로 구분하여 설명하시오

03 확장된 마케팅믹스의 구성요소 7가지를 설명하시오.

04 제품마케팅과 서비스마케팅간의 흥미 있는 차이점은 무엇인가?

파생되는 질문과 중요 이슈

01 이 계층 사람들은 자신의 자질을 최대한 발휘하며 자아 실현적이고
자아 표현주의적(Self-Expressive)일 뿐만 아니라 모든 분야에 해박한
지식소유자들이다. 이 계층의 특징을 설명하시오.

02 라이프스타일에 따른 여행습관을 설명하시오.

03 소속지향계층과 자아확신계층을 포괄하는 마케팅 계획의 실천방향은?

■ 신현주 외 옮김, 관광학원론, 세종연구원, 1996.

■ 안영면 · 박중환 · 김재원, 관광소비자 행동론, 동아대학교 출판부, 2008.

■ 정익준, 항공사경영론, 학현사, 2012.

■ 최태광, 관광마케팅, 백산출판사 2008.

■ Arnold Mitchell, The Nine Lifestyles, Macmillan Publishing company, 1983.

■ Berkman H. W. C. C. Gilson, "Consumer Life Style and Market Segmentation", *Journal of the Academy of Marketing Science*, Winter, 1974, p. 189.

■ Rivera J. de, L. Possell, J. A. Verette and B. Weiner, Distinguishing Elation, Gladness and Joy, *Journal of Personality and Social Psychology*, 57 (1989).

■ Gitlow H, S. Gitlow, A. Oppenhiem and R. Oppenhiem, "Tools and Methods for the Improvement of Quality," Richard D. Irwin, Homewood Inc., 1989.

■ Gnoth J, Tourism Motivation and Expectation Formation, *Annals of Tourism Research*, 21, 2. 1997b.

■ Green R. G et al., Human Motivation : Physiological, Behavioral, Experimental, Social Psychology, New York : Academic Press, 1984.

■ Hoyenga K. B and K. T. Hoyenga, Motivational Explanations of Behavior California: Brooks/Cole Publishing, 1984.

■ James F. Engel, Roger D. Blackwell, David T. Kollat, Consumer Behavior, 3rd ed., New York : The Dryden Press, 1978.

■ Pearce P. L, The Social Psychology of Tourist Behavior, Experimental Social Psychology, 3, Oxford : Pergamon Press, 1982.

■ Robert A. Peterson, Trends, in Consumer Behavior Research, American Marketing Association, Monograph Series #6, Chicago, 1976.

■ Sarkar, Miltra Barun, Brian Butler & Charles Steinfield, 1995, "Intermediaries and Cybermediaries : A Continuing Role for Mediating Players in the Electronic Market place", *Journal of ComputerMediated Communication*, 1(3), 1995.

■ Valarie A. Zeithaml , "How Consumer Evaluation Processes Differ between Goods and Services," in Marketing of Service, ed. James H. Donnelly and William R. George, American Marketing Association, 1981.

항공사 운임체계와
수익성 관리

AIRLINE
MANAGEMENT

08 항공사 운임체계와 수익성관리

항공사 운임 관리

1. 항공운임의 결정

- 항공사는 가격(운임)의 결정목표를 이윤극대화지향, 시장점유율지향, 고객지향으로 설정하고 이것들이 항공사의 목표달성에 공히 기여하도록 여타 믹스와 일관성을 유지하면서 통합, 조정되어야 한다.

- 항공운임의 차별화는 여행목적별 전략과 계절별 전략, 시장지위에 따른 전략으로 구분할 수 있다.

2. 항공운임 설정의 프로세스와 전략수립

- 운송서비스의 총수요를 결정한 후 운임을 설정한다.
- 운송서비스의 원가산출(고정비, 변동비를 합한 총 원가)을 고려하여 결정.
- 경쟁항공사의 대응을 예측하여 전략적으로 접근한다.

Airline Insight 〉 항공사의 성공적인 운임정책 사례

독일의 루프트한자 항공은 할인 항공사들에 대응하기 위해 독일 국내 노선에서 저가 운임 정책을 도입한 결과 승객 수가 약 30% 증가했다고 밝혔다.

랄프 테켄트롭 루프트한자 이사는 파이낸셜 타임스 독일판과의 회견에서 2018년 1월말까지 새로운 저가 운임 상품을 이용한 승객이 약 40만 명으로 작년 동기에 비해 9만 명가량 늘었다고 말했다.

테켄트롭 이사는 이는 독일 국내 노선의 경우 유럽의 여러 할인 항공사들에 비해 루프트한자가 경쟁력이 있음을 분명히 보여준 것이라고 주장했다. 루프트한자는 지난해 가을부터 독일 내 일부 노선에 대해 최저 88유로의 운임을 받는 저가정책을 도입했다. 업계에서는 그러나 이 같은 저가 경쟁으로 인해 항공사들의 수익성이 크게 떨어질 것으로 분석하고 있다. 하지만 LCC항공사들의 급속한 시장 장악력과 공격적인 경영은 루프트한자를 비롯한 FSC의 전략적 선택을 강요하고 있다.

제1절 > 항공사 운임체계 개요

"항공사의 운임은 고객이 실질적으로 항공권 구매 시 지불하는 판매가와

항공운송사업상 항공권에 표기되는 공시운임으로 구분된다."

1 항공운임 개요

항공사 운임 및 운임구조는 항공사 수익규모 결정에 결정적인 역할을 한다. 즉, 항공수요에 따른 적정운임과 이에 따른 가격정책은 잠재수요를 유발시켜 항공좌석을 적시에 판매하도록 하며 항공사수익을 결정하는 중요한 도구가 된다. 그러나 적정이익의 수준과 범위는 항공사마다 각기 다를 수 있다. 예를 들어 국영항공사의 경우 이익보다는 총 비용 수준의 매출을 목표로 할 수 있고, 민간항공사의 경우에는 주주들에 대한 적정이윤보상을 목표로 할 수도 있다. 한편 일부 항공사는 단기이윤을 추구하기도 하고 때로는 장기이윤을 추구하기도 한다.

이와 같이 항공사들은 대부분 뚜렷한 이윤목표를 설정하고 있어 운임정책에 이를 반영하지만 이윤목표 이외에도 항공사 비전과 포지셔닝 전략차원에서도 운임결정방향에 영향을 미친다. 많은 항공사들이 시장점유율확장, 신규노선침투 등을 통하여 회사규모 확장을 목표로 하며, 이와 같은 경우 운임정책은 이윤율을 희생시키는 저가 전략이 될 가능성이 있다.

1) 공시운임과 판매가격

가격은 고객이 실질적으로 항공권 구매 시 지불하는 판매가와 항공운송사업상 항공권에 표기되는 공시운임으로 구분된다. 공시운임은 각국의 항공사가 1차로 각 구

간별 운임을 제안한 후, 국제항공운송협회인 IATA 운임조정회의의 만장일치결의를 통하여 기본항공운임과 운임규정이 결정된다. 이를 기준으로 각 항공사는 자국 정부의 인가를 얻어 운영하게 되는데, 공시운임은 IATA 회의를 통해서만이 신설, 폐기 또는 인상, 인하가 이루어지지만 판매가는 항공사가 판촉할 때 필요하면 공시운임(Published Fare)에서 할인된 시장가격(Selling Price)을 자의적으로 신설하여 운영할 수 있다.

판매가의 신설 및 운영기준은 해당 항공사의 연간 영업계획, 공급규모, 시장수요 상황(수요의 규모, 수용의 성격), 신규취항, 감편 여부 등에 따라 전년도 수송실적 및 가격 수준, 성·비수기 등의 계절요인, 원가 및 타 항공사와의 가격수준 비교, Spa(Special Prorate Agreement)[14] 체결 여부 등에 따라 판매가를 결정한다. 항공사는 판매증진을 위하여 영업본부 및 각 지역 영업본부와 협의를 통하여 판매가를 결정하는데, 동일노선에 대하여 각 지역별로 다소 차이가 존재할 수 있으나 이보다는 주로 계절별 차등 가격제, 주중/주말 차등 가격제, 수요성격에 따른 특별 가격 등으로 구분하여 운영하는 형태가 일반적이다.

판매가는 순수 판매가와 대리점 수수료로 구분되며 대리점에 지급되는 수수료는 최근 대부분 폐지되는 추세이다. 최근 일부 노선에 대하여 가격 간소화, 신속한 시장 대응 및 다양한 판매망 확대를 목적으로 판매가를 공시운임으로 채택하는 Lpe(Low Published Fare)정책도 도입되고 있다. 이는 정부인가를 얻어 자체 항공사 내에서만 적용하는 공시운임으로, 실제 시장에서 할인 판매되는 운임수준까지 하향 조절하여 공시운임화하는 정책이다.

이 밖에 운임정책 이외의 활동을 통해 수익을 확대하기 위한 수단으로 초과수화물 수수료(Excess Baggage Charge), 도중체류 서비스 수수료(Layover Service Fee), 특정 운임 제약면제 수수료(Special Fare Restriction Waiver Fee), 등을 활용하고 있다.

---

14 SPA(special prorate agreement)는 항공사 간에 체결하는 특별 운임협정이다.

2) 항공사 공시운임의 종류

국제선 항공운임은 객실등급(Cabin Class)별 운영 이외에도 여행기간, 여행 조건 등에 따라 정상운임(Normal Fare), 판촉운임(Promotional Fare), 할인운임 (Discounted Fare)으로 구분된다.

정상운임은 예약 및 여정변경, 항공사 변경 등에 제한이 거의 없는 운임으로 유효기간은 여행개시일로부터 1년이며 전체 미사용 항공권일 경우에는 발행일로부터 1년이다. 판촉운임은 승객의 다양한 여행형태에 부합하여 개발된 운임으로 운임이 저렴한 반면 유효기간, 도중체류, 예약 변경에 제한 조건이 있다. 판촉운임의 제한 조건을 준수할 경우 승객은 저렴한 운임의 혜택을 받을 수 있으며 항공사는 경쟁력 있는 저렴한 운임을 승객에게 제공할 뿐 아니라 더 많은 항공수요를 유지할 수 있다. 할인운임은 정산운임이나 판촉운임에서 승객의 나이나 신분에 따라 할인이 적용되는 운임이다.

3) 항공운임의 기능

(1) 항공수요 조절 기능

항공수요는 어느 타 산업보다 내적요인에 의한 영향보다 경영 외적요소인 계절적 변화와 주중·주말 등과 같은 출발시점의 요인에 매우 민감하므로 항공사의 운임정책에는 수요 조절 기능이 존재하기 마련이다. 따라서 계절적, 시간적 수요편차를 줄이기 위하여 성수기에는 높은 요율을 적용하고 비수기에는 낮은 요율을 적용함으로써 성수기 수요를 비수기로 이전시키거나 비수기의 잠재수요를 개발하기도 한다.

항공사는 운임을 신규투자의 지침으로 활용하기도 한다. 예를 들어 일정노선에 총 비용과 이윤을 포함하는 적정운임 이상의 충분한 수요가 존재한다면, 항공사는 해당 노선에 공급을 늘리기 위한 투자를 해도 좋을 것이다.

따라서 운임이 공급의 지침이 되려면 비용에 기초한 운임이어야 한다. 대부분의 항공사는 내부적 기업 목표를 달성하기 위한 운임정책을 취하지만, 외부적 환경에 의해 영향을 받는 경우도 적지 않다. 즉 입국 관광객 수를 늘리기 위한 정부 정책에 의해 항공사의 이윤을 무시한 저 운임 정책이 채택될 수도 있다. 이와 같이 항공사의 운임정책은 단순하지 않으며, 시장에 따라 매우 상이한 목표를 가진 항공사들이 함께 경쟁하는 것이 일반적이다.

〈표 8-1〉 항공운임 결정 시 고려해야 할 내 · 외적 영향요인

요인	항공운임 결정 시 직접 영향 요인
내적요인	• 직 · 간접비용의 총 비용 및 목표수입 • 시장점유율 및 신규노선 확장에 대한 목표규모 • 중 · 장기 운임정책 등
외적요인	• 운임에 대한 수요 탄력성 • 계절적 요인(성수기, 평수기, 비수기) • 환율, 유가, 주가, GNP 등 • 취항 노선에 경쟁사 존재 유무 • 정부의 항공 · 관광 정책 등

(2) 경쟁의 정책 수단

항공운송 상품의 특성을 설명하면 다음과 같은 특징을 갖고 있다.

첫째, 한계생산비(Marginal Production Cost)[15]가 매우 작다. 즉, 탑승률이 90%에 육박해도 공석은 존재하며, 이 공석에 1명의 승객을 추가로 운송하는데 필요한 비용은 거의 들지 않는다.

둘째, 항공운송서비스는 재고가 불가능하여 생산과 소비가 동시에 이뤄지며, 구매되지 않은 여분의 상품은 그 순간 가치가 사라져 버리고 만다.

---

15 한계생산비란 재화나 서비스를 한 단위 더 생산하는데 들어가는 추가비용을 말한다. 다시말해, 생산량을 1단위 늘리는 데 필요한 생산비의 증가분을 말하며 한계비용이라고도 한다. 일반적으로 농업은 한계생산비가 점증하지만 공업은 점감하기 때문에 대량생산의 법칙이 작용한다.

셋째, 비행계획이 한 번 확정되고 나면 총 비용은 고정되어 변경이 어려우며, 항공사는 총 수익극대화에만 전력하게 된다. 따라서 극히 낮은 한계생산비와 판매되지 않으면 사라지는 항공운송상품의 특성(재고불가능성)때문에, 항공사는 가능한 최대의 좌석을 정상가로 판매하고, 남은 좌석은 매우 낮은 운임으로라도 판매하려 한다. 이때 문제는 정상운임 지불의사 수요가 낮은 운임의 항공권을 구입하게 되어 전체 수익이 낮아질 수도 있다는 것이다.

한편, 운임규제가 완화된 노선에서는 낮은 한계생산비 특성이 운임인하의 큰 원인이 되며, 공급규제마저 존재하지 않는다면 문제는 더욱 심각하게 된다. 규제완화 이후 생산비에 근거한 운임정책은 사라지고 운임은 단순히 경쟁적 요인에 의해 결정되는 사례가 빈번하게 발생하고 있다. 아울러 낮은 한계생산비로부터 야기된 저 운임 경쟁은 항공사의 적자, 도산, 합병의 결과로 나타나는 경우가 많아 과점적이고 비경제적인 시장이 되는 지역도 발생하고 있다.

신규 진입과 재무상태가 취약한 항공사의 현금흐름(Cash Flow) 개선을 위한 저 운임정책, 정부보조를 받는 항공사들의 저 운임정책 등 다양한 이유로 제 각각 항공사들은 저 운임 경쟁을 해야 하며 이는 최후에 모든 항공사의 적자운영을 초래할 수 있다. 그러나 최근항공사들은 협정을 통하여 이와 같은 과도한 저 운임 경쟁을 지양하고 또 다른 방법을 찾기 위한 노력을 부단히 하고 있다.

4) 통제가격과 자유가격

전통적으로 항공규제 시기의 항공운임은 정부기관에 의하여 조정 통제되었다. 미국의 경우 민간항공위원회(CAB)에 의해 동일 거리별 동일운임에 준하는 마일리지를 기준으로 하였다. 즉, 승객이 직항을 이용하건, 경유항공편을 이용하건 관계없이 비행거리에 따라 동일한 운임으로 운영되었다. 항공운임수준은 일등석과 제약조건이 없는 일반석 운임만을 운영할 수 있었으며, 이들 또한 거리를 기준으로 산출된 운임으로 운영할 수 있었다.

항공운임은 기본적으로 운항거리에 따른 비용을 감안하여 장거리체감제(長距離

遞減制), 즉 운항거리가 길수록 운임의 증가율이 낮아지는 제도에 기초해 결정된다. 그리고 동일 지역 내의 주요 도시들의 운임을 균일화시키는 균일제의 원리가 보완적으로 사용되기도 한다. 그러나 이 같은 거리기반의 운임체제는 운항여건과 서비스 수준, 경쟁상황 및 운항비용 등을 충분히 고려하지 못하므로, 미국을 포함한 여러 나라에서 점차 운영되지 않게 되었다.

항공운임은 다음과 같은 내용을 주요 고려대상으로 하여 설정한다.

- 출발지 국가의 사회 · 경제적 수준 : 항공운임은 주로 출발지국 통화로 결정되기 때문에 출발 지국의 통화가치, 경제적 수준, 여타 교통수단의 운임 등 해당 국가의 사회, 경제적 수준 등을 고려하여 결정된다.

  예) 서울➡동경 구간의 편도운임이 50만원이라 할 때, 동경➡서울구간의 편도운임은 엔(JPY)화로 산출되며 원(KRW)화로 환산 했을 때 70만 원의 수준이 될 수 있다. 이는 일본과 한국의 물가 및 시장 조건에 따른 국가 간 환율 차이의 결과라 할 수 있다.

- 탑승률 : 과거의 운송 실적, 운항편수 등의 요인도 운임 결정시 고려된다.
- 예상수요 : 해당 구간의 장기적인 수요에 대한 전망도 운임 결정시 고려되는 요인이다.
- 관련국 및 관련 항공사의 정책 : 운항 상대국의 항공정책, 경쟁 항공사의 판매 정책 등도 운임 결정에 영향을 끼친다.
- 계절적 수요 : 계절변동에 따른 수요의 탄력성을 감안하여 성수기, 비수기 운임을 별도로 공시하기도 한다.

따라서 항공운임은 시장의 특성을 정책에 반영시켜 결정하고, 여행의 출발지부터 목적지까지의 시장 환경에 따라 다르게 결정된다.

"가격의 목표는 원가를 커버하는 것이 아니라, 고객의 마음속에 지각된 상품의 가치만큼을 받아내는 것이다." – 다니엘 니머(Daniel A. Nimer), 마케팅 컨설턴트

제2절 > 항공사 운임결정 시스템

"항공사는 이미 결정된 항공 스케줄에 따라 항공기를 운항함으로써 항공수요와는 무관하게 항공기 자체의 운영비용, 승무원 비용, 유류비용, 지상조업 및 지상서비스 비용이 고정적으로 발생한다."

1 항공사 운임결정요인

기업인들이 가격을 결정함에 있어서 복잡한 가격이론을 현실에 적용하기가 곤란하기 때문에 대부분의 경우 원가, 수요 또는 경쟁상황을 기준으로 가격을 설정하는 경우가 많다.

1) 원가중심의 가격결정

(1) 원가가산 가격결정법(Cost-Plus Pricing)

이는 단위당 코스트에 일정률의 고정비율에 따른 금액을 가산하여 가격을 결정하는 방법으로서 이에 가산되는 일정률의 고정비율을 원가가산률이라 한다.

$$\frac{영업비 + 예상순이익}{구매원가} \times 100$$

(2) 목표가격결정법(Target Pricing)

제조업자가 보통 사용하는 원가중심 가격결정으로서 이것은 추정된 표준생산량에 대한 특정한 목표 수익률을 실현할 수 있는 가격을 책정하는 것이다. 이러한 가격은 수도, 전기, 철도 등 공익사업의 경우 총투자에 대한 적절한 수익률을 실현하도록 가격을 설정할 때도 사용하며 일반제조업체에서도 이 방법을 많이 채택한다.

그러나 목표가격결정법은 중요한 개념상의 단점이 있다. 즉 기업이 판매가격을 설정하기 위하여 예상판매량을 사용하였으나 오히려 가격이 판매량의 증감에 영향을 미치는 변수라는 것이다.

2) 수요중심의 가격결정

수요중심의 가격결정(Demand-Oriented Pricing)은 수요의 강도 내지 탄력성에 따라 가격을 책정하는 방법이다. 원가가 같은 제품이라도 지역과 계절 및 구매의욕에 따라 상이한 가격을 책정하는 방법이다.

(1) 가격차별(Price Discrimination)

가격차별이란 동일제품에 대하여 둘 이상의 상이한 가격으로 판매하는 것을 뜻한다. 가격이 차별되는 기준으로는 고객의 수요탄력성 내지 제품에 대한 지식수준, 제품유형, 장소, 시간 등이 있다.

이와 같은 가격의 차별이 가능해지려면 몇 가지 조건이 선행되어야 한다. 첫째로, 시장이 세분화되어야 하며 둘째로, 저가격시장에서 판매되는 제품이 고가격시장에 유입되어 재판매되지 않아야 되고 셋째로, 경쟁업자가 고가시장에서 더 싼 가격으로 판매할 수 없고 끝으로 시장을 세분화하고 차별가격정책을 추구하는데 드는 비용이 차별가격으로 얻는 초과수익을 하회(下廻)할 때 가능하다.

(2) 긍지가격결정법

고객에 따라서는 고가격을 고품질과 동일시하는 경우[16]도 있는데 이러한 경우 가격이 하락하면 고객은 구매를 하지 않게 된다. 이러한 수요곡선을 갖는 제품으

---

[16] 〈소비심리 및 가격민감도에 영향을 미치는 요소〉
가격품질효과(Price-Quality Effect) : 소비자들은 더 높은 가격이 더 좋은 품질을 대변 할 때 가격에 대해 덜 민감한 반응을 보인다. 이러한 효과를 반영하는 상품들은 다음을 포함한다. 이미지상품(Image Products), 독점적 상품(Exclusive Products), 품질의 단서가 최소화된 상품.

로는 보석, 나이트클럽, 모피 등이 있는데 이때에는 흔히 수요가 가장 많은 수준에서 긍지가격으로 불리우는 고가격이 결정된다.

관광상품 역시 너무 낮은 판매상품은 상품의 질을 의심하여 고객으로부터 외면 받을 수 있다.

(3) 단수가격결정법(Odd-Even Pricing)

소비자는 기수(Round Number)가 아닌 단수(Odd Number)로 끝나는 가격에 대해 반응을 잘 나타낸다. 즉 수요곡선은 단수가격에 이르면 많이 구매하나 이보다 높거나 낮아지면 구매를 적게 한다. 이에 의하면 소비자는 가격결정의 바탕이 되는 원가가 정확히 책정되었다고 생각하여 신뢰성이 높아지며 또한 거스름돈을 내는 동안에 추가구매를 할 수 있고, 거스름돈을 내주기 위해서는 현금등록기를 사용하므로 부정을 방지할 수 있다.

(4) 심리적 가격결정법(Psychological Pricing)

이는 특정제품에 대한 특정가격이 심리적으로 소구할 수 있다고 보는 경우에 설정되는 가격으로서 어떤 특정가격과 다른 특정가격 사이에 있는 모든 가격범위를 소비자는 대체로 같다고 보게 되는 것이다. 따라서 이러한 범위내의 어떤 수준으로 가격을 인하하더라도 아무런 반응도 나타나지 않는다.

(5) 세분시장별 가격결정법

시장세분화를 통해 구분된 세분시장을 대상으로 차별적 마케팅을 하는 경우인데 이의 수요곡선을 아래와 같이 추정할 수 있는데, 각 세분시장마다 약간씩 다른 제품을 개발할 수 있고 저마다 다른 가격을 결정할 수 있다. 예컨대, 시장의 상층에 있는 시장에는 고가의 긍지상품을, 중간계층시장에는 중간 정도의 가격인 대량 판매품을, 하위계층시장에는 저가의 투쟁 상표를 개발하여 출시할 수 있는 것이다.

3) 경쟁중심의 가격결정

경쟁업자의 가격을 기준으로 기업이 가격을 설정하는 방법을 뜻한다. 이 방법의 특징은 가격설정에 있어서 원가구조의 변동, 수요의 변화를 직접 고려하지 않고 오직 경쟁업자가 가격을 변화시키면 비록 수요가 불변하더라도 가격을 변경하는 가격결정이다.

(1) 모방가격결정법(Imitative Pricing)

동질적 상품에 대해서 완전경쟁에 가까운 시장구조를 형성할 때 개별기업의 독자적 가격설정의 여지는 없고 오히려 많은 수요자, 판매자 사이에서 결정된 시장가격을 따를 수밖에 없다.

독점적 경쟁 상태에서 기업은 스타일, 품질, 기능면으로 제품차별화를 시도하여 소비자들에게 가격의 민감성을 둔화시켜 경쟁자들의 가격을 기준으로 일정범위 내에서 가격을 설정하기도 한다.

이외에도 원가를 정확히 측정하기가 곤란하거나 기업의 독자적 가격결정에 대해서 경쟁자, 구매자의 반응을 파악하기 힘든 경우, 업계의 가격이 수요, 원가변화 등에 대한 견해가 결합하여 비교적 적정한 가격이 설정되었다고 안정되는 경우에는 업계의 평균가격수준에 맞추어 가격을 설정한다. 이러한 가격결정방법을 모방가격결정법이라 한다.

(2) 입찰가격결정법(Sealed Bid Pricing)

예컨대 건설공사시의 경쟁 입찰을 하는 경우의 가격결정방법도 경쟁기준가격결정법의 하나라 할 수 있는데 왜냐하면 경쟁 입찰가격은 경쟁업자가 설정하게 될 가격을 고려하여 결정되기 때문이다. 입찰가격은 기업이 제시하는 가격으로서 입찰가격을 설정하는 목적은 계약을 체결하려는데 있으므로 다른 경쟁회사보다 낮은 가격을 설정하지 않으면 안 된다. 그러나 입찰기업은 일정한 수준 이하로 가격을 설정할 수 없다. 설령 일을 맡기 위해 계약을 하려 한다 해도 그 가격을 한계비용보다 낮게 설정할 수는 없으며 그렇다고 이보다 높게 책정할 수도 없다. 왜냐하면 전자의 경우에는 기업의 사정이 악화되고 후자의 경우에는 기업의 잠재이윤이 증대될 수는 있으나 계약을 체결할 가능성은 줄어들기 때문이다.

2 항공운임의 기초

1) IATA의 지역구분

IATA는 항공운임 및 그와 관련한 운임규정의 결정을 위해 편의상 세계를 3개 지역(Area 1, Area 2, Area 3)으로 구분하여 지역별로 운임조정회의(Tariff Coordinating Conference)를 운영하고 있다. 각 지역은 운임조정회의의 약자를 따라 TC1, TC2, TC3 지역으로 호칭되기도 한다. 각각의 IATA 지역(Area)은 몇 개의 하위지역(Sub Area)으로 구성되어 있으며 항공운임의 설정 및 운임 적용 시 기준이 된다. 각 지역별 하위지역은 [표 8-2]와 같다.

[표 8-2] IATA의 운임적용 지역의 구분

	지역	하위지역
서반구	Area 1	북미, 중미, 남미, 카리비안 반도
동반구	Area 2	유럽, 아프리카, 중동
	Area 3	한국, 일본, 동남아시아, 남아시아 대륙, 남서태평양

2) 여정형태에 따른 운임유형

운임은 대부분 편도운임을 기준으로 공시되어 있으나, 왕복운임이 공시되어 있는 경우도 있다. 왕복운임이 공시되어 있는 경우에는 해당여정의 운임마디에 왕복운임의 절반을 적용하게 된다. 운임마디에 편도운임 또는 왕복운임의 절반을 적용할 것인가에 대한 결정은 전체여정의 형태에 따라 결정된다.

승객의 여정은 크게 편도여정(One Way), 왕복여정(Round Trip), 일주여정(Ct : Circle Trip), 가위 벌린 여정(Open Jaw Trip)의 네 가지 형태로 구분할 수 있다. 항공운임의 계산 규정은 여정의 형태별로 약간의 차이가 있으므로, 항공운임을 정확하게 계산하기 위해서는 승객의 여정 형태를 세밀히 구별하는 것이 필수적이다.

① 편도여정은 왕복여정과 일주여정(세계일주여정 포함)을 제외한 모든 여정을 포괄하며 편도여정은 적용운임도 편도운임을 적용받게 된다.

② 왕복여정은 전 여정에 지상 이동구간이 없고(비 항공운송 구간을 비행하는 것으로 계산하는 것도 포함된) 출발지(Origin)와 목적지(Destination)가 동일하며, 출발여정(Out-Bound)과 도착여정(In-Bound)에 동일한 운임이 적용되는 2개의 운임마디로 구성되어 있다. 왕복여정에는 왕복운임이 적용된다.

③ 일주여정은 출발지로부터 목적지까지 여행한 후 다시 출발지로 돌아오는 여정으로 전 여정에서 항공편을 이용하는 여정 중 왕복여정에 해당되지 않는 여정을 일주여정이라 한다. 일주여정운임은 정상운임, 특별운임, 세계일주 여정운임이 있다.

- 정상운임(Normal Fares). 전 여정에 지상이동구간이 없고(비 항공운송 구간을 비행하는 것으로 계산하는 것도 포함) 출발지와 목적지가 동일하나 출국여정과 입국여정에 적용된 운임 수준이 동일하지 않을 때, 3대 이상의 운임마디로 구성된 여정을 의미한다.
- 특별운임(Special Fares). 전 여정에 지상 이동구간이 없고(비 항공운송 구간을 비행하는 것으로 계산되는 것도 포함) 출발지와 목적지가 동일한 국제선 운임마디 2개로 구성된 여정을 의미한다.
- 세계일주 여정(Rw : Round the World Trip)운임. 전 여정에 지상 이동구간이 없고(비 항공운 송구간을 비행하는 것으로 계산되는 것도 포함) 출발지와 목적지가 동일하고 대서양과 태평양을 한 방향으로 한 번씩 횡단하는 2개 이상의 운임마디로 구성된 여정을 의미한다.

3) 항공운임 계산 방법

일반적으로 승객의 항공여행은 단순히 두 지점 간의 편도 또는 왕복의 형태로 이루어지는 경우보다는 최초 출발지와 목적지 사이에 여러 도시를 경유하는 형태를 띠게 된다. 이 때 항공운임의 계산 방법은 마일리지제도(Mileage System)와 루팅제도(Routing System) 두 가지 방법으로 나눠진다.

(1) 마일리지 제도

승객의 여행거리에 따라 운임을 계산하는 방식으로 승객이 중간 지점을 경유하여 여행할 때 각 구간별 탑승거리의 합계와 출발지와 목적지 간의 최대허용거리를 비교하여 운임을 산출하는 방식이다. 이 때 세 가지 요소를 비교하여 운임을 산출한다.

- 최대허용거리(Maximum Permitted Mileage : MPM). 두 지점 간의 공시운임으로 여행할 수 있는 최대 허용 거리로서 실제 거리보다 15~20% 많게 설정되어 있으므로, 해당 두 지점간의 공시운임으로 중간 지점의 경유가 가능하게 한다.

- 발권구간거리(Ticketed Point Mileage : TPM). 승객이 여행하는 구간별 실제 거리로서 항공편 이 취항하는 실제 운항구간에 설정되어 있으며, 이들 구간별 Tmp의 합계와 해당 운임마디의 출발지, 목적지 간 설정된 Mpm과 비교하게 된다.

- 초과거리할증(Excess Mileage Surcharge : EMS). 승객이 실제로 여행한 거리(Total Tpm)가 출발지에서 목적지 간의 최대허용거리(Mpm)보다 클 경우, 초과하는 비율을 계산하여 출발 지에서 목적지까지의 운임을 단계별로 할증하는 제도이다. 이 때 할증은 5~ 25%까지 5% 단위로 적용한다.

(2) 루팅제도(Routing System)

루팅제도는 운임과 함께 일정한 여정을 공시하고, 승객의 여정이 미리 공시된 여정과 일치하면 해당 운임을 적용하는 제도이다. 공시된 여정에는 해당도시와 운송항공사 및 예약등급이 지정되어 있어 여정운임 적용 시에는 반드시 이를 준수해야 한다. 루팅제도는 일반적으로 특정한 항공사의 불리한 노선 망으로 인해 마일리지 제도를 적용한 운임이 높거나, 또는 자사노선 이용을 조건으로 낮은 운임을 적용시키기 위해 개발되었다. 현재 대한항공은 전 노선에 대하여 루팅제도 운임의 여정을 공시하고, 이를 적용하고 있다.

제3절 〉 항공사의 수익관리

"수익관리((YM : Yield Management)는 단순한 매출확대를 위한 판매기업이 아니라 상품 생산에서 고객관리까지의 전 분야를 종합적으로 관리하여 기업의 수익을 극대화하기 위한 수익경영(RM : Revenue Management)으로 개념이 변화되었다."

1 항공사의 수익관리체계

수익관리의 극대화는 항공사 뿐 아니라 많은 기업에서 수익을 극대화하기 위하여 사용하는 경영기법이다. 물론, 기업에 따라 생산물은 다르지만, 그 생산물의 총 매출액을 최대화함으로써 이익을 극대화 할 수 있는 매출관리 방법이다.

초기의 수익경영 개념은 '수익관리(YM : Yield Management)'라는 용어로 호텔산업에 도입되었으나, 수익관리를 체계적으로 지원할 수 있는 시스템을 갖추기 어려워 활발히 이용되지 못하였다. 1970년대 중반부터 아메리칸 항공을 시작으로 항공산업에 도입되기 시작한 수익관리는 지속적인 연구와 활용으로 1980년대 항공산업에서 중요한 전략적 수단으로 자리 잡게 되었다. 항공산업에서의 성공적인 활용을 바탕으로 렌트카, 철도, 여행산업 등 유사한 상품 특성을 갖는 서비스산업으로 수익관리의 응용분야가 확장되었으며, 1990년대 들어와 스포츠, 공연 및 인터넷 분야 등 다양한 분야로 확대되었다. 이 같은 응용분야의 확대와 더불어, YM은 단순한 매출 확대를 위한 판매기업이 아니라 상품 생산에서 고객관리까지의 전 분야를 종합적으로 관리하여 기업의 수익을 극대화하기 위한 수익경영(RM : Revenue Management)으로 개념이 변화되었다.

수익경영을 보다 쉽게 이해하기 위해 수익, 승객 당 수익, 탑승률의 정의를 구분할 필요가 있다.

- 수익(Revenue) : 주어진 항공기 좌석으로부터 다양한 운임수준으로 판매되어 얻어지는 총 매출
- 승객 당 수익(Yield) : 운임수준에 관계없이 판매된 총 수익에 대한 총 승객의 비율로 승객 당 평균 수익
- 탑승률(Load Factor) : 수익 또는 운임수준과는 관계없이 총 공급좌석에 대한 총 승객수의 비율

예를 들어, 100석의 단일 객실등급 항공편의 예가 [표 8-3]과 같다고 가정하자. 100석의 좌석을 갖는 항공편에서 단일 운임으로 100만원에 판매하는 경우와 80만원에 판매하는 경우를 고려해보자. 두가지 모두 운임조건이 동일하다고 가정하면 예약부도율은 동일하게 나타날 것이므로 30%를 가정하였다. 100만원에 판매하는 경우보다 80만원에 판매하는 경우가 수요를 촉진시킬 수 있음으로 더 많은 고객이 예약하게 될 것이다. 따라서 100만원 운임에는 120명의 예약이 발생하고, 80만원운임에서는 130명의 예약이 발생하는 것으로 예상할 수 있다. 이 경우, 탑승률은 80만원짜리 운임에서 91%로 더 높지만, 실제 수익은 100만 원짜리 운임보다 더 낮게 나타나고 있다.

이에 비해 동일한 항공편에서 복수운임을 고려하는 경우를 가정해 보자.

복수운임체계에서는 낮은 운임(80만원)에 대하여 까다로운 이용조건이 부과되기 때문에 수요발생에 제한이 있고, 높은 운임(100만원)보다 일반적으로 예약부도율이 낮게 나타난다. 따라서 높은 운임과 낮은 운임에 적절한 좌석을 배정하여 예약을 받는 경우에는 높은 가격 때문에 발생하지 못했던 수요가 낮은 운임에서 발생할 수 있어 더 많은 판매를 유도할 수 있다. 아울러, 낮은 운임에 대한 좌석할당을 적절히 조절함으로 인해 높은 운임수요를 일정 규모이상 확보하여 전체적인 수익을 높을 수 있게 된다.

따라서 복수운임을 적용하는 경우는 단일운임을 적용하는 경우보다 더 높은 수익(8,460만 원)을 얻을 수 있게 된다. 즉, 단일운임의 경우는 84%, 91%의 탑승률로 8,400만 원과 7,280만 원의 매출을 올림으로써 90%의 탑승률로도 8,460만원의 매출을 기록할 수 있는 것이다. 따라서 예약고객을 공항으로 인도하여 탑승케 하는 것은 탑승률을 높이기 위한 활동이고, 이 같은 활동을 포함하여 운임수준의 결정, 운임수준별 예약통제 및 조정 등과 같은 일련의 활동을 수익경영활동이라 한다.

[표 8-3] 단일운임과 복수운임의 예

구분	단일운임		복수운임		
	100만 원	80만 원	100만 원	80만 원	합계
좌석수	100석	100석	80석	20석	100석
예약고객	120명	130명	90명	30명	120명
예약부도율	30%	30%	30%	10%	
탑승고객	84명	91명	63명	27명	90명
탑승률	84%	91%	–	–	90%
매출액	8,400만 원	7,280만 원	6,300만 원	2,160만 원	8,460만 원
승객당 수익	100만 원	80만 원	100만 원	80만 원	94만 원

2 항공사의 운임결정 프로세스

항공사에서 말하는 가격(Price, Pricing)이라 함은 항공운송에 있어서 항공사 대리점을 포함한 항공사에 의해서 부과되는 여객(수화물)및 화물의 수송에 대한 운임·요금 또는 부과금의 이용가능성을 규율하는 조건을 말한다. 한편, 항공료를 Air Fare 혹은 Rate라 하는 경우가 많다. 물론 Rate는 단체항공권을 구매하는 여행사에 주는 경우에 일반적으로 통용되고 있다.

1) 항공운송서비스의 수요

항공사가 운임결정에 앞서 해야 할 일은 운송서비스의 총 수요를 결정하는 일이다. 이를 위해선 우선 시장이 요구하는 항공운임의 존재여부를 결정하고 그 다음으로 서로 다른 운임에 따른 예상판매, 즉 항공운임에 따른 항공수요의 탄력성을 알아보아야 할 것이다.

2) 항공운송서비스의 원가계산

항공사는 운송서비스를 생산하는데 필요한 고정비(固定費 : Fixed Cost)와 변동비(變動費 : Variable Cost)를 합한 총원가를 산출해 내야한다. 고정비는 생산량과 무관한 항공기와 CRS등의 기자재와 시설 그리고 고정인건비와 사무실 임대료 등이 포함되고, 변동비는 생산량에 따라 증감하는 기내 식음료비 및 연료비 등이 포함되는데 운송서비스의 경우 일반제품보다 비용항목(費用項目)의 구분이 모호한 경우가 많으므로 정확한 원가산출이 이루어지도록 해야 한다.

3) 경쟁항공사의 대응예측

현재 항공시장에서 전개되고 있는 항공사간의 경쟁이 어떤 양상을 보이고 있으며 또 앞으로 전개될 상황은 항공운임의 결정에 중대한 영향을 미친다. 특히 고객에게 제공되는 서비스의 내용이 기능적으로 큰 차이가 없는 항공사의 경우에는 가격경쟁

(price competition)을 회피하는 방향으로 운임을 결정하는 것이 바람직하다.

3 항공운임의 결정원리

1) 정책적 원리에 의한 항공운임

항공사의 항공운임의 결정원리는 경제적 원리(經濟的 原理 : Economic Principles)와 정책적 원리(政策的 原理)를 토대로 항공료를 결정한다. 정책적 원리를 바탕을 둔 항공료 책정원리는 다음과 같이 3가지 기본 원리가 있다.

(1) 서비스 원가주의(Cost Oriented Pricing)이다.

이 방법은 가장 단순한 방법이중의 하나이다. 원가에 기초한 가격결정은 단순히 원가에 상회하는 미리 설정된 이익을 달성하는 것이다. 항공사는 주로 원가가산 가격책정(Cost Plus Pricing)과 마크업 가격 책정(Markup Pricing)등을 이용하고 있다.

서비스 원가주의는 이용자가 부담할 요금을 그 서비스 공급에 소요된 비용을 기준으로 결정하는 방식을 말하며, 원가보전주의라고 한다. 서비스원가주의는 항공요금결정에 있어서 가장현실적인 기준으로 인정되고 있으며, 실제로 항공교통서비스의 운임(요금)을 정부가 인가할 때 일반적으로 적용되는 기준이기도 한다. 이 방식은 전 세계 항공사들이 미국의 항공규제완화정책 발표이전에 주로 채택하였다.

(2) 서비스 가치주의(Value Oriented Pricing)이다.

서비스 가치주의 운임정책은 주로 심리적 가격결정기법으로 고객이 상품이나 서비스를 향유함으로 얻는 주관적 가치에 기초를 두고 있다.

서비스가치주의는 서비스 원가주의와 함께 항공요금 결정의 현실적인 원칙으로 인정받아 왔다. 서비스가치주의란 해당 서비스 향유자(승객)가 누리는 편익 (Benefit)의 정도에 따라 가격이 결정되는 방식이다. 서비스 가치주의는 가격탄력성에 따른 가격차별화로 이해되어 질 수 있으며, 가격차별화를 정당화 시키는 이론적 근거이기도 하다.

(3) 경쟁가격주의(Competition Oriented Pricing)이다.

경쟁가격주의는 해당 교통 서비스가 경쟁적 시장에서 제공된다는 가정 하에서 시장의 수요 · 공급에 의해 결정되도록 하는 방식이다.

경쟁을 기초한 가격결정은 경쟁자의 가격에 초점을 맞춘다. 항공료는 경쟁항공사보다 지나치게 높다고 인식되서는 안 된다는 점에서 경쟁을 고려하여 결정되어야 한다.

Airline Insight ▷ 항공료와 TAX

항공권에서 불리우는 TAX 라는 것에는 여러 가지 항목들이 포함되어 있다.

국가에서 항공권 판매에 대해 부과하는 세금, 공항이용료인 공항세, 출국세, 그리고 국제유가인상과 함께 올라간 유류할증료 등이 모두 TAX 라는 항목에 합계되어 부과(예약시스템에서 자동으로 합산하여 부과해 줌)된다.

이 TAX항목 중에서 가장 큰 비중을 차지하는 것은 유류할증료다. 통상적으로 항공요금이라고 할 때는 이 TAX라는 항목을 별도로 이야기 한다. 그때그때 발권환율(일반 환율이 아님)에 따라 변동될 수도 있기 때문이다.

참고로, 저비용항공(LCC)이 발달한 유럽이나 말레이시아의 에어아시아 같은 저비용항공사를 보면 가끔씩 1파운드나 1유로, 1달러짜리 항공권들이 특가로 나온다.

무지무지 싸죠? 하지만 여기에 몇 십 배 되는 TAX 가 추가로 붙는다.

그래도 원래 항공요금을 거의 안내니 엄청 저렴하지만, 배보다 배꼽이 더 클 수도 있는 TAX 항공권 구입할 때에는 꼭 확인해야 할 사항이다.

01 오늘날에는 지나친 가격경쟁으로 오히려 기업의 존속을 위협하고
    출혈적인 경쟁이 될 우려가 있으므로 비가격경쟁(Non-Price
    Competition)에 무게가 실린다. 비가격정책이란?

02 가격설정의 다양화정책에서 4가지 가격변수를 설명하시오.

03 원가가산 가격결정법(Cost-Plus Pricing)구하는 공식은?

01 목표가격결정법(Target Pricing)

02 수요중심의 가격결정(Demand-Oriented Pricing)

03 단수가격결정법(Odd-Even Pricing)

04 심리적 가격결정법(Psychological Pricing)

05 모방가격결정법(Imitative Pricing)

파생되는 질문과 중요 이슈

01 입찰가격결정법(Sealed Bid Pricing)을 선택하는 이유는 무엇인가?

02 단일가격정책과 탄력가격정책을 비교 설명하시오.

■ 김성혁, 관광마케팅론, 대왕사, 1993

■ 김재원, 항공사 경영론, 기문사, 2004

■ 박시사, 항공관광론, 백산출판사, 2003

■ 박찬수, 마케팅 원리, 법문사, 2001

■ 안영면 · 김재원, 동아대출판부, 2008

■ 윤문길, 이휘영, 윤덕영, 이원식, 글로벌 항공운송서비스경영, 한경사, 2011

■ 정익준, 항공운송관리론, 백산출판사, 2000

■ 최덕철, 서비스마케팅, 학문사, 1995

■ Griffith, J. Do Satisfied Employees Satisfy Customers? Support Services Staff morale and Satisfaction Among Public School Administrators, Students, and Parents. Journal of Applied Social Psychology, 2001, 31(8), 1627−1658.

■ Jefferson, A. and L. Lickoris, Marketing Tourism, Harlow : Longman, 1988, p. 221.

■ Mcintosh.Goeldner.Ritchie, Tourism Principles, Practices, Philosophies, 70ed 1995, wiley, p.11.

■ McNeese−Smith. D. K. The relationship between managerial motivation, leadership, nurse outcomes and patient satisfaction. Journal of Organizational Benavior, 1999, 20, 243−259.

■ Normann, R., Service Management : Strategy and Leadership in Service Business, New York : Wiley, 1985.

■ Pearce, D., Tourist Development, London : Longman Scientific and Technical, 1989 & Bulter, R. W., The Concept of a Tourism Area Cycle of Evolution : Implications for Management of Resource, Canadian Geographer 24, 1980, pp. 5−12.

■ Pisarski, A., Scope of the Industry : Standard International Classification of Tourism Activities, Madrid : World Tourism Organization, 1991 및 Franz, A., OECD Manual on Tourism Economic Accounts, Paris : Organization for Economic Co−operation and Development, 1991.

항공사
노선계획과 관리

AIRLINE
MANAGEMENT

09 항공사 노선계획과 관리

항공사 운송서비스 계획

1. 항공사의 운송서비스 개념

- 항공사의 운영계획(Airline Planning)은 항공사의 수익성을 극대화하기 위하여 미래의 항공기와 승무원 일정을 최적으로 작성하기 위한 것이다.

- 운항일정 설계(Schedule Design)란 운항노선과 운항빈도를 결정하고 운항빈도에 따른 운항일정을 결정한다.

- 운항기종 결정(Fleet Assignment) : 각 운항 편에 할당할 항공기를 배정하고, 이용 가능한 항공기제약과 기타 운영제약 하에서 수익을 최대화 하도록 결정한다.

2. 항공노선개설

항공노선의 개설은 수요예측과 경쟁력 평가를 기초로 해야 할 것이지만 고가의 항공기를 효율적으로 운용함으로써 수지를 개선하여 경쟁력 확보차원에서 결정하게 된다.

제1절 > 항공사의 운영계획

성공의 유일한 비결은 다른 사람의 생각을 이해하고,

당신의 입장과 아울러 상대방의 입장에서 사물을 바라볼 줄 아는 능력이다.

– 헨리포드

1 항공사 운영계획

항공사의 운영계획(Airline Planning)은 항공사의 수익성을 극대화하기 위하여 미래의 항공기와 승무원 일정을 최적으로 작성하기 위한 것이다. 항공사 운영계획을 작성하기 위해서는 항공기 운항 및 승무원 근무 등에 따른 수많은 특성이 반영되어야 하므로 매우 복잡한 문제로 인식되고 있다.

항공사 운영계획 문제는 항공기 운항 네트워크, 항공기 기종 선택, 탑승구 할당, 공항이용 슬롯[17], 공항관제의 제약, 이·착륙 금지시간, 정비조건, 승무원 근무조건, 수요의 불확실성, 가격정책 등 많은 요인을 포함하여 최적 결정을 하는 것이다. 이 같은 고려요인을 모두 포함하는 문제는 현실적으로 해결이 어려워 통제된 몇 개의 문제로 분할하여 해결하는 과정을 따르는 것이 일반적이다.

- 1단계 : 운항일정 설계(Schedule Design) ▶ 운항노선과 운항빈도를 결정하고, 운항빈도에 따른 운항일정을 결정한다.
- 2단계 : 운항기종 결정(Fleet Assignment) ▶ 운항노선과 운항빈도가 결정되어 운항일정(운항편)이 결정된 경우, 각 운항편에 할당할 항공기 기종을 배정하고, 이용 가능한 항공기 제약과 기타 운영제약 하에서 수익을 최대화하도록 결정한다.
- 3단계 : 항공기 유지보수 계획(Aircraft Maintenance Routing) ▶ 정비요구조건을 충족시키기 위한 정비 일정계획을 수립한다.
- 4단계 : 승무원 승무계획(Crew Scheduling) ▶ 비용을 최소화하기 위한 각 항공편에 탑승시킬 승무원 승무계획을 수립하는 것이다. 근무조건을 충족하는 근무여정 생성(Pairing)과 근무여정에 개별 승무원을 배정하는 것으로 구분한다. 객실과 운항승무원을 구분하여 일정을 계획수립 한다.
- 5단계 : 비정상운항 복원 계획(Recovery Plan) ▶ 항공기 지연, 정비, 기상조건

---

17 슬롯(Slot)이란 시간 당 이착륙 횟수

등에 의한 비정상운항이 발생하는 경우, 항공기 또는 승무원의 승무계획 변경을 통해 정상운항 상황으로 복원하는 계획을 수립한다.

항공사에서는 일반적으로 운항편의 시간을 결정하는 운항일정 설계문제를 결정하고, 다음 단계로 운항기종 결정 문제를 통하여 각 운항 편에 배정할 운항기종을 결정한다.

유지보수 문제는 항공기의 안전한 운항을 위하여 최소한의 정기적 점검 및 보수를 위한 일정계획으로 운항기종이 결정된 후 결정하게 된다.

운항일정, 운항기종 및 항공기 유지보수 계획이 결정되는 항공기에 탑승할 승무원 승무계획 문제를 다루게 된다.

이 같은 운영 계획 하에서 항공기 운영 및 승무원 승무계획을 운영하지만, 비정상운항 상황이 발생한 경우에는 가장 신속하고 비용이 적게 드는 방법으로 정상운항으로 복원하는 것이 필요하다. 이 같은 과정은 비정상운항 복원계획 문제에서 다루게 된다.

이들 5단계의 문제들은 모두 서로 연관성을 갖고 있어 전체적인 최적화를 이룰 때 비용최소화(수익최대화)를 구현할 수 있다. 그러나 이들 전체 문제를 포함하는 시스템 최적화가 중요하고 바람직하기는 하지만, 이 경우 문제의 규모가 너무 방대해져 현실적으로 처리할 수 있는 범위를 넘어서게 된다. 따라서 전통적으로 4개 부분의 문제로 구분하여 각각 독립적인 문제로 정의되어 연구되었다. 각 부분의 문제에 대한 최적해를 구한 경우에도, 그 최적해는 전체 최적화의 관점에서 볼 때 부분 최적해 밖에 될 수 없다. 다만, 각 부분의 문제를 최적으로 해결함으로써 전체적인 관점에서 제법 좋은 실행 가능 해를 하나 얻는다는 데 의미를 두어야 한다.

한편, 항공사 운영계획 문제에 중요한 영향을 미치는 요소는 수요이다. 수요에 따라 적절한 공급용량을 갖는 항공기를 배치해야하기 때문이다. 이 경우 수요에 비해 공급이 부족한 경우는 탑승거부 승객이 발생하게 되고, 이들에게는 일정한 보상을 해야 하므로 항공사의 비용을 증가시킨다. 반면에 공급석이 수요에 비하여 많은 경우는 좌석유실로 기회비용이 발생하게 된다. 주어진 공급석의 범위와 항공권 가격을 고려하여 적절한 판매를 통한 수요통제는 수익경영에서 따르고 있다. 그러나 항공기종의 배정이 판매된 수요에 의해 영향을 받고, 수익경영의 좌석통제 역시 공급용량의 영향을 받기 때문에 공급용량계획(기종할당문제)과 판매계획은 통합적으로 고려되어야 한다.

② 승무원 승무계획 설계

승무원 승무계획(Crew Planning)은 아래와 같이 승무계획, 승무패턴, 승무원배정 그리고 일정복구의 세단계로 이루어진다.

승무패턴 생성 문제는 운항편수와 운항시간, 각국의 법규와 규정, 노사 간의 단체협약, 승무원 근무규정을 기본원칙으로 승무원 관련 비용을 최소화하도록 승무패턴을 생성하는 것이다.

승무원 배정 문제는 각종 훈련, 휴무 및 휴가, 각종 자격제한, 그 외의 다른 법적 요건과 승무원들의 요구 사항들을 충족하도록 각각의 승무원을 각 승무패턴에 배치하는 것이다.

일정복구 문제는 비정상운항에 따라 발생하는 승무원 승무계획의 변동을 최소화하여 정상적인 승무계획으로 복귀되도록 하는 것이다.

③ 비정상운항 복원계획

날씨, 정비, 지연운항 등에 의한 비정상운항은 일반적으로 운항 당일 또는 3일 이내에서 발생하며, 항공기 및 승무원의 스케줄 변경 등을 실시하여 정상운항 상황으로 복원하게 된다. 즉 일일 운영(Daily Operations) 상황에서 발생하는 승무원의 스케줄 변경, 변경내용 고지, 운항 편에 대한 지원 및 편조의 이상 유무를 확인하여 정상적인 운항이 가능토록 해야 한다.

일일운영업무는 운항 전 3일 이내의 운항 상황에 따라서 발생하는 운항승무원의 스케줄 변경, 갑작스런 기종 변경, 기상 및 정비로 인한 운항승무원 변경사항, 승무원에 대한 변경사형(Notification) 확인, 운항편이동(Flight Movement)과 운항승무원 편조의 이상 유무 확인 등을 수행하게 된다.

[표 9-1] 항공사의 비정상운항 발생요인 현황

비정상 상황	주요 내용
지연	• 운항승무원이 공항에 도착하기 전에 운항편이 지연되는 경우 • 정상적으로 공항에 도착한 이후에 운항편이 지연되는 경우 • 비행임무 중 중간 운항편 지연으로 후속 연결편 임무 불가의 경우 • 운항도중 중간 기착지에서 장비 문제로 근무시간을 초과하는 경우
회항	• 항공기정비나 악기상 등의 사유로 다른 공항으로 회항하는 경우
결항	• 운항승무원이 도착한 이후에 결항되는 경우 • 운항승무원이 도착하지 않은 상태에서 결항되는 경우 • 임무 도중 후속 항공편이 결항되는 경우
기종변경	• 운항승무원이 공항에 도착한 이후에 기종이 변경되는 경우 • 운항승무원이 공항에 도착하지 않은 상태에서 기종이 변경된 경우 • 비행임무 중 임무해당편의 항공기가 기종변경 된 경우
운항승무원 문제로 인한 스케줄 변경	• 신분증 미소지 및 분실의 경우 • 여권 미소지 및 분실로 국제선 운항이 불가한 경우 • 신체검사 증명서 미소지 및 분실로 비행이 불가한 경우 • 비행 임무 전 갑작스런 비행 불가사유 발행 • 운항승무원이 공항에 지연 도착하여 비행이 불가한 경우 • 운항브리핑 도중 자격 제한 사항 발생 인지하여 비행이 불가한 경우(영어 자격, 노선 자격, 100시간 동승 금지 문제 등) • 비행 중 비행불가 사유 발생(질병, 자격제한 등) • 비행 전일 또는 당일 병가 등의 사유로 비행 불가 사유 발생하는 경우

운항 일을 기준으로 예상치 못한 운항 상황이 발생하는 경우에 가장 빠른 시간 내에 정상적인 운항 상태로 환원하기 위하여 운항승무원에 대한 스케줄 변경 작업을 하며 그에 따른 타 승무원들의 스케줄 변동에 대해서도 필요 조치를 추가적으로 취해야 한다. 이 같은 문제를 해결하기 위해 많은 연구들이 진행되고 있다. 즉, 비정상 운항 상황을 정상운항 상황으로 되돌리기 위해, 항공기 할당, 승무원 승무계획 등을 최소의 비용으로 최단시간 내에 종료하기 위한 관리 방식이다.

1) 비정상운항 스케줄 복원 모형

스케줄 복원은 대체 승무원 비용의 최소화, 여유 항공기의 활용, 승객에 대한 대체비용의 최소화, 충성고객의 유실 최소화, 기존 스케줄로의 복원 시간의 최소화에 목표를 두고 있다. 어느 목표를 설정하는가에 관계없이 비정상운항의 스케줄 복원은 최단시간 내에 이루어질 수 있도록 노력해야 한다.

따라서 비정상운항의 복원을 위해 항공기 복원, 승무원 스케줄 조정, 승객에 대한 적절한 지원방안이 결정되어야 한다. 항공기 복원과 관련한 의사결정 과정에서 우선시 되어야 하는 요소는 항공기, 승무원, 승객처리 순이다. 본 결정 과정에서 운항관리사는 신속 정확하고, 지원 가능 모든 자원을 총체적으로 고려하여 가장 효율적인 스케줄로 재지정을 결정해야 한다.

2) 항공기 복원

운항 스케줄에 문제가 있어 항공기를 복원하는 경우에는 항공기의 출발시간 조정, 운항구간 재설정 등을 결정해야 한다. 운항구간 재설정 결정 시에는 페리 (Ferry)[18] 발생 여부 및 항공기 변경 등을 고려해야 한다.

이와 같은 과정에서 복원기간 중 처음부터 종료 시까지 정비, 각 공항의 이·착륙 제한시간, 항공기의 효율성 등이 총체적으로 고려되어야 한다. 즉, 항공기의 복원

---

18 유상승객 없이 빈 비행기로 운항하는 항공편을 말함.

(Aircraft Recovery)과정은 여러가지 항공사의 제한상황을 고려하여 결정된다.

다시 말해, 운항 편 결항은 전체적인 항공스케줄을 균형을 맞추기 위하여 결정하게 되지만 이는 한 구간의 운송 취소로 인하여 연속된 구간의 결항을 가져오게 된다. 따라서 결항을 결정할 때는 항공기의 정비, 승무원, 승객조치 등에 따르는 비용을 신중히 고려하여 결정해야 한다.

제2절 〉 항공사의 노선개설

"항공노선은 인체의 혈관과 같다. 항공사들이 신규로 국제노선을 개설하거나 기존노선을 연장해서 운항하는 이원권을 확보하면 항공사는 사세 확대에 따른 경쟁력의 확보와 함께 여객 유인력을 증대시킨다."

1 항공노선개설의 의의와 중요성

항공사들이 신규로 국제노선을 개설하거나 기존노선을 연장해서 운항하는 이원권을 확보하면 항공사는 사세 확대에 따른 경쟁력의 확보와 함께 여객 유인력을 증대시킨다. 그리고 해당 정부는 국력을 해외에 과시하는 기회가 되므로 자국 항공사들의 국제선 신규노선의 개설과 확대에 적극 참여하고 지원한다.

항공노선은 인체의 혈관과 같다. 광대한 노선을 구축한 항공사가 좋은 운항스케줄에다 효율적으로 항공기를 운용하면 자사의 지명도 확대, 신뢰성 향상, 노선상호간 보완성의 발휘, 자사기의 이용률 증대, 기존노선의 강화 등의 효과가 있고 경영환경을 일대 개선시키는 계기가 된다.

항공사 간의 경쟁력 우열이 지상과 기내서비스 품질, 항공노선의 많고 적음, 운항기종 등에 의해 가름된다고 한다면 이것들이 조화를 이루어 항공운송서비스 품질을 결정한다고 할 수 있다. 이에 주목한 항공사들은 신규서비스의 개발, 신형기종의 도입 그리고 특히 신규항공노선의 개발을 위해 동원 가능한 모든 경영자원을 투입하고 있다.

항공사들의 이러한 노력은 고객들이 항공사를 선택할 때 한정된 노선을 가진 항공사보다 노선이 많은 항공사를 선호하기 때문이다. 이렇게 보면 항공사의 최대과제는 세계일주노선의 항공사로 자리매김하는 것이다. 이처럼 항공노선이 갖는 항공사경영에서의 의미는 크고, 항공사 발전의 기초가 된다고 할 수 있다. 항공노선개설과 확대는 운항당사국 간의 항공협정이 전제되고 다음의 조건이 구비되어야만 노선개설 이후의 효과를 배가시킬 수 있다.

즉 항공수요 확보에 어려움을 최소화할 수 있도록 건실한 판매망을 미리 구축하고 자사가 노선개설 항공시장에서 갖는 경쟁력을 평가해 보아야 하며 신규노선에 투입될 기내승무원을 미리 확보해 두어야 한다. 또한 현지의 공항시설과 여객수용력 및 항공기유도시스템의 완벽성 여부도 확인해야 하고 수요예측과 시장조사를 통해 적절한 좌석공급량을 결정해야 한다.

항공사의 판매활동은 항공수요에 의해 영향을 받으므로 수요예측은 항공사의 서비스계획에서 중심적인 역할을 한다. 이런 점에서 노선계획과 관련된 운항기종과 운항횟수의 결정은 수요예측결과에 의존할 수밖에 없다.

항공노선의 결정은 불확실한 미래에 대한 것이므로 어려움이 크지만 정교한 수요예측결과를 토대로 하면 불확실성을 그만큼 줄일 수가 있다.

2 항공노선계획

항공노선계획을 수립할 때에는 계획수립기간이 중요하다. 그것은 고가의 항공기를 적절히 배치하고 장기간의 양성기간이 필요한 조종사들을 효율적으로 활용하려면 가급적 계획기간을 길게 잡아야 하기 때문이다. 그러나 항공시장 환경이 급변하는 오늘날, 장기계획이 현실에 맞지 않을 수도 있으므로 향후 3~5년 정도의 회전계획(Rolling Plan)을 수립해도 무방하다.

또 항공기의 발주도 항공기 제작을 의뢰하고 인수하는 데 2년 정도 걸리고 신형기일 때에는 시간이 더 필요하다. 이러한 항공기의 발주 리드타임을 고려하면 3~5년 회전계획을 수립하는 것이 바람직하다.

항공사의 노선계획수립은 정보수집으로부터 시작된다. 자국과 노선개설 희망국의 현재 경제상황과 미래전망, 사회·문화적인 환경, 공항의 개발상황과 사용조건의 변화, 항공기의 개발추이, 경쟁항공사의 동향, 경합교통기관의 발전추이 등에 대한 정보수집이 중요하다.

1) 항공협정의 체결과 국력

국제선 운항노선의 개설은 운항당사국 간의 항공협정체결이 전제된다. 그리고 항공사 간의 이해득실은 자주 항공협정의 수정요구와 수정기피 현상으로 나타나는데 그것은 모두 노선구조의 편성에서 유리한 고지를 차지하기 위함이다.

항공요금의 책정과 운송권(Traffic Right) 행사의 불균형도 교섭대상이 된다. 대체로 이 협상에서는 협정개정을 요구하는 측이 호혜평등의 국제외교관계에 따라 동등한 권리를 발휘할 수 있는 환경의 조성을 강력히 요구하지만, 선·후진국을 불문하고 노선, 요금 그리고 운송권의 교환은 지정항공사의 이해관계와 직결되므로 대체로 수성의 자세로 협상에 임한다. 그래서 항공사들은 공항시설의 사용제한, 세제운용 등을 내세워 수성요구 공세에 대처해 나가고 있다.

항공협정 내용문안을 작성할 때 중요한 것은 항공외적요인의 영향이 크다는 점이다. 항공협정은 호혜평등원칙에서 상호 국익과 자국 항공사의 권익을 최대한 수호하려는 외교교섭의 산물이다. 따라서 협정내용은 협정을 체결할 때 참여한 정부대표와 항공사 관계자들의 노력의 결과이다. 더욱 구체적으로는 국력, 교섭력, 항공정책 그리고 항공사의 사세의 총화이다. 자국의 경제력, 항공시장의 성장잠재력, 항공사의 경쟁력 등은 항공협정을 유리하게 이끌 수 있는 배경이다.

항공협정문에 포함되는 중요한 내용은 출발지와 목적지 및 운항항공사의 지정, 좌석공급력(운항기종)과 운항빈도, 운항개시일 등이다.

2) 항공노선의 구조선택

2국간의 항공협정 등을 통해 확보한 운송권의 범위 내에서 항공사는 자사의 경영목표를 달성하기 위해 효율적인 노선망을 구축·활용해야 한다. 여기에서 노선망의 구축은 노선구조를 구축함을 뜻한다. 노선구조는 항공시장의 크기와 운항대상국의 위치 등과 관련되는 것으로 선형(Linear)과 자전거 바퀴살 형(Hub and Spoke)으로 대별된다.

(1) 선형

항공사의 노선망은 여러 노선구조가 복합적으로 섞여 있는 것이 일반적이지만, 여기에 포함될 수 있는 것 중의 하나가 곧 선형이다. 항공사들은 노선망을 구축할 때 운항비용과 수익 측면에서의 효율성 추구가 중요한 목표인데, 이 노선구조는 이러한 목표에 부합될 수 있는 것 중 하나이다. 이 노선구조는 가장 단순한 것으로 원칙적으로는 두 지점 간을 연결해서 항공기를 왕복 운항시키지만 때로는 중간 기착지도 포함시킨다. 따라서 이 노선구조는 교통량이 다수의 공항에 분산되어 있을 때 효과적이다.

(2) 자전거 바퀴살 형

이 노선구조는 자전거 바퀴살을 연상시키는 구조이다. 이것은 항공교통량의 상당 부분이 하나의 주요 축 공항으로 향하거나 축 공항으로부터 출발하는 경우 다른 지역들 간의 연결도 축 공항을 경유하도록 구성하는 방법이다. 항공사들이 이 노선구조를 선택하면

첫째로 항공교통량을 축 공항으로 결합시키는 데 효과적이고 항공사는 최소의 자원으로 특정 지역을 서비스할 수 있고,

둘째는 한 항공사의 통제하에 연결비행을 계획할 수 있어 환승시간을 최소화할 수 있는 스케줄이 가능하며,

셋째는 항공사 간 환승의 필요성이 줄어들고 동일 항공사 간의 환승이 증가하므로, 환승소요시간의 단축과 함께 비용절감이 가능하다.

넷째로 항공사는 항공요금과 공급량의 통제를 보다 완전하게 할 수 있고 다른 항공사의 진입장벽을 만들므로 기존항공사들의 운영이 용이해진다. 이러한 이점들로 인해 항공사는 특정 시장에서 시장점유율을 높일 수 있다.

대체로 이 노선구조는 전략적으로 선발항공사인 대형항공사들이 주로 채택한다. 그런 점에서 한국의 인천공항은 대표적인 허브 앤드 스포크(Hub and Spoke) 시스템의 공항이다.

한편, 이 시스템을 활용하는 대부분의 공항들은 국내선과 국제선을 분리 운영하거나 별도의 공항에서 취급하도록 하는데 이 경우 국내선과 국제선 간의 환승이 어려워 완벽한 시스템의 효과를 기대할 수 없다. 뿐만 아니라 환승 여객과 여행을 종료한 여객이 필요로 하는 시설에서 차이가 나므로 이에 대한 대책도 마련할 필요가 있다.

3 항공노선개설을 위한 수요예측

1) 수요예측의 필요성

수요예측은 항공사의 경영계획 수립에서 기초적인 작업이다. 항공사가 노선계획, 운항횟수계획(공급계획), 기종선정 등을 계획하거나 장기경영전략을 수립할 때 기초자료가 되는 것이 이 수요예측이다. 따라서 항공사의 노선계획 수립과정의 첫 단계는 수요예측에서 시작되어야 한다.

노선계획은 국가 간에 운송권을 확보한 후의 항공기의 투입·운영계획을 의미한다. 이는 곧 항공좌석의 공급량을 결정하는 문제와 직결되므로 당연히 이 과정에서 추정된 수요가 판단의 기초가 된다. 이때의 수요예측은 정교해야 한다. 그것은 정기항공사가 노선개설 후 항공기를 운항시키면 일정 기간 운항을 계획해야 하고 기재계획에서도 기종선정과 함께 항공기의 인수를 위해 리드타임이 필요하기 때문이다.

좌석공급량이 수요보다 많으면 좌석이용률(Load Factor)이 낮아져 원가상승과 수지를 악화시킨다. 이와 반대 상황일 때에는 확보할 수 있는 수익을 놓치게 되므로 수요예측과 이에 적합한 기종선택은 항공사의 중요한 과제이다.

2) 수요예측의 활용

항공수요예측은 대체로 과거의 운송실적에 기초하거나 시장조사를 통해서 이루어진다. 세계 각국의 도시는 거미줄과 같은 항공노선으로 연결되어 있다. 이 노선을 이용한 운송실적과 최신 통계기법을 활용하면 현재수요와 미래수요를 추정해 낼 수 있다. 항공사가 노선계획을 수립할 때에는 과학적인 방법에 의해 분석된 수요예측에 기초해야 한다.

항공수요를 예측할 때에는 대상을 노선과 운송객체로 나누어야 한다. 수요예측 대상을 더 세분할 것인가는 계획의 목적, 대상영역의 중요성 그리고 자료수집 가능성에 따라 달라진다.

먼저 노선별 구분은 파리노선과 런던노선처럼 나누는 것이고, 객체별 구분은 여객·화물·우편과 같이 나누는 것이다.

이러한 기본적인 구분에서 더 세분하면 내국인과 외국인, 관광객과 비즈니스여객, 개인여객과 단체여객 등으로 나눌 수 있다.

이처럼 목적과 필요에 따라 수요대상이 세분되면 세분된 각 대상에 대한 과거실적, 수요변동 상황, 수요에 영향을 미치는 요인 등을 파악하고 이러한 자료를 통계처리하여 미래수요를 예측할 수 있다. 수요예측 결과는 노선계획에는 물론 항공사의 전반적인 경영계획 수립에 널리 활용된다.

4 항공노선개설을 위한 경쟁력 평가

항공사의 경쟁력은 동일한 공급단위당 수요를 흡수할 수 있는 항공사 상호 간의 역학관계이다. 즉 여객의 경우 한 좌석 당 여객을 흡수할 수 있는 경쟁사와 자사간의 역학관계를 나타내는 지표이다. 그 관계식은 다음과 같다.

경쟁력 = 시장점유율 / 자사의 공급점유율

위의 식에서 항공사의 경쟁력은 항공시장에서 자사의 공급점유율과 시장점유율 간의 관계에 의해 결정됨을 알 수 있다. 그래서 만약 시장점유율이 공급점유율보다 높으면(평균경쟁력=1.00) 해당 노선과 시장에서 경쟁력을 발휘하고, 반대로 경쟁력이 1 이하이면 경쟁력이 낮아 해당 시장에서 열세를 면하기 어려운 상황이 된다.

따라서 항공사는 자사가 투입한 공급점유율과 같거나 그 이상의 시장점유율을 확보해야 한다. 이것이 항공사의 경쟁력이고, 항공사가 경쟁력을 확보하려면 항공노선을 많이 확보하고 서비스품질을 향상시키며 효과적인 마케팅활동을 전개해야 한다.

5 항공노선개설의 실제

항공사의 노선개설 및 횟수와 관련된 의사결정은 항공사의 성장과 발전에 많은 영향력을 미친다. 전술했듯이 항공노선의 개설은 수요예측과 경쟁력 평가를 기초로 해야 할 것이지만 고가의 항공기를 효율적으로 운용함으로써 수지를 개선시키는 경영환경개선의 지표이자 자사의 항공지명도를 높이는 수단도 되므로 여간 신중을 기하지 않으면 안 된다.

여기서는 항공사가 신규노선의 개설과 확장문제를 검토할 때 적용하는 매트릭스 접근법을 소개한다. 이 방법은 기존 항공노선에서 각 운항구간 간의 거리를 확인한 후 작성한 접근매트릭스(Access Matrix) 모델이다.

1) 유효성 접근모델을 활용한 분석

세계적 규모인 T항공사가 현재 보유하고 있는 극동노선은 세 방향이고 각 운항지점 간의 구간거리를 'km'로 나타낸 것이 [그림 9-1]이다.

그림을 보면, 멜버른➡시드니➡싱가포르➡뭄바이➡방콕➡홍콩➡동경에 이르는 노선이 가장 장거리이고 각 운항구간의 거리를 기준해서 접근매트릭스를 작성한 것이 〈표〉이다.

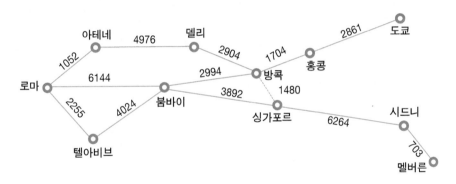

[그림 9-1] 아시아의 대표적 항공사인 T항공사의 노선도와 구간거리(단위: km)

〈출처〉 TTRA, Journal of Travel Research, Vol. 23, No. 3, 2009, p.31.

이 표에서 총비행거리가 짧은 지점이 노선의 중심지이다.

뭄바이, 방콕, 싱가포르 순으로 확인되는데 대체로 항공사들은 노선상의 지역본부를 이 순서에 기초해서 결정한다. 그러나 이 경우 제3순위인 싱가포르가 경제 상황, 관광자원, 관광인프라 구축, 완벽한 사회 안정망과 기후, 쇼핑시설 등에서 유리한 조건에 있으므로 지역본부로 적합하다.

대신 뭄바이는 자체의 항공수요가 적고 치안유지 등의 문제점이 있지만 이 노선상에서 차지하는 지리적인 중요성을 감안하여 지점을 폐쇄해서는 안 된다. 저렴한 인건비를 활용한 기내청소, 중간급유지, 기내식 탑재공항으로서 역할의 중요성을 인정해야 한다.

항공사의 역사 면에서나 시장지위에서 확고한 위치에 있는 T항공사가 극동지역에서 자전거 바퀴살형 노선구조를 전개하려는 상황에서 뭄바이는 이 노선의 중심축으로서 중요한 의미가 있다.

[표 9-2] T항공사의 동남아시아노선 접근매트릭스(단위: km)

	로마	아테네	텔아비브	뭄바이	델리	방콕	싱가포르	시드니	멜버른	홍콩	도쿄	노선거리	순위
로마	0	1,052	2,255	6,144	6,028	8,932	10,036	16,300	17,003	10,636	13,497	91,883	8
아테네	1,052	0	3,307	5,160	4,976	7,880	9,052	15,316	16,019	9,584	12,445	84,791	7
텔아비브	2,255	3,307	0	4,024	8,283	7,018	7,916	14,180	14,883	8,722	11,583	82,171	6
뭄바이	6,144	5,160	4,024	0	5,098	2,994	3,892	10,156	10,859	4,698	7,559	61,384	1
델리	6,028	4,976	8,883	5,898	0	2,904	9,790	16,054	16,757	4,608	7,469	81,767	4
방콕	8,932	7,880	7,018	2,994	2,904	0	6,886	13,150	13,853	1,704	4,565	69,886	2
싱가포르	10,036	8,052	7,816	3,892	9,790	6,886	0	6,264	6,967	8,590	11,451	80,844	3

〈다음 페이지에 계속〉

	로마	아테네	텔아비브	뭄바이	델리	방콕	싱가포르	시드니	멜버른	홍콩	도쿄	노선거리	순위
시드니	16,300	15,316	14,180	10,156	16,054	13,150	6,264	0	703	14,854	17,715	124,692	10
멜버른	17,003	16,019	14,883	10,859	16,757	13,853	6,967	703	0	15,557	18,418	131,019	11
홍콩	10,636	9,584	8,722	4,698	4,608	1,704	8,590	14,854	14,854	0	2,861	81,814	5
도쿄	13,497	12,445	11,583	7,559	7,469	4,565	11,451	17,715	17,715	2,861	0	107,563	9
총노선거리												997,814	

2) 방콕–싱가포르 구간의 노선개설

T 항공사가 방콕과 싱가포르 간에 노선을 개설하면 극동노선에서 여객유치에 유리하게 작용할 비행거리를 혁신적으로 단축시키고 운항비용도 절감할 수 있다.

[표 9-3] T항공사의 조정된 동남아시아 접근매트릭스(단위: km)

	로마	아테네	텔아비브	뭄바이	델리	방콕	싱가포르	시드니	멜버른	홍콩	도쿄	노선거리	순위
로마	0	1,052	2,255	6,144	6,028	8,932	10,036	16,300	17,003	10,636	13,497	91,883	9
아테네	1052	0	3,307	5,160	4,976	7,880	9,052	15,316	16,019	9,584	12,445	84,791	7
텔아비브	2,255	3,307	0	4,024	8,283	7,018	7,916	14,180	14,883	8,722	11,583	82,171	6
뭄바이	6,144	5,160	4,024	0	5,898	2,994	3,892	10,156	10,859	4,698	7,559	61,384	3
델리	6,028	4,976	8,283	5,898	0	2,904	4,384	10,648	11,351	4,608	7,469	66,549	5
방콕	8,932	7,880	7,018	2,994	2,904	0	1,480	7,744	8,447	1,704	4,565	53,668	1
싱가포르	10,036	9,052	7,916	3,892	4,384	1,480	0	6,264	6,967	3,184	6,045	59,220	2
시드니	16,300	15316	14,180	15,156	16,054	13,150	6,284	0	703	9,448	12,309	103,068	10
멜버른	17,003	16,019	14,883	10,859	11,351	8,447	6,967	703	0	10,151	13,012	109,395	11
홍콩	10,636	9,584	8,722	4,698	4,608	1,704	3,184	9,448	10,151	0	2,861	65,596	4
도쿄	13,497	12,445	11,583	7,559	7,469	4,565	6,045	12,309	13,012	2,861	0	91,345	8
총노선거리												869,070	

신설될 구간의 비행거리(그림)에서 점선으로 표시된 부분)는 1,480km이다. 이 노선이 개설되면 접근매트릭스는 [표 9-3]처럼 수정되어 접근성 순위는 방콕, 싱가포르, 뭄바이 순서로 되면서 극동노선 총구간거리는 13%나 단축된다.

아울러, 한·중·일 간의 항공운항편의 연결강도를 살펴보면 아래 그림과 같다.

아래그림의 상단은 인천공항과 중국 및 일본 도시 간의 연결 상황이고, 하단은 나리타공항과 한국 및 중국 도시 간 노선도이다. 연결선의 굵기는 운항편수에 비례하며, 숫자는 일주일 동안의 운항편수이다. 한국은 중국과 일본의 수많은 도시로 취항하고 있으나, 일본은 한국과 중국 도시로 취항하는 노선 수는 많지 않음을 볼 수 있다.

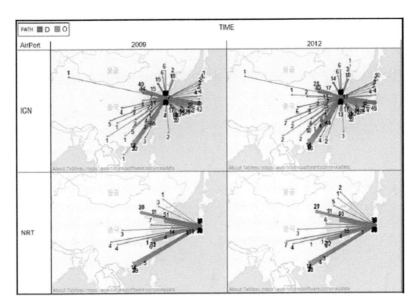

[그림 9-2] 한·중·일 도시 간 연결강도

"객실서비스는 고객과 만나는 시간이 가장 길고 항공운송서비스를 마무리하는 단계라는 점에서 항공서비스의 꽃이라고 할 수 있다."

1. 항공기 객실서비스 일반

항공기의 객실은 항공상품의 생산과 소비가 동시에 이뤄지는 곳이다. 즉 여행자 측면에서 보면 객실은 여정 가운데 공간적 이동을 하면서 가장 많은 시간을 보내는 곳으로 이곳에서 제공받는 서비스는 항공사로부터 구매한 항공상품을 소비하여 현장에서 직접 제공받는 효용으로 인식하게 될 뿐만 아니라 항공여행을 구성하는 중요한 요소가 된다. 따라서 다른 어느 항공 서비스업무에 비해 상대적으로 높은 수준의 서비스가 요구되며, 특히 서비스 마인드가 잘 훈련된 직원배치가 강조된다.

1) 객실 서비스의 개념

객실 서비스는 비행 중 객실에서 행해지는 유형과 무형의 서비스를 총칭한다. 또한 고객과 만나는 시간이 가장 길고 항공운송서비스를 마무리하는 단계라는 점에서 항공서비스의 꽃이라고 할 수 있다. 그러므로 객실 서비스는 고객들이 만족, 불만족을 느끼게 되는 고객 지각에 가장 가까운 서비스로서 오늘날 항공기 이용승객의 계층이 확대되고 생활수준이 향상됨에 따라 승객의 욕구가 더욱 증대되고 있어 객실 서비스 또한 더욱 향상된 수준의 서비스가 요구되는 것이다. 특히 최근 객실의 편안함과 안락함이 고객의 항공사 인지도 및 지명도 제고의 가장 중요한 요인으로 부각되고 있는 점과 관련하여 항공사들은 객실 서비스 수준을 높이기 위해 각기 새롭게 개발한 특정 객실 서비스를 제공하고자 노력하고 있다.

2) 객실 서비스의 특성

항공사의 객실서비스는 일반서비스산업과는 달리 총체적인 서비스의 결정체로 다음과 같은 차별적 특성을 갖는다.

첫째, 항공객실서비스는 미장원, 이발소, 세탁소, 법률사무소, 병원의사 등이 하는 전형적으로 한 개인에게 한정되어 행해지는 소형서비스와 달리 서비스규모에 있어서 대형화된 형태의 서비스이다.

둘째, 항공기객실의 공간이나 객실시설, 서비스용품 제공에 있어서 특정한 기준이 설정되어 있지 않다.

셋째, 현재 선박, 철도, 항공사 등의 서비스분야에 마케팅 담당자를 갖는 방향으로 움직이고 있으며, 이러한 전사적인 마케팅 노력이 항공사의 객실 서비스관리에도 적극 채택되고 있다.

넷째, 서비스가 객실에서 고객에게 직접 전달되는 직접 경로를 통한 마케팅의 형태이다.

다섯째, 철도, 미장원, 은행, 모텔 등과 같이 주로 어떤 특정 시설물에서 제공되므로 고객에게 서비스 의무를 수행하려고 하여도 이동이 불가능하여 고객을 직접 찾아가야 하는 비이동적 특성을 나타낸다.

3) 객실 서비스의 구성요소

객실 서비스의 구성은 크게 물적서비스와 인적서비스로 이루어지며, 이 두 가지 요소가 원활히 제공되었을 때 승객들은 훌륭한 객실서비스를 받았다고 느끼게 된다. 최근 들어 다양한 승객의 욕구에 따라 객실 내 물적서비스 개선에 대한 관심이 점차 커지고 있으나, 항공사는 어느 한 분야에만 집중적으로 치중하기보다 지속적으로 향상되고 균형 있는 서비스로 승객의 편의를 도모하고 신뢰감을 조성하여 경쟁력을 확보해 나가야 한다. 객실 서비스의 물적 · 인적서비스는 다음과 같이 설명된다.

(1) 물적서비스

물적서비스는 승객이 여행 중 이용하거나 제공받게 되는 각종의 시설물과 장비로서 항공기, 좌석, 식음료, 독서 물, 통신시설, 객실영화, 음악 및 오락기구 등 객실에서 제공되는 상품과 기압, 온도, 습도, 소음 등에 관련된 운항 중의 환경 및 서비스 전달체계(Delivery Systems)로 구분된다.

대부분의 항공사들이 제공하는 물적 서비스는 정도의 차이가 거의 없을 정도로 흡사하였으나, 최근 경쟁이 점차 과열되면서 새로운 아이디어로 물적 서비스의 차별화와 고급화 전략으로 고객을 유치하려는 움직임이 활발해지고 있다. 이에 따라 장애인을 위한 시설, 승객을 위한 객실 이벤트, 제한된 객실환경을 고려한 체조 서비스 등 한 차원 높은 새로운 서비스를 개발, 운용에 힘쓰고 있다. 항공운송서비스의 발전을 위해서 이러한 객실 물적 서비스경쟁은 상품의 질적 향상을 위해 반드시 필요하다고 할 수 있다. 대표적인 객실 물적 서비스는 항공기의 기내 인테리어, 좌석과 공간, 화장실, 식음료 서비스, 오락물(음악, 영화 등), 기타 기내제공 서비스 등이 있다.

2) 인적서비스

서비스의 품질은 종사자가 어떠한 태도와 방법으로 서비스를 제공하는가에 따라 최종적인 고객만족에 밀접한 영향을 미치게 된다고 할 수 있다. 그러나 인적서비스는 물적서비스를 유효화시키기 위하여 제공되는 서비스이므로 이들을 결합함으로써 비로소 상품으로서의 가치를 지니게 된다. 유동적 상품으로서의 인적서비스는 무형상품으로서, 항공서비스에서는 출발지에서부터 목적지에 이르기까지 항공운송에 관련된 모든 서비스를 포함하다. 객실서비스는 지상에서의 서비스와는 달리 제한된 공간에서 서비스에 필요한 많은 용품을 선정해서 탑재해야 할 뿐만 아니라, 비행시간의 장단을 고려하여 언어와 인종 그리고 종파가 서로 따른 승객들을 대상으로 한다. 따라서 그들의 사회 문화적 환경과 개개인의 기호를 고려한 다양한 서비스를 비행중의 고공에서 정해진 시간에 제공해야 하는 어려움이 존재하므로 서비스 때 이러한 난점을 극복해야 한다.

객실서비스에서의 인적서비스는 객실승무원이 담당하게 되며, 승객이 안전하고 쾌적하게 목적지까지 무사히 도착할 수 있도록 이를 실행하는 중요한 역할을 맡고 있다. 또한 승객들에게 가장 가까운 거리에서 직접적인 서비스를 제공하기 때문에 그들은 곧 항공사의 이미지로 연결된다.

그러므로 유연하게 의사소통을 할 수 있는 외국어 능력, 장시간 비행 동안 고객과 대하면서도 결코 잃지 않는 미소, 여행지와 항공운항에 관한 풍부한 지식과 정보의 소유, 상대방을 배려하는 친절 등 객실승무원이 갖추어야 할 덕목을 지속적으로 배양해야 한다.

최근 들어 고객의 니즈는 나날이 다양해지고, 기대치가 높아지면서 위의 물적·인적 서비스 요소 중 어느 한 요인에만 치중되는 서비스보다 두 요인이 유기적으로 조화 있게 결합된 종합 서비스제공이 필수화되고 있으므로 각 항공사는 물적·인적 서비스를 결합한 새로운 형태의 서비스 프로그램 개발에 부단한 노력을 해야 할 것이다.

3) 비행안전

승객에게 제공되는 가장 기본적이고 중요한 서비스사항 중의 하나로, 승객이 항공기 탑승 전 항공여행에 대해 느끼는 의식적·무의식적인 불안감 등을 해소하여 편안하고 안전한 여행이 될 수 있도록 하는 서비스이다.

▶ 안전시범(Safety Demonstration). 비상상황 시 승객이 사용하게 될 비상구의 위치, 좌석 벨트, 산소마스크와 구명 복에 대한 사용법을 설명함으로써 예기치 않은 기류변화와 비상사태 등에 신속이 대처하도록 시범 및 비디오 상영을 통해 안내하며, 비행 중 기류변화나 항공기의 요동이 심할 때는 수시로 좌석 벨트 안내방송 등을 실시한다.

▶ 객실 비상장비(Emergency Equipment). 비행 중 비상시에 대비하여 각종 소화기, 산소통 등이 객실 내에 비치되어 있으며, 그 외 비상착륙 및 착수 때

를 대비하여 항공기 탈출용 미끄럼대(Escape Slide)를 비롯하여 구명보트 역할
을 해주는 Life Raft, 확성기(Emergency Megaphone), 구조 신호용 등(Radio
Beacon)의 비상장기가 항공기 내에 장착되어 있다. 또한 객실에는 소화제, 진
통제 등 간단한 의약품뿐만 아니라 응급환자 발생 때 승객 중 의사가 사용할
수 있는 수술도구 및 각종 구급약품이 탑재된다. 또 최근 일부 항공사에서는
심장마비를 일으킨 환자의 심장에 전기적인 충격을 전달하여 심장 기능을 소
생시켜 주는 응급의료 기구까지도 탑재 운영되기도 한다.

4) 객실 서비스 기본 매너

(1) 서비스 기본자세

① 밝은 표정

서비스인의 얼굴은 항상 타인의 시선에 노출되어 있다. 따라서 서비스 인
이라면 자신의 얼굴 표정이 고객에게 친근감을 주는지, 그렇지 않은지를
반드시 확인해 보아야 한다. 고객에게 친근감을 주는 서비스인의 얼굴 표
정은 바로 고객응대 매너에 있어 가장 기본적이 것이라고 할 수 있다. 웃는

얼굴과 함께 적극적인 고객응대는 객실 서비스의 첫 동작이다.

승객응대 시 언어적 표현보다 비언어적 표현이 의미의 전달 역할이 크며, 그 중 얼굴표정이 많은 비중을 차지하므로 밝은 표정과 더불어 세련미가 더해져야 한다.

한편 서비스인은 기본적으로 고객이 편안한 마음을 가질 수 있는 친근감을 주는 표정을 갖추고 있어야만 한다. 고객도 서비스인의 표정에 따라 서비스인의 친절과 상냥함을 판단하기 때문이다.

② 대화 중 시선처리

아무리 말씨나 태도가 훌륭한 서비스 인이라 할지라도 얼굴표정에 있어 시선처리가 바르지 못하면 서비스의 효과는 반감되고 만다. 서비스인의 올바른 시선처리는 곧 서비스인의 자신감과 고객에 대한 공손함을 의미한다. 즉 고객과 장시간 대화를 할 경우 일반적으로 고객의 양 미간과 눈을 번갈아 보면서 시선을 보는 것이 고객 입장에서 편안함을 느낄 수 있다. 고객의 미간을 보다가 여백, 즉 고객과의 대화의 중심이 되는 쪽, 앞에 놓인 서류, 제시하는 방향, 찻잔 등으로 시선 처리를 한다. 이때 어떠한 경우라도 고객의 신체 위아래로 시선을 돌리는 것은 좋지 않다.

③ 서비스의 기본 동작

객실승무원은 항상 많은 승객들의 주시의 대상이다. 근무에 필요한 바르고 세련된 자세와 동작을 몸에 익혀 자연스럽게 표현하도록 해야 한다.

▶ 바르게 앉는 자세 : 의자 깊숙이 엉덩이가 등받이에 닿도록 앉는다. 이때 양다리는 수직으로 하며 오래 앉아 있을 경우, 다리를 좌우 어느 쪽으로 방향을 틀어도 무방하다. 쉬고 있을 때는 다리를 꼬아 옆으로 틀어도 괜찮지만 이러한 경우 다리 선은 가지런히 하여 발끝까지 쭉 펴서 반

듯하게 보이도록 한다. 이때 팔짱을 끼고 무릎을 떨거나, 다리가 벌어지지 않도록 유의해야 한다.

▶ 앉고 서는 법 : 대체로 의식하지 않고 무의식중에 하는 것이 앉고 서는 법이다. 그러나 앉고 서는 모습만 보아도 연령을 분명히 알 수가 있다. 여성의 경우 오른손이 위로 가게 하여 가지런히 모아 자연스럽게 내리고, 남성의 경우 손을 가볍게 쥐어 바지 재봉선에 붙인다. 이때 양손을 약간 둥글게 하면 보다 정중한 인상을 준다.

▶ 인사하는 자세 : 1단계로 곧게 선 상태에서 상대방과 시선을 맞추고 난 다음 등과 목을 펴 고 배를 끌어당기며 허리부터 숙인다. 2단계는 머리, 등, 허리선이 일직선이 되도록 하고 허리를 굽힌 상태에서의 시선은 자연스럽게 밑은 보고 잠시 멈추어 인사 동작의 절제미를 표현한다. 인사하는 동안 미소가 얼굴에 머물도록 한다. 3단계, 너무 서둘러 고개를 들지 말고 굽힐 때보다 다소 천천히 상체를 들어 허리를 편다. 마지막으로 상체를 들어 올린 다음, 똑바로 선 후 다시 상대방과 시선을 맞춘다.

▶ 객실 통로에서 걷는 자세 및 방향지시 : 객실 통로를 걸을 때에는 발소리가 크게 나지 않도록 자신의 걸음걸이에 주의를 기울여 발 앞 끝이 먼저 바닥에 닿도록 하여 전면에 일직선이 그어져 있는 듯 가상하여 똑바로 걷는다. 한편, 방향지시를 할 때는 손가락을 모으고 손 전체로 시선은 상대의 눈에서 지시하는 방향으로 갔다가 다시 상대의 눈으로 옮겨 상대의 이해도를 돕도록 한다.

2) 객실 서비스 대화

(1) 객실 서비스 대화의 중요성

자신의 의사를 상대방에게 신속, 정확하게 전달하는 것과 상대방의 의사를 무리 없이 받아들이는 것은 서비스의 기본이며, 공통의 목표를 효과적으로 달성하는 데 있어 서로 간의 원만한 의사소통은 가장 중요한 요소가 된다. 그러므로 고객과의 대화 시 친밀감을 유지하고 원만한 관계를 유지해야 하며, 회사를 광고하고 단골고객으로 만드는데 있어 매우 중요한 요건임을 주지해야 한다.

한편 커뮤니케이션은 인간관계의 기본이며, 서비스는 고객에 대한 설득적인 커뮤니케이션이다. 서비스의 의미 자체도 지식이나 이론보다는 이미지나 태도, 표현이 더욱 중요하다고 볼 수 있으며 양방향 의사소통은 효율적인 고객 서비스의 기반이 된다. 따라서 고객 서비스는 외적표현에 의해서 전달되고 고객을 움직이는 커뮤니케이션 기술로서 그 성공의 열쇠는 긍정적이고 효율적인 예절로 의사소통을 할 수 있는 서비스 맨의 능력에 달려 있다.

(2) 객실 서비스 대화 요령

고객응대 화법은 전달하려는 의사를 고객에게 명확히 이해시킴은 물론 그 과정을 통하여 친절함과 정중함을 동시에 전달해야 한다. 이들 조건이 완비되어야 바람직한 대고객 화술이라 할 수 있다. 객실 서비스 대화요령을 간략히 정리하면 다음과 같다.

첫째, 자신의 말보다 고객의 말을 잘 듣는 자세가 필요하다.

둘째, 밝은 목소리, 적당한 속도, 정중함, 적절한 표정, 친근감을 주는 톤을 유지하도록 한다.

셋째, 필요 이상의 약어, 외국어 및 평소 자신의 언어습관을 지양하고 표준어와 경어를 사용한다.

넷째, 금지, 부정, 거절의 표현과 같은 명령형을 피하고 의뢰형을 많이 사용한다.

다섯째, 부드러운 쿠션언어를 사용한다.

여섯째, 승객응대 시, 가급적 승객을 호칭하며 서비스한다.

대화 시 유의 사항은 특정 고객과 장시간 대화함으로써 주위의 다른 고객에게 편중된 서비스라는 인상을 주지 않도록 한다. 그리고 화제에 있어서 공통적인 의견이 되도록 마음을 쓰며 상대고객이 흥미로워 하는 화제를 신속히 알아내야 한다. 설득, 교육시키는 태도보다는 고객의 입장에서 이해하고 납득할 수 있도록 우회적인 방법으로 설명하되 가르치는듯한 느낌을 받지 않도록 특히 주의한다.

즐거운 여행은 기내예절부터 시작한다. 기내서비스(In Flight Service)는 승객들에게 가장 큰 영향을 미칠 수 있다.

01   항공노선 개설의 의의와 중요성에 대해 설명하시오.

02   항공노선개설을 위한 경쟁력 평가방법은?

03   항공사 운영계획의 종류와 실제를 설명하시오.

01 운항일정 설계(Airline's Schedule Design)

02 비정상운항 복원계획(Recovery Plan)

03 승무원 승무계획(Crew Schedule)

파생되는 질문과 중요 이슈

01 항공수요예측의 활용과 노선개설의 실제 사례를 설명하세요.

02 FSC(Full Service Carrier)와 LCC(Low Cost Carrier)의
항공노선개발방법의 차이점과 성공적인 노선확대방안을 설명하세요.

03 항공사의 물리적환경인 서비스스케이프(Service Scape)에 대해서
설명하세요.

- 김재원 외 , 항공사경영론, 학현사, 2012.

- 김재원, 항공사의 서비스스케이프가 고객만족과 애호도 및 행동의도에 미치는 영향, 관광레저연구, 2014, 7, 제26권.

- 백의영, 국제항공노선 시각화 분석을 위한 데이터마트 설계와 구축에 관한 연구, 광운대학교 석사논문, 2011.

- 윤문길 · 이휘영 · 윤덕영 · 이원식 공저, 글로벌 항공운송서비스경영, 한경사, 2011.

- Alamdari, F. and K, Mason, The Future of Airline Distribution, "Journal of Air Transport Management, 12, 2006, pp. 29-50.

항공교통관리 및 항공안전시스템

AIRLINE
MANAGEMENT

10 항공교통관리 및 항공안전시스템

1. 항공교통관리 업무(Air Traffic Management : ATM)의 목적
- 항공기 간의 충돌방지
- 기동지역 내 항공기와 장애물 간의 충돌방지
- 항공교통의 신속한 처리와 질서 있는 흐름유지
- 안전하고 효율적인 비행에 유용한 조언 및 정보의 제고
- 수색 및 구조를 필요로 하는 항공기에 대한 지원

2. 항공기의 운항체계 시스템
항공기의 운항체계 시스템은 항공기, 항공기를 운항하는 승무원 및 운항전반을 관리하는 운항관리 등으로 구성되는 기본체계와 항공기가 비행하는 항로·공역, 관련 항행안전시설, 공항 및 항공교통업무 등으로 구성된다.

제1절 > 항공교통관리(ATM : Air Traffic Management)

"항공보안활동의 가장 중요한 목적은 비행에 투입되는 항공기에 무기,
폭발물 등의 불법물질이 반입되거나 장치되는 것을 막는 것이다."

1 항공교통관리업무(ATM)의 개요

1) 항공교통관리업무에 대한 이해

항공교통관리(ATM : Air Traffic Management) 업무는 공역을 운항중인 항공기 간의 충돌방지 분리운항, 공항의 항공기 이동지역 내 항공기와 장애물 간의 충돌방지, 항공교통의 신속한 처리와 질서정연한 흐름유지, 안전하고 효율적인 비행에 유용한 조언 및 정보제공, 조난 항공기 수색 및 구조를 필요로 하는 항공기에 대한 지원을 목적으로 제공되는 업무를 말한다.

> ◆ 항공교통관리 업무(Air Traffic Management : ATM)의 목적 ◆
> * 항공기 간의 충돌방지(To Prevent Collision between Aircraft)
> * 기동지역 내 항공기와 장애물 간의 충돌방지
> * 항공교통의 신속한 처리와 질서 있는 흐름유지
> * 안전하고 효율적인 비행에 유용한 조언 및 정보의 제고
> * 수색 및 구조를 필요로 하는 항공기에 대한 지원

또한 항공교통업무보다 포괄적인 의미를 지닌 '항행업무(ANS : Air Navigation Service)'라 하면 '국제민간항공조약(시카고 조약) 제28조에서 각 체약국이 국제항행을 용이하게 하기 위하여 제공하여야 할 항행시설 및 표준체계(Air Navigation Facilities and Standard System)로 다음과 같이 기술하고 있다.

> ◆ 국제민간항공조약 제28조(항행시설 및 표준체계) ◆
> 각 체약국은 본 협약에 의하여 수시 권고 또는 설정되는 표준과 방식에 따라 다음을 이행하여야 한다.
> * 국제항행이 용이하도록 자국 영토 내에 공항, 항공무선, 기상정보 및 항행시설을 제공
> * 통신절차, 부호, 기호, 신호, 조명 등의 적절한 표준체계와 기타 운용절차를 채택하고 운영
> * 항공지도와 도표 간행을 확실하게 하기 위한 국제적 조치에 협력

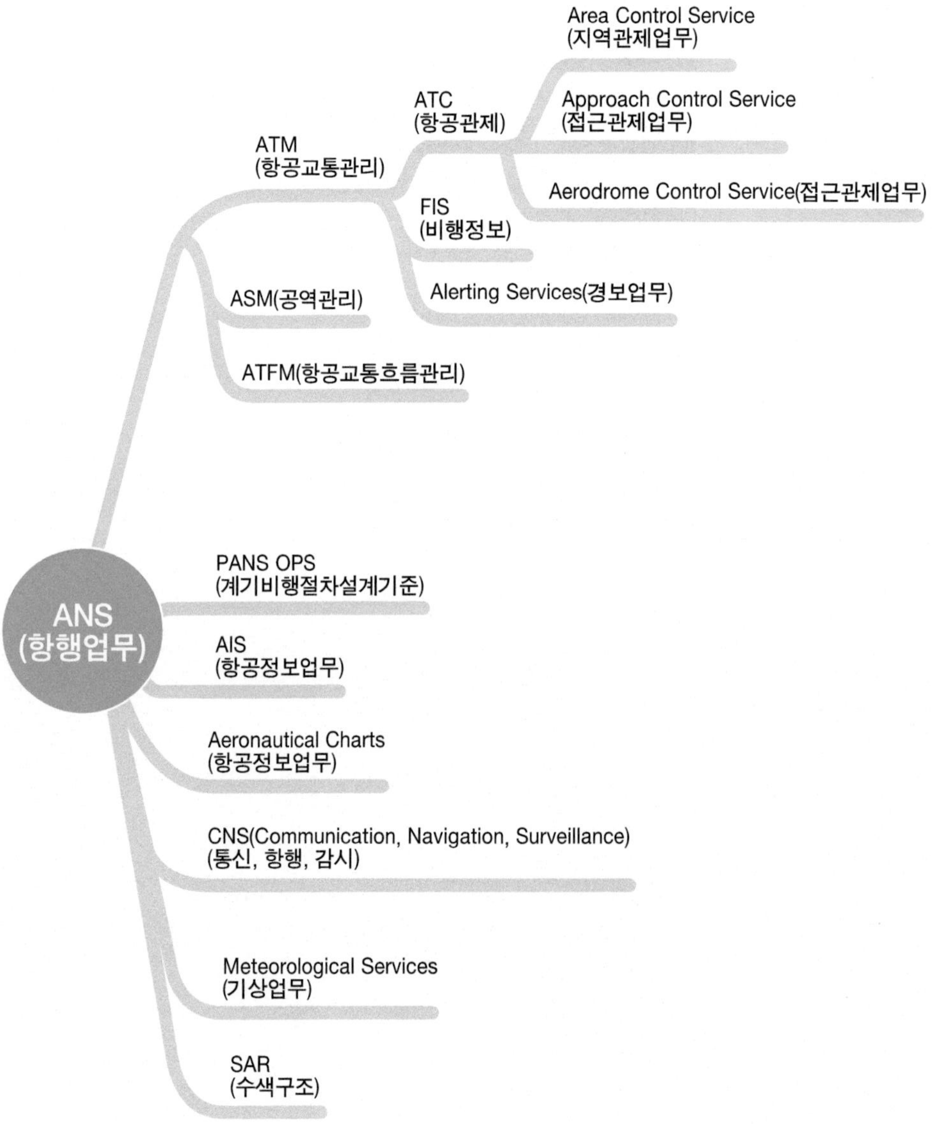

[그림 10-1] 항행업무(ANS)를 도식화 한 그림

보다 구체적으로 항공교통업무(ATS)의 수행체계와 주체를 살펴보면 아래 그림과 같다.

[그림 10-2] 항공교통업무(ATS)의 체계

2 항공교통관제업무(ATCS : Air Traffic Control Services)의 개요

1) 항공교통관제 일반

항공교통관제업무(ATCS)는 항공기가 비행장의 지상에서 출발하여 활주로에 도달하기까지의 비행장 내의 기동과 이륙하여 목적 비행장에 도착하여 정지하기까지의 전 비행과정을 통하여 항공기 상호간 또는 지상 장애물과의 충돌을 방지하고, 항공교통의 질서적인 흐름을 촉진시키고 유지하는 것을 목적으로 하는 업무로써,

비행장 관제업무(Aerodrome Control Service),

접근관제업무(Approach Control Service),

지역관제업무(Area Control Service)의 업무를 말한다.

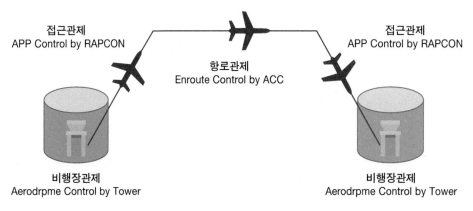

접근관제
APP Control by RAPCON

항로관제
Enroute Control by ACC

접근관제
APP Control by RAPCON

비행장관제
Aerodrpme Control by Tower

비행장관제
Aerodrpme Control by Tower

[그림 10-3] 항공교통관제업무(ATCS : Air Traffic Control Services)흐름도

2) 비행장관제업무(Aerodrome Control Service)

비행장 관제업무는 비행장 내의 이동지역 및 비행장 주위의 공역(통상 관제권이라 함)에서 운항하는 모든 항공기와 비행장 내의 지상에서 이동하는 차량, 장비 및 사람들에 대하여 비행장 관제탑의 관제사에 의하여 제공되는 관제업무로써 주요 업무로는 비행자 지상이동지역의 감시 및 통제, 이·착륙 항공기와 관제권 통과 항공기에 대한 비행허가 발부, 항공교통관제허가(ATC Clearance)의 중계(Delivery) 등이 포함된다.

비행장 관제구역은 공역 등급화 이전에는 비행장 중심으로 수평범위 5마일(약 9 km), 수직범위는 지상으로부터 3,000~5,000 피트 이하의 '원통형모양'을 하고 있으며, 각 공항마다 차이가 있었으나 공역 등급화 이후 관재권의 모습은 그 등급(Class)에 따라 차이가 있다.

3) 접근관제업무(Approach Control Service)

접근관제업무는 공항지역이나 접근관제구역 내에서 비행하는 계기비행항공기에게 제공되는 항공교통관제업무를 말한다. 계기비행항공기가 공항을 출발하여 관제탑과 접근관제소 간의 협정에 따라 지정된 고도나 지점(Fix)에 도착하며 접근관제업무가 시작되며 계속 상승하여 항공교통센터에서 관할하는 항공로나 지정된 지점에 도착할 때까지 접근관제업무가 지공되고 그 이후의 비행에 대해서는 다음 단계인 지역관제업무가 시작된다. 반대로 항공로상을 비행한 항공기가 목적 공항 부근에 도착하며 항공교통센터의 관제업무가 종료되고 접근관제업무를 받으면서 강하하여 조종사가 육안으로 비행장을 볼 수 있거나, 미리 협정에 의하여 지정된 상황에 도달하면 접근관제업무가 종료되고 비행관제업무를 받으면서 착륙하게 된다.

[그림 10-4] **서울 접근관제소 전경**

항공관제센터에서 일하는 항공교통관제사는 항공기 간의 충돌 방지, 공항 내 항공기와 지상 장애물 간의 충돌 방지, 항공교통 질서유지 등의 업무를 담당한다. 비행장 관제는 공항에 있는 관제탑에서 이뤄진다. 공항 내에서 이·착륙하는 비행기의 순서와 항공기 간의 안전거리를 지정하고 공항이동지역에서 항공기와 차량의 이동을 통제함으로써 지상 및 공중에서의 충돌을 방지한다. 우리나라에는 22개의 민·군 관제탑이 있으며 관할구역은 공항을 중심으로 반경 9㎞, 관할고도는 900~1500m다.

4) 지역관제업무(Area Control Service)

지역관제업무는 국가(특히 미국)에 따라서는 'Air Route Traffic Control Service'라고도 불린다. 이 업무는 해당되는 비행정보구역(FIR : Flight Information Region)[19] 내의 모든 항공기에게 비행정보업무 및 경보업무를 제공하고, 공역운영업무와 항공교통 흐름 관리를 제공하며, 항로상을 비행하는 계기비행항공기에게 항공교통관제업무를 제공한다. 우리나라에는 하나의 FIR(인천FIR)로 구성되어 있으며, 항공교통센터(Air Traffic Center)에서 동 업무를 수행한다.

③ 공역체계 및 관리시스템

1) 공역의 개요

일반적으로 하늘이라는 공간을 우리는 공역(空域, Airspace)이라고 말하며, 사전적 의미는 "특정 국가의 영토 또는 영해상의 당해 국가가 통제하는 대기상의 3차원적인 한 부분"으로 정의하고 있다. 하지만 항공기가 비행하기 위한 공간으로서의 공역이라는 개념은 반드시 국가의 영토 또는 영해상과 일치하는 공간을 의미하는 것은 아니다. 공역은 민간과 군 항공활동은 물론 항공분야에서의 국제협력을 위해 활용되고 국가차원으로서의 가치를 보유하고 있으며 항행안전관리와 국가주권, 안보관리 목적으로 대별된다.

---

19 비행 중에 있는 항공기에 안전하고 효율적으로 운항에 필요한 각종 정보를 제공하며, 항공기 사고가 발생할 경우 수색 및 구조 업무를 책임지고 제공할 목적으로 국제민간항공기구(ICAO : International Civil Aviation Organization)에서 분할·설정한 공역(空域)이다. 특정 항로 관제소는 관할하는 공중 지역을 비행하는 모든 항공기에 대하여 필요로 하는 정보를 제공할 의무가 있으며, 사고가 일어날 경우 수색과 구조 작업을 할 의무를 갖는다. 또한 비행 중인 항공기도 특정 공역을 비행 중일 때 그 공역의 관할 국가가 요청을 하면 조종사, 탑재 장비, 비행 목적, 탑승자와 탑승 화물 등의 여러 가지 정보를 제공할 의무를 갖는다.

2) 비행정보구역(Flight Information Region)

비행정보구역(FIR)은 지역항공항행협정을 통해 결정되는데 한국의 경우에는 아시아태평양지역(ASIA/PAC)지역에 속하며 지역사무소는 방콕에 위치하고 있다.

한국이나 북한처럼 국토의 크기가 상대적으로 작은 나라는 보통 1개의 비행정보구역이 설정되어 있으나, 중국, 러시아 같이 국토의 규모가 큰 나라는 비행정보구역이 여러 개[20]로 나이루어져 있으며, 해당국가의 영토와 일치하지 않는 경우가 많다.

3) 한국의 공역 설정 및 관리현황

국토해양부 장관은 공고된 비행정보구역을 보다 체계적이고 효율적으로 관리하기 위하여 필요시는 공역을 관제공역, 비관제공역, 통제공역, 주의공역으로 구분하여 지정하고(항공법 제38조 제2항), 이러한 공역은 필요시 다시 세분하여 지정하여야하며, 각 공역의 설정 또는 지정 등에 관하여는 국토해양부령으로 정한다고 되어 있다.

---

20 비행정보구역은 국경이나 영공(領空) · 영해(領海)와는 관계없이 원활한 항공 교통의 유통을 고려하여 설정되었는데, 실제로 국경이나 영공 · 영해 등의 조건이 작용한다. 비행정보구역의 명칭은 국명을 사용하지 않고 비행정보업무를 담당하는 센터의 명칭을 그대로 사용한다. 예를 들어 일본은 후쿠오카FIR, 북한은 평양FIR로 나타낸다. 우리나라는 1963년 5월 ICAO에 의해 대구FIR으로 명명됐지만 2002년 9월 인천FIR로 이름이 바뀌었다.

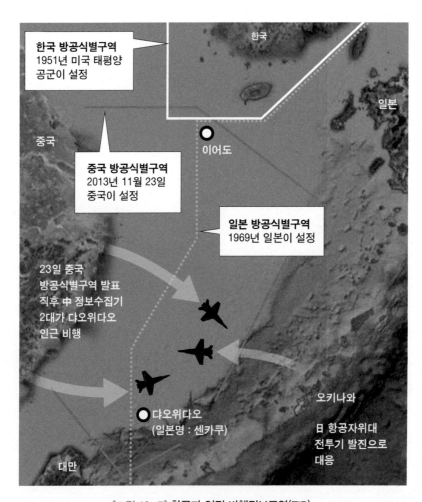

[그림 10-5] 한국과 인접 비행정보구역(FIR)

정부가 한국방공식별구역(KADIZ)을 제주도 남방 비행정보구역(FIR)까지 확대한다고 선포한 것은 FIR를 기준으로 삼아야 이어도 상공과 마라도 및 홍도 영공을 모두 포함할 수 있기 때문이다. 국제민간항공기구(ICAO)가 정하는 FIR는 국제법상 각국의 준수 및 존중 의무가 강제되는 공역이다. 인천 FIR는 국제적으로 우리나라의 탑(인천공항)의 관할을 받는 구역으로 인정받고 있기 때문에 주변국을 설득하기가 쉽다는 게 정부의 판단이다.

제2절 > 항공안전시스템

"안전한 운항은 항공기로부터 시작된다.

항공기가 안전하게 비행할 수 있는 능력을 보유하고 있다는 것을

감항성(Airworthiness)이 확보되었다는 것이다."

1 항공기의 운항체계

1) 항공기

항공기의 운항체계는 항공기, 항공기를 운항하는 승무원 및 운항 전반을 관리하는 운항관리 등으로 구성되는 기본체계와 항공기가 비행하는 항로 · 공역, 관련 항행안전시설, 공항 및 항공교통업무 등으로 구성되는 지원체계로 구분할 수 있다. 여기서는 항공기 운항과 직접 관련되는 기본체계에 대해서 다루기로 한다.

안전한 운항은 항공기로부터 시작된다. 항공기가 안전하게 비행할 수 있는 능력을 보유하고 있다는 것을 감항성(Airworthiness)[21]이 확보되었다고 하며 이는 항공기의 등록국가로부터 감항증명서를 받음으로써 이루 자격을 갖춘 항공정비사로부터 또는 인가된 정비기관(AMO)[22]에서 정비를 받음으로써 유지된다.

항공기가 운항을 하기 위해서는 감항증명서 발행에 필요한 엔진, 프로펠러 및 치소장비에 추가하여 해당운항에 투입되는 항공기 및 운항의 종류, 노선 등의 운항 상황에 적합한 계기, 항법장비 및 비행서류 등을 장착하거나 탑재하여야 한다.

---

21 감항성(Airworthiness) : 일반적으로 항공기나 그 관련 부품이 비행 조건하에서 정상적인 성능과 안전성 및 신뢰성이 있는지 여부를 말한다. 성능, 비행성, 진동, 지상(수상) 특성, 강도, 구조 등의 견지에서 고려되어짐.

22 Approved Maintenance Organization : 항공기 등 장비품 또는 부품에 대한 정비 등의 업무를 하기 위한 인력, 설비 및 검사체계 등이 국가가 정한 기준에 충족하여 국가로부터 인증을 받은 정비기관.

2) 운항승무원

항공기에 탑승하여 항공업무에 종사하는 사람을 운항승무원이라 하며 운항승무원은 해당업무에 대하여 국가에서 부여한 자격증명을 보유하고 있어야한다. 국내항공법상에 운항승무원은 조종사(운송용, 사업용, 자가용), 부조종사, 경량항공조종사, 항공사, 항공기관사가 있으며 조종사, 부조종사 또는 항공기관사의 자격은 항공기의 종류·등급 또는 형식에 따라 경량항공기 조종사의 경우에는 경량항공기의 종류에 따라 자격증명을 한정하며 자격증명의 한정을 받은 운항승무원은 그 한정된 항공기의 종류·등급 또는 형식 외의 항공기나 한정된 업무범위외의 항공업무 종사하여서는 안 된다.

이러한 유자격 운항승무원들이 안전하게 비행할 수 있도록 항공운송사업 또는 항공기사용사업에 종사하는 운항승무원 및 객실승무원의 승무시간[23], 비행근무시간[24] 등을 제한하는데 기장 1명 및 기장 외의 조종사 1명으로 운항승무원이 편성되는 경우 연속되는 24시간 동안 최대 승무시간은 12시간, 비행근무시간은 13시간이며 연속되는 30일에는 최대승무시간 100시간, 연속되는 90일에는 280시간, 1년에는 1,000시간을 적용한다.

3) 운항관리

일반적으로 운항관리업무는 항공기 운항을 위한 비행계획, 비행 전 과정의 모니터링 및 비정상 상태에 대처하는 운항통제 등으로 구성되며 항공법에는 항공운송사업에 사용되는 항공기의 운항에 필요한

---

23 '승무시간'이란 운항승무원의 비행임무를 수행하기 위하여 항공기에 탑승하여 이륙을 목적으로 항공기가 최초로 움직이기 시작한 시각부터 비행이 종료되어 최종적으로 항공기가 정지한 시각까지의 총시간을 말한다.

24 '비행근무시간'이란 운항승무원이 비행임무를 수행하기 위하여 항공운송사업자 또는 항공기사용사업자가 지정한 장소에 출두한 시각부터 1개 또는 연속되는 2개 구간이상의 비행을 종료한 후 Debriefing(복명(復命))시각까지의 비행준비시간, 승무시간, 지상 또는 기내 휴식시간을 포함한 총시간을 말한다.

① 비행계획의 작성 및 변경

② 항공기 연료 소비량의 산출

③ 항공기 운항의 통제 및 감시에 대한 사항을 확인하는 행위라고 정의하고 있다.

항공기가 안전하게 운항하기 위해서는 비행에 필요한 모든 자료를 종합적으로 검토하여 체계적인 비행계획서를 작성해야한다. 비행계획서는 항공사가 비행을 시작하기 전에 항공교통업무기관에 제출하기 위해 운항에 대한 기본정보(항공기식별부호, 항공기형식, 출발비행장 및 예정시간, 항로, 착륙예정비행장 및 예상비행시간 등)를 포함하여 작성하는 비행계획서(Flight Plan)와 교체비행장을 결정하는데 사용된 항공고시보(NOTAM)[25]기상자료 및 기타 승객 및 화물의 탑재정보 등이 첨부된 운항비행계획서(Operational Flight Plan)가 있다.

---

25 Notice to Airmen : 비행업무 종사자가 적시에 필수적으로 알아야 하는 항공시설, 업무, 절차 또는 위험사항의 신설, 상태 또는 변경에 관한 정보를 수록하여 항공고정통신망(AFTN)을 이용하여 전파되는 공고문을 말한다. "유지보수지침서"(이하 "지침서"라 한다)라 함은 각종 항행시설의 유지보수에 관한 유지보수교범, 제작사의 기술 도서, 도면 및 이에 준하는 도서류를 말한다.

01 국내 항공법에 의한 항공교통업무의 목적을 설명하시오.

02 항행업무(ANS)의 프로세스를 설명하세요.

03 항공교통관제업무의 흐름도를 간단히 설명하세요.

01 ATCS(Air Traffic Control Services)

02 운항관리체계

03 공역

04 최대승무시간

05 운항증명서

파생되는 질문과 중요 이슈

01 항공운항과 관련된 환경문제와 공항입지 선정의 기준을 설명하시오.

02 항공기의 감항성이란?

03 운항안전을 위한 선결 조건은?

- 국토해양부 항공정책실 편, 항공정책론, 백산출판사, 2009

- 국토해양부 훈령 제2009-282호, 항공기 형식증명 지침

- 김재원, 항공사 경영론, 기문사, 2001.

- 안영면, 호텔 관계마케팅의 영향요인이 호텔 충성도에 미치는 영향에 관한 연구, 관광 · 레저 연구 12, 2, 2000.

- 유광의, 공항운영과 항공보안, 백산출판사, 2006.

- 이경아, 항공사 충성도의 결정요인에 관한 연구, 경희대학교 석사학위논문, 1999.

- 장순자, 최신항공업무의 이해, 백산출판사, 2014.

- 국토해양부(http://aviation.mltm.go.kr)

- 항공교통센터(http://acc.mltm.go.kr)

- Cronin J. J and S. A Taulor, Measuring Service Quality : A Reexamination and Extension, *Journal of Marketing*, 6, 1994, pp. 55~68.

- Czepiel A. J. and R. Gilmore, Exploring the Concept of Loyalty in Service. In The Service Challenge, Integrating for Competitive, eds, By A. Czepiel, C. A. Congram, and J. Shanahan, Chicago, IL : American Marketing Association, 1987, p. 91.

- Dick A. S. and K. Basu, Customer Loyalty : Toward an integrated Conceptual Framework, *Journal of the Academy of Marketing Science*, 22, 2, 1994, p. 99.

- Lewis R. C. and B. H. Booms, The Marketing of Service Quality, L. Berry, G. Shostack and G. Upah, in Emerging Perspective on Service Marketing, eds, American Marketing Association, 1983, pp. 99~107.

- ICAO, 국제민간항공조약 부속서 1-6.

4차 산업혁명시대의 항공사 생존전략

AIRLINE
MANAGEMENT

11 4차 산업혁명시대의 항공사 생존전략

1. 오늘날 범세계적인 기업 활동에 영향을 주는 3가지 요인

- 세계무역기구(World Trade Organization : WTO)와 북미자유무역지역(NAFTA), 그리고 유럽연합(EU)과 같은 지역적인 자유무역지역의 급속한 성장
- 라틴아메리카, 아시아 및 동유럽의 개발도상국들의 자유경제체제의 수용
- 인터넷과 그 밖의 국경을 초월하는 범세계적 매체의 영향

2. 글로벌 항공 및 관광기업의 적합한 마케팅 방향

- 시장지향성
- 기업가지향성
- 서비스 지향성
- 관계지향성

제1절 〉 미래항공산업의 혁신적 패러다임 구축

"아시아지역은 지속적인 경제성장과 신비한 동양의 역사문화 유산을 지닌

독특한 관광목적지로서의 매력 그리고 지리적·입지적으로 양호한 조건을 갖추고 있다."

1 국토교통부의 전략적 대응

제4차 산업혁명 시대에서 항공산업이 살아남기 위해서는 항공–관광 융복합, 도심형 항공모빌리티 선도 등 다양한 혁신적 전략과 민·관·학의 새로운 협력을 통한 미래 항공산업의 혁신적 패러다임구축이 필요하며 국토교통부에서는 아래와 같은 전략을 제시하여 혁신적 모델을 추진하고 있다.

① 지속가능한 항공수요 창출을 위해 기존 아웃바운드(내국인 출국) 중심에서 인바운드(외국인 방한객) 신규수요 유치를 위한 정책을 강화해야 한다. 즉, 공항인프라와 지역의 특별한 산업·문화·관광자원을 활용해 공항별 브랜드*를 창출하고, 항공–관광 융복합 정책을 추진해야 한다. 다시말해 해당 공항·지역에만 있는 볼 수 있는 볼거리를 개발하고, 공항–지역을 상징하는 핵심 이미지와 가치를 창출하는 지방정부의 혁신적 노력이 필요하다.

② 글로벌 공항 간 경쟁심화에 대응해 인천공항의 경쟁력(Hub)강화 뿐 아니라, 권역별 관문공항활성화를 통한 항공네트워크 전략이 필요하다. 이는 우리나라의 안보적 특성상 중추공항인 인천을 대체할 수 있는 대체공항의 마련과 함께, 우리나라 지역경제의 균형적 발전을 위해서도 공항별 특화전략이 필요한 실정이다.

이를 위해 지역주민 편의증대와 인바운드 활성화전략으로 지방공항을 직접 연결하는 국제선을 확대(Point to Point)하는 Hybrid* 항공네트워크 전략을 추진하여 지역별 차별화할 수 있는 혁신적 정책변화를 도모해야 한다.

* Hybrid = Hub & Spoke + Point to Point

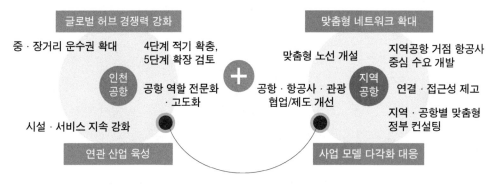

[그림 11-1] Hybrid 항공네트워크

③ 민·관이 보유한 항공 안전관련 데이터를 통합 수집, 빅데이터 분석을 통해 항공교통관리 및 선제적 예방정비 등 무결점 수준의 안전관리 시스템을 구축한다.

④ 전통적인 항공교통의 국가간·도시간 운송기능을 넘어 드론택시 등 미래 도심형 항공 모빌리티(Urban Air Mobility)까지 항공운송의 패러다임을 확장한다.

   – 도심형 항공교통(UAM)의 안전·사업에 관한 합리적 규제 설정, 수요분석·인프라 구축 등 세부계획을 담은 로드맵(20.5)을 마련하고, 25년 도심형 항공교통(UAM) 실용화를 목표로 단계적으로 추진한다.

   – 아울러 항공교통(UAM) 상용화에 대비해 기존 교통연계 도시개발 개념인 TOD에서 도심형 항공모빌리티가 중심이 되어 토지이용·건축설계 등을 선도하는 MOD* 개념의 도입도 추진한다.

   * (TOD) Transit Oriented Development : 교통중심 토지이용 및 교통연계 도시계획→(UAMOD) UrbanAir Mobility Oriented Development : 도시형 항공모빌리티 중심 토지이용

⑤ CIS 중심(1축), ASEAN 등 신남방 중심(2축), 미주 중심 태평양 거점 강화(3축) 등 세계속으로 뻗어 나가는 에어실크로드 3개축 전략을 통해 항공네트워크를 강화하고 새로운 시장을 개척한다.

[그림 11-2] **도심형 항공모빌리티 중심 개발(UAMOD) 구상(안)**

[그림 11-3] **에어실크로드(The Tripod Strategy) 모델**

⑥ 드론산업의 체계적 육성을 위해 드론 활용을 도심 내 일상까지 확대*하는 한편, 국민이 안심할 수 있도록 생활 드론안전 및 드론테러 방지(Anti-Drone) 시스템을 강화한다.

* 드론분야 선제적 규제혁파 로드맵(19.10)에 따라 도심내 드론 활용에 걸림돌로 작용하는 규 제를 과감히 면 제 · 완화하는 특구지정 · 운영 등 필수 인프라 구축

⑦ 기존 운영권 중심 공항수출에서 스마트도시와 연계한 지역개발, 첨단기술 구현 스마트공항 등 '한국형 공항 수출모델'을 개발해 패키지 수출을 추진한다.

⑧ 차세대 항공기 상용화, 상업항공우주시대 도래로 예상되는 글로벌 초단축 생

활권 도래에 대비해 선제적으로 구상 · 준비한다.

⑨ 향후 남북교류 활성화 시대를 대비해 대북제재 해제 등 국제적 여건조성시 항공로 신설, 공항개발, 항공안전 · 전문인력 교류 등을 추진해 남북한 항공 협력기반을 구축해 나간다.

② 공항을 활용한 지역경제 활성화 방안

1) 공항을 지역경제 · 기업성장의 플랫폼으로 구축

공항을 단순 교통망(Infra)에서 지역 신산업 육성(Industry)기지로 전환하고, 지역 여건에 따른 특화된 공항, 기술협력의 장으로 운영한다.

① 글로컬 시대 공항의 지역경제 앵커 전략을 추진한다. 지방자치단체와 공항이 협력적 거버넌스체계[26]를 구축하여 공항−지역산업 연계 주변지역 개발과 Biz 포트 육성을 위한 정책지원을 강화한다.

② 지역과 연계해 개별 공항별 비전과 역할에 따라 특화된 공항개발과 운영이 가능하도록 공항정책을 전환한다.

③ 항행기술 발달에 따른 첨단항공교통관리체계 구축, 무인항공기 운용 등 미래 항공교통에 대비하고, 우리 공역의 한계를 극복하기 위해 공역체계를 선제적

---

26 거버넌스(Governance) : '국가경영' 또는 '공공경영'이라고도 번역되며, 최근에는 행정을 '거버넌스'의 개념으로 보는 견해가 확산되어 가고 있다. 거버넌스의 개념은 신공공관리론(新公共管理論)에서 중요시되는 개념으로서 국가 · 정부의 통치기구 등의 조직체를 가리키는 'Government'와 구별된다. 즉, 'Governance'는 지역사회에서 부터 국제사회에 이르기까지 여러 공공조직에 의한 행정서비스 공급체계의 복합적 기능에 중점을 두는 포괄적인 개념으로 파악될 수 있으며, 통치 · 지배라는 의미보다는 경영의 뉘앙스가 강하다. 거버넌스는 정부 · 준정부를 비롯하여 반관반민(半官半民) · 비영리 · 자원봉사 등의 조직이 수행하는 공공활동, 즉 공공서비스의 공급체계를 구성하는 다원적 조직체계 내지 조직 네트워크의 상호작용 패턴으로서 인간의 집단적 활동으로 파악할 수 있다.

으로 개선해 나간다.

④ 공항경쟁력 강화 및 지역주민 편의 제고를 위해 연계교통 접근성을 강화하고, 공항을 지역 커뮤니티 SOC[27]로 확장한다.

⑤ 첨단기술의 각축장인 공항을 미래기술 테스트베드로 활용하고, 중소기업 기술 해외진출 지원을 위한 테크 플랫폼으로 구축한다.

2) 빅데이터 · AI 기반 무결점 항공 안전과 보안 실현

항공수요 증가에 따른 각종 장애와 안전 · 보안위협에 대응하여 항공안전 및 보안 시스템과 역량을 선진화 한다.

① 항공안전문화 확산을 위해 업계의 위해요인 자율보고 확대참여 등 자율과 상호견제의 균형적 항공안전문화를 조성한다.

② 항공안전 정책의 성패를 좌우하는 정부 항공안전 관리 역량 강화를 위해 제도 · 인력 등 정비를 추진한다.

③ 테러 위협 등에 선제적 대비 및 항공보안 사고 예방을 위해 빅데이터 기반 보안관리체계를 구축하고, 국산 첨단보안 장비 개발촉진을 위한 항공보안장비 성능인증 체계도 고도화 한다.

---

27 사회간접자본(Social Overhead Capital: SOC) : 생산활동과 소비활동을 직 · 간접적으로 지원해 주는 자본의 하나로서, 도로 · 항만 · 공항 · 철도 등 교통시설과 전기 · 통신, 상하수도, 댐, 공업단지 등을 포함하고 범위를 더 넓히면 대기, 하천, 해수 등의 자연과 사법이나 교육 등의 사회제도까지를 포함한다.

3 항공산업과 관광산업의 관계

관광은 인프라 등의 하드웨어 측면의 유형적인 요소도 중요하지만 문화와 같은 소프트웨어 측면의 무형적인 요소도 매우 중요하다. 이는 한류열풍으로 인한 폭발적인 관광객의 증가 등이 좋은 사례라고 할 수 있다.

또한 항공교통의 경우도 공항시설 투자와 같은 하드웨어적인 정책과 함께 항공자유화 같은 소프트웨어적인 측면의 정책도 적극적으로 추진되고 있다. 실제로 기존 정책들을 분석한 결과에 따르면, 소프트웨어적인 측면에서 관광과 항공교통이 우선적으로 융·복합될 수 있을 것으로 검토되었다.

이러한 필요성에 따라 현재는 비용 측면과 시행 측면에서 시설 투자에 앞서 용이하게 추진될 수 있는 소프트웨어적인 접근이 관광과 항공교통분야에서 공동으로 시도되기 시작하고 있는 것으로 조사되었다. 그러나 이런 무형적인 요인은 고정적이지 않기 때문에 매우 다양한 방안들이 도출될 수 있다.

마치 컴퓨터 산업에서 하드웨어의 성능이 지배하던 시대가 아이디어가 중요한 소프트웨어가 지배하는 시대로 이동하였듯이 관광과 항공교통의 융복합에 있어서도 이와 같은 아이디어적인 접근이 매우 필요하다고 할 수 있다. 또한 이러한 유연한 논의가 공감대를 바탕으로 사회 전반에서 이루어지고 관광과 항공교통의 융·복합을 통한 항공산업 활성화가 이루어질 수 있는 토대의 마련도 시급하다고 판단된다.[28]

국내외 관광환경은 21세기 들어서면서 날이 다르게 급변하고 있다. 이전보다도 주변여건이 급변하고 국가의 경제, 사회, 문화적 환경변화가 역시 바뀜에 따라 우리들의 일상생활, 의식, 사고, 가치관, 관습에 일련의 변화를 가져오게 하고 있다. 그

---

28 송기한·김제철, 관광과 항공교통의 융·복합을 통한 항공산업 활성화 방안 연구(Promotion of Aviation Industry through Converging and Integrating Tourism and Air Transportation), 한국교통연구원 기본연구보고서, 2012. 10, 1-303.

리고 이러한 변수는 여가활동과 관광에 대하여 크게 작용하고 있고 이는 나아가서 여가산업이나 관광산업의 발전을 촉진시키고 인간의 다양한 욕구를 충족시킬 뿐 만 아니라 가치 있고 보람 있는 삶을 누리는 시대를 열게 하는데 크게 공헌하고 있다.

한편으로는 이처럼 자생적이고 방만하게 확산하여 국가 경제, 사회, 문화, 일상 생활에 이르기까지 그 영향이 구석구석에 미치지 않는 곳이 없을 정도로 여가문제 와 관광은 큰 영향력을 행사하는 분야로 등장하였다. 자칫 바람직하지 못한 방향으 로 지나치게 확산되어 오히려 부정적, 비생산적 결과를 낳는 원천으로 자리 잡고 국 가와 사회가 통제력을 상실하는 수준에 이른다면 실로 심각한 일로 받아들이지 않을 수 없다.

많은 사람들은 21세기를 여가시대, 여가산업시대, 대량관광시대, 국제관광시대 등 다양한 표현을 하지만 지극히 낭만적이고 희망적 기대와 전망을 할 뿐이지 부정 적인 면의 확산과 이에 대한 대응책의 제시는 빈약하다. 물질문명의 고도한 발전과 자유와 인권을 존중하는 개인주의 내지 자유민주주의 보급은 인간을 보다 넓은 세 계, 미지의 세계, 통제를 받지 않는 세계로 상상, 사고, 창조, 개발의 터전을 닦고 밖으로는 여가활동, 여행, 모험, 도전의 기회를 마련해 주게 된 것이다.

최근 들어 각 나라에서는 관광산업을 통해 더 많은 수입을 창출하려는 움직임이 활발해지고 있다. 일례로 중국이나 인도, 남아프리카, 남미지역들의 경우 세계 관광 시장에 무섭게 떠오르는 샛별들이다. 중국의 경우 90년대 들어 고성장을 거듭해왔 으나 최근 아시아 외환위기이 후 수출부진 및 내수위축으로 인해 지난 2014년 경제 성장률이 가장 낮은 수준에 그쳤다. 하지만 중국 정부의 강력한 경기 부양정책으로 세계경제의 에너지원으로서 역할을 수행하리라 예측된다.

그러나 지난해부터 중국인의 해외여행 수는 큰 폭으로 증가했으나 코로나 바이러 스의 확산으로 관광산업의 성장엔 큰 타격을 미치기도 하였다.

인도 관광시장은 경제적 개혁이 성공한 이래 점차 중산층이 증가하고 있는 나라 중 하나다. 따라서 10억의 인구 중 1억8천만 명이 충분한 소득을 얻고 있어 사치품 을 사들이고 해외여행도 계획하고 있는 것으로 알려지고 있는 등 21세기의 무서운

관광시장으로 탈바꿈할 것으로 전망된다.

이와 함께 21세기에는 새로운 목적지의 신 국가들이 대거 탄생할 것으로 예측된다. 예를 들면 많은 중동국가들이 현재 관광 또는 서비스산업에 주안점을 두고 정책을 추진하고 있다. 그리고 이슬람 전통을 가지고 있는 역사적인 도시인 두바이국가들이 관광의 선두적인 역할을 하고 있기 때문이다.

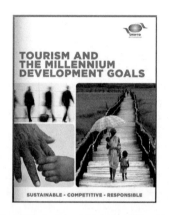

[그림 11-4] UNWTO(유엔세계관광기구)는 지속적인 관광을 위한 연구노력이 계속되고 있다.

아무튼 21세기 관광시장은 현재 각국이 국경통과 양식이라든지 비자의 규제를 점점 자유화하고 있다. 또 이러한 움직임은 결국 사람들의 이동과 무역의 이동을 막았던 장애를 서서히 없애고 있을 뿐 아니라 범죄, 정치적 문제, 테러리즘 등 안전과 관련해서도 각 국가들은 각별한 신경을 쏟고 있다. 이는 곧 여행업이 사회적 분위기와 비례한다는 것을 입증하는 것으로, 세계 각국이 관광산업에 크나큰 신경을 쏟고 있는 증거인 셈이다.

또, 21세기에는 관광산업에서 차지하는 고용비중도 엄청나게 클 것으로 보여 자격 있는 사람들이 태부족할 전망이며, 웹사이트 확대로 인해 많은 고용원들의 이동도 늘어날 것이다. 벌써부터 일부 국가의 관광업종에서는 경력직원들의 스카웃 전쟁이 사이트를 통해 비일비재해지고 있는 등 피해가 발생하고 있어 치열한 세계인의 관광전쟁이 21세기 초입부터 시작되고 있는 중이다.

오늘날 관광의 원형은 인류문화가 태동하던 유목시대의 수렵활동, 그리고 농경시대로 바뀌면서 농한기의 자유로운 시간을 이용한 휴식, 놀이문화에서 찾아볼 수 있다. 근세에 들어와서 산업혁명에 의하여 육체노동이 기계로 대체되면서 과거보다 근로자는 자유시간이 늘어나게 되었고 근래에는 고성능 생산 기계와 장비, 첨단장비의 보급으로 더욱 많은 자유 시간을 가질 수 있게 되었으며, 여기에 경제적 생활 안정, 교통수단 발달, 지식 · 정보산업 발달이 추가하여 여가 · 관광분야의 발달을 가속화시키고 있다.

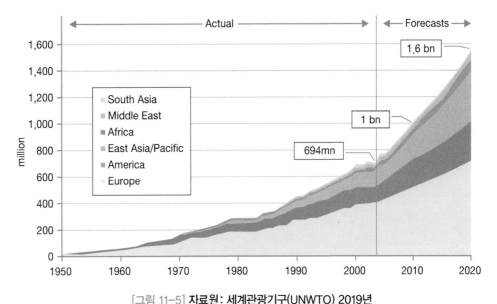

[그림 11-5] **자료원: 세계관광기구(UNWTO) 2019년**

종래 관광은 선진공업국의 전유물이나 선진국 사람들의 특권의식으로 받아들여지기도 하였으나 오늘날 많은 나라들이 경제적 발전에 힘입어 관광이 보급되고 대중화하면서 일상생활의 일부로 흡수되고 관광을 국가가 총체적으로 계획, 관리하여 하나의 업종 내지 산업으로 육성하기에 이른 것이다.

이 같은 배경은 말할 필요 없이 여가활동이나 관광을 단순히 개인적 활동이나 사생활로 볼 수 있지만 더 나아가서 이를 효과적으로 잘 관리한다면 하나의 훌륭한 산업으로 키울 수 있다는데 착안하여 국가이익에 도움을 주도록 하자는데 있는 것이다.

이에 대해서는 선진국이나 후진국에 관계없이 관광을 음성적으로 묵인하는 비정상적 업종으로 보지 않고 긍정적 의미를 부여하여 양성화하여 떳떳이 공인하자는 데 인식을 함께 하고 있다. 개발도상국은 경제개발의 한 분야, 만성적 국제수지적자 해소, 외화획득에 관광의 큰 비중을 두고 있고 선진국들은 고용증대와 연관 산업발달에 큰 관심을 보이고 있지만 관광산업의 중요성을 높이 평가하고 있다는데 큰 차이가 없다고 하겠다.

한편 80년대 이후 사회주의 국가들도 비록 개방을 전제로 하는 것이지만 관광에 대하여 서서히 관심을 보이면서 관광산업 육성에 힘쓰고 외국관광객 유치에도 적극적으로 나서기 시작하였다. 동구와 중국은 관광부문에 괄목할만한 발전을 가져와 서방국가와 경쟁을 할 수 있는 단계에 들어서고 있다.

우리 한국의 입장에서는 냉전시대 이후 사회주의 국가가 새로운 경쟁국으로 등장하였다는 사실을 인정해야 하고 인근 중국이 관광부문 뿐만 아니라 타 부문에서도 강력한 경쟁국이라는데 부정할 수 없다.

제2절 > 21세기 항공산업의 글로벌 마케팅 전략

"글로벌 마케팅 조직은 『현대는 조직의 시대이며 경쟁은 곧 조직력으로 결정된다』고 할 수 있다. 여기서 조직력은 양적인 면보다는 질적인 면을 말한다. 유능한 구성원의 조직이 곧 가능성을 내재한 조직이 되는 것이다."

오늘날 범세계적인 기업 활동에 영향을 주는 요인 중에서 다음의 3가지가 미래의 국제경영에 크게 영향을 줄 것이다. 즉 ① 세계무역기구(World Trade Organization; WTO)와 북미자유무역지역(NAFTA), 그리고 유럽연합(EU)과 같은 지역적인 자유무역지역의 급속한 성장, ② 라틴아메리카, 아시아 및 동유럽의 개발도상국들의 자유경제체제의 수용, ③ 인터넷과 그 밖의 국경을 초월하는 범세계적 매체의 영향 등이다.[29]

오늘날 대부분의 기업 활동의 범위는 범세계적(global)이다. 기술, 연구, 자본투자, 마케팅, 유통, 커뮤니케이션 연결망이 모두 범세계적인 차원에서 행해지므로, 모든 기업들은 범세계적인 경제적 환경에서 경쟁할 준비를 해야 하며, 모든 기업들은 이러한 동향의 영향을 인식해야 한다.

1 항공 및 관광산업의 마케팅전략의 특징

아래의 내용들이 모든 것을 다 포함하는 것은 아니지만 2000년대 이후의 전 세계 항

---

29 Philip R. Cateroa and John L. Graham, International Marketing, Eleventh Edition, The McGraw-Hill, Company, Inc., New York, 2002, p. 4.

공 및 관광기업들이 직면한 가장 중요하고 강조되는 문제들을 대표한다고 할 수 있다.

1) 자본의 흐름

1980년대 미국 관광산업은 전 세계 환대자본의 대부분이 몇 개의 강력한 미국 관광기업에 집중되는 대규모 자본을 기초한 산업으로 특성화된다. 1980년대 후반기에는 자본 진화 현상이 목격되었는데 이것은 미국 관광 기업들은 모든 것을 가지고 있지만 그들의 자산을 양도하였다.

미국 관광 기업은 더 이상 자본에 기초한 산업이 아니고 경영 계약에 기초한 산업이다. 지속적으로 실리적인 성장을 지속하기 위해 자본 시장으로부터의 비현실적인 압력을 맞추기 위해 미국 환대 조직들은 자산 정리 전략을 수행하도록 강요되었다.

이런 자본의 구매자들은 대개 일본인과 영국인들이었다.

- 일본 : 장기적 자본 인식과 집중
- 유럽 : 자본 축적 : 적절한 이윤을 얻기가 더욱 어려움
- 미국 : 자산 정리 : 경영 계약에서의 성장
- 아시아 : 자산 취득

미국 산업에 대한 일본인들의 진출은 원활하게 이루어졌다. 어디에서도 논의되지 못한 것은 이런 일본인들의 투자를 가속화시킨 내재된 정신이다. 일본인들은 분명히 자산 인식 전략을 추구한다. 그들은 장기적 관점에서 전략적으로 투자를 하고 있다.

관광산업에 관심이 있는 극동의 투자가들이 일본인들만은 아니라는 것을 언급하여야만 한다. 다른 많은 아시아 기업들, 특히 신흥 산업 국가(NICs)에서 발생된 기업들은 관광산업에 있어 자산 획득의 전략을 활발히 수행하고 있다.

2) 중국의 급속한 약진과 동북아시아의 항공수요 증가

우리는 2000년대 이후는 항공산업을 비롯한 관광산업이 주요한 산업으로 될 것이라 예측하고 있다. 이것은 전통적인 기술−지향적인 산업이 보다 기술지향적인 산업으로 변형된다는 것이다.

교통기관 산업에 특히, 항공산업은 수용력 부족과 관련된 주된 문제들을 극복하기 위해서는 기술개발을 이용하는 것이 필요하다.

만일 항공산업이 수요에 발맞추어 간다면 우리는 2020년대 초반까지 약 50%의 항공전문인력의 수요증가가 필요하리라 조사된다. 이런 성장의 대부분은 북미에서 시작되어 중국을 거쳐 동북아시아에도 큰 영향을 미치고 있다. 중국의 일대일로[一帶一路, One Belt, One Road]정책[30]은 동북아시아의 새로운 항공분야 성장 동인이 되고 있는 것도 사실이다.

한편, 항공기의 통합적인 세라믹 기술의 엔진과 디자인에 있어 계속적인 성장은 많은 이익을 내는 계획인 초음속 항공기이 운송(Super Sonic Transportation : SST)을 가능하게 할 것이다.

2 글로벌 기업의 마케팅 전략

1) 전략적 제휴

전략적 제휴나 기업 간의 협동 관계 등은 2가지 형태로 범주화된다. 제휴의 첫 번째 형태는 조직의 전략적 수준에서 발생하고 Best Western이나 Consort와 같은 Consortia 형태의 조직 성장으로 알 수 있다. 이런 전략의 가장 단순한 형태는, 기업

---

30 일대일로란 중국 주도의 '신(新) 실크로드 전략 구상'으로, 내륙과 해상의 실크로드경제벨트를 지칭한다. 35년 간(2014~2049) 고대 동서양의 교통로인 현대판 실크로드를 다시 구축해, 중국과 주변국가의 경제·무역 합작 확대의 길을 연다는 대규모 프로젝트다. 2013년 시진핑 주석의 제안으로 시작되었으며, 2017년 현재 100여 개 국가 및 국제기구가 참여하고 있다. 내륙 3개, 해상 2개 등 총 5개의 노선으로 추진되고 있다.

은 공동의 예약이나 마케팅 시스템으로 함께 연대한다는 것이다. 물리적 제품들이 기준화되지 못한다면 조직들이 품질 표준화에 참여함으로서 이런 시도들은 이루어진다. 이런 전략적 제휴의 주된 기둥은 작은 독립 운영가들이다.

보다 복잡한 전략적 제휴는 전 세계에 자사의 상품을 홍보하기 위한 Movenpick, SAS, Park Lane, Commonwealth Hospitality of Canada, Pacific Rim Leisure 등의 예이다.

전략적 제휴의 두 번째 형태는 운영적 수순에서 발생하고 통합된 프랜차이징 개념에 의해 잘 알 수 있다. 이것은 유사한 경영 스타일이나 정신을 가지지만 서로 다른 상품을 가지는 2개의 조직이 과잉을 방지하고 이익을 증대시키기 위한 의도에서 한 지붕 아래로 모이는 것이다.

2) 글로벌화의 촉진 요인

글로벌화를 촉진하는데는 자유무역주의로 인한 국가 간 협정 및 무역자율화, 블록경제(Block Economy)[31]의 등장, 미국 소비문화의 확산, C&C(Computer & Communication)혁명을 통한 정보화 사회의 도래 등의 요인이 작용했으며, 글로벌화는 글로벌 규제완화, 기술의 발달, 세계시장의 동질화, 다국적기업의 활동으로 대표될 수 있다. 글로벌 규제완화는 제2차 세계대전 이후 지속적으로 추지된 재화, 서비스, 자본의 국제적 흐름에 대한 규제 완화를 의미한다.

---

31 블록경제란 정치적·경제적으로 관계가 깊은 여러 국가가 결집하여 역내(域內)의 경제교류를 촉진하는 반면, 역외(域外)국가들에 대해서는 차별대우를 취함으로써 폐쇄적이고도 유리한 경제관계를 맺는 경제나 경제권.

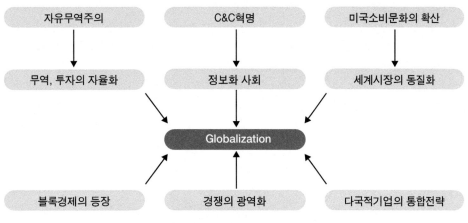

[그림 11-6] 글로벌화의 촉진 요인

01 주로 북미와 유럽의 카리브지역과 지중해지역의 고연령 부유층을 중심
    으로 발전해온 관광산업의 종류는?

02 오늘날 범세계적인 기업 활동에 영향을 주는 3가지 주요요인은
    무엇인가?

03 21세기 관광산업의 마케팅전략의 7가지 주요 특징을 설명하시오.

01 One-Stop 마케팅 시스템

02 Super Sonic Transportation : SST

03 마케팅 창조성

04 지속가능한 관광(Sustainable Tourism)

05 BRICs

파생되는 질문과 중요 이슈

01 환대 산업에 있어 집중적인 성장을 위한 몇 가지 기업의 형태를 설명하시오 .

02 항공 및 관광의 융 · 복합을 통한 성장 사례를 설명하시오.

03 중국의 일대일로 정책에 따른 항공분야에 미치는 영향을 설명한다면?

■ 박승희, 글로벌 경쟁 시장에서 한국형 히든 챔피언의 성공적인 마케팅 전략 사례연구, 단국
대학교 석사학위논문, 2011.

■ 세계관광기구(UNWTO), 경제성장(GDP)과 국제관광객 현황, 2013.

■ 송기한 · 김제철, 관광과 항공교통의 융 · 복합을 통한 항공산업 활성화 방안 연구, 한국교통연구
원 기본연구보고서, 2012.10, 1-303.

■ 이재율, 국제물류 서비스 산업의 시장지향성, 매개변수, 경영성과 간의 관련성에 관한 실증
연구, 한국해양대학교 석사학위논문, 1999.

■ Jaworski B. J & A. K. Kohli, "Market Orientation : Antecedents and Consequences," *Journal of Marketing*, Vol. 57, 1993, pp. 53-70.

■ Jojn Naisbitt, The Global Paradox, Nicholas Brealey Publishing, 1994, p. 17.

■ Kohli, A. K. and Jaworski, B. J, "Market Orientation : The Construct, Research Proposition and Management Implications, *Journal of Marketing*, Vol.54, 1990, p7.

■ Svend Hollensen, Global Marketing: A Market-responsive approach, Prentice Hall, 1998, pp. 4-11.

■ Tung-Zong, Chang & Su-Jane, Chen, op. cit, 1998, pp. 252-253.

■ Zeithaml V. A, L. Berry & A. Parasuraman, "Communication and Control Processes in the Delivery of Service Quality," *Journal of Marketing*, Vol. 52, 1997, pp. 35-48.

부록

주요항공용어 및 약어

ACL(Allowable Cabin Load)

객실 및 화물실에 탑재 가능한 최대 중량으로서 이착륙 시의 기상 조건, 활주로의 길이, 비행기의 총 중량 및 탑재연료량 등에 의해 영향을 받는다.

APIS(Advance Passenger Information System)

출발지 공항 항공사에서 예약/발권 또는 탑승수속 시 승객에 대한 필요 정보를 수집, 미 법무부/세관 당국에 미리 통보하여 미국 도착 탑승객에 대한 사전 점검을 가능케 함으로써 입국심사 소요시간을 단축시키는 제도

Apron

주기장 공항에서 여객의 승강, 화물의 적재 및 정비 등을 위해 항공기가 주기하는 장소

APU(Auxiliary Power Unit)

항공기 뒷부분에 달려 있는 보조 동력장치로서 외부 동력지원이 없을 때 자체적으로 전원을 공급할 수 있는 장치

ARS(Audio Response System)

국내선, 국제선 항공기의 당일 정상운항 여부 및 좌석 현황을 전화로 알아볼 수 있는 자동 음성응답 서비스

ASP(Advance Seating Product)

항공편 예약 시 원하는 좌석을 미리 예약할 수 있도록 하는 사전 좌석 배정제도

ATB(Automated Ticket and Boarding Pass)

탑승권 겸용 항공권으로 Void Coupon 없이 실제 항공권만 발행한다.

ATC Holding(Air Traffic Control Holding)

공항의 혼잡 또는 기타 이유로 관제탑의 지시에 따라 항공기가 지상에서 대기하거나 공중에서 선회하는 것

ATD(Actual Time of Departure)

실제 항공기 출발시간

ATA(Actual Time of Arrival)

실제 항공기 도착시간

AWB(Air Waybill)

송하인과 항공사 간에 화물 운송계약 체결을 증명하는 서류

B

Baby Bassinet

기내용 유아요람으로 항공기 객실 내부 각 구역 앞의 벽면에 설치하여 사용한다.

Baggage Claim Tag

위탁수하물의 식별을 위해 항공회사가 발행하는 수하물 증표

Block Time

항공기가 자력으로 움직이기 시작(Push Back)해서부터 다음 목적지에 착륙하여 정지(Engine Shut Down)할 때까지의 시간

Boarding Pass

탑승권

Bond

외국에서 수입한 화물에 대해서 관세를 부과하는 것이 원칙이나 그 관세징수를 일시 유보하는 미통관 상태를 말한다.

Bonded Area

보세구역

Booking Class

기내에서 동일한 Class를 이용하는 승객이라 할지라도 상대적으로 높은 움임을 지불한 승객에게 수요 발생시점에 관계없이 예약 시 우선권을 부여하고자 하는 예약등급

Bulk Loading

화물을 ULD를 사용하지 않고 낱개상태로 직접 탑재하는 것

C

Cancellation

목적지 기상의 불량, 기재의 고장, 결함의 발견 또는 예상 등으로 사전 계획된 운항 편을 취소하는 것

Cargo Manifest(CGO MFST)

화물 적하목록, 관계당국에 제출하기 위해 탑재된 화물의 상세한 내역을 적은 적하목록으로서 주요 기재사항으로는 항공기 등록번호, Flight Number, Flight 출발지, 목적지, Air Waybill Number, 화물의 개수, 중량, 품목 등이다.

Catering

기내에서 서비스되는 기내식 음료 및 기내용품을 공급하는 업무. 항공회사 자체가 기내식 공장을 운영하며 Catering을 행하는 경우도 있으나 대부분은 Catering 전문회사에 위탁하고 있다.

Carry-on Baggage

기내 반입 수하물

Charter Flight

공표된 스케줄에 따라 특정구간을 정기적으로 운항하는 정기편 항공운송과 달리 운항구간, 운항시기, 운항스케줄 등이 부정기적인 항공운송 형태를 말한다.

C.I.Q.

Customs(세관), Immigration(출입국), Quarantine(검역)의 첫 글자로 정부기관에 의한 출입국 절차의 심사를 의미한다.

CHG

Change의 약어

CIS(Central Information System)

여행에 필요한 각종 정보 및 기타 예약업무 시 참고사항을 Chapter & Page화하여 수록한 종합여행정보시스템으로 General Topic Chapter와 City Chapter로 구성

CM(Cargo Manifest)

관계당국에 제출하기 위해 항공기 등록번호, 비행 편수, 출발지 목적지, 화물 개수, 중량, 품목 등 탑재된 화물의 상세한 내역을 나타내는 적하목록

Conjunction Ticket

한 권의 항공권에 기입 가능한 구간은 4개 구간이므로 그 이상의 구간을 여행할 때에는 한 권 이상의 항공권으로 분할하여 기입하게 되는데 이러한 일련의 항공권을 말한다.

CRS(Computer Reservation System)

항공사가 사용하는 예약 전산시스템으로서, 단순 예약기록의 관리뿐 아니라 각종 여행정보를 수록하여 정확하고 광범위한 대고객 서비스를 가능케 한다.

CRT(Cathode Ray Tube)

컴퓨터에 연결되어 있는 전산장비의 일종으로 TV와 같은 화면과 타자판으로 구성되어 있으며 Main Computer에 저장되어 있는 정보를 즉시 Display해 보거나 필요한 경우 입력도 가능하다.

CTC

Contact의 약어

D

DBC(Denied Boarding Compensation)

해당 항공편의 초과예약 등 자사의 귀책사유로 인하여 탑승이 거절된 승객에 대한 보상제도

Declaration of Indemnity

동반자 없는 소아 관광객, 환자, 기타 면책사항에 관한 항공회사에 만일의 어떠한 경우에도 책임을 묻지 않는다는 요지를 기입한 보증서

Deportee(DEPO)

강제추방자, 합법, 불법을 막론하고 일단 입국한 후 관계당국에 의해 강제로 추방되는 승객

De-icing(DCNG)

항공기 표면의 서리, 얼음, 눈 등을 제거

F

Ferry Flight

유상 탑재물을 탑재하지 않고 실시하는 비행을 말하며 항공기 도입, 정비, 편도 전세 운항 등이 이에 속한다.

First Aid Kit

기내에 탑재되는 응급 처치함

FOC(Free of Charge)

무료로 제공받은 Ticket으로 SUBLO와 NO SUBLO로 구분된다.

Forwarder

항공화물 운송대리점(인)

Free Baggage Allowance

여객운임 이외에 별도의 요금 없이 운송할 수 있는 수하물의 허용량

G/D(General Declaration)

항공기 출항허가를 받기 위해 관계기관에 제출하는 서류의 하나로 항공편의 일반적 사항, 승무원의 명단과 비행 상의 특기사항 등이 기재되어 있다.

Give Away

기내에서 탑승객에게 제공되는 탑승기념품

G/H(Ground Handling)

지상조업, 항공화물, 수하물 탑재, 하역작업 및 기내청소 등의 업무

Ground Time

한 공항에서 어떤 항공기가 Ramp-In 해서 Ramp-Out 하기까지의 지상체류 시간

GRP

Group의 약어

GSH(Go Show)

예약이 확정되지 않은 승객이 해당 비행 편의 잔여좌석 발생 시 탑승하기 위해 공항에 나오는 것

GPU(Ground Power Unit)

지상에 있는 비행기에 외부로부터 전력을 공급하기 위해 교류발전기를 실은 전원장치

GTR(Government Transportation Request)

공무로 해외여행을 하는 공무원 및 이에 준하는 사람들에 대한 할인 및 우대 서비스를 말하며 국가적인 차원에서 국적기 보호육성, 정부 예산절감, 외화 유출방지 등의 효과가 있다.

GMT(Greenwich Mean Time)**/UTC**(Universal Time Coordinated)

영국 런던 교외 Greenwich를 통과하는 자오선을 기준으로 한 Greenwich 표준시를 0ㅇ.로 하여 각 지역 표준시와의 차를 시차라고 한다. 최근 GMT를 협정세계시 UTC로 대체하여 호칭한다.

H

Hangar

항공기의 점검 및 정비를 위해 설치된 항공기 주기 공간을 확보한 장소로 격납고를 의미한다.

I

IATA(International Air Transportation Association)

세계 각국 민간항공회사의 단체로 1945년에 결성되어 항공운임의 결정 및 항공사 간 움임 정산 등의 업무를 행한다. 본부는 캐나다의 몬트리올에 있다.

ICAO(International Civil Aviation Organization)

국제연합의 전문기구 중 하나로 국제민간항공의 안전유지, 항공기술의 향상, 항공로와 항공 시설의 발달, 촉진 등을 목적으로 1947년에 창설되었다. 한국은 1952년에 가입하였으며 본부는 캐나다의 몬트리올에 있다.

In Bound/Out Bound

임의의 도시 또는 공항을 기점으로 들어오는 비행 편과 나가는 비행 편을 일컫는다.

Inadmissible Passenger(INAD)

사증 미소지, 여권 유효기간 만료, 사증목적 외 입국 등 입국자격 결격사유로 입국이 거절된 여객

Inclusive Tour(IT)

항공요금, 호텔비, 식비, 관광비 등을 포함하여 판매되고 있는 관광을 말하며 Package Tour라고도 한다.

IRR

Irregular의 약어

Itinerary

여정, 여객의 여행개시로부터 종료까지를 포함한 전 구간

J

Joint Operation

영업효율을 높이고 모든 경비의 합리화를 도모하며 항공협정상의 문제나 경쟁력 강화를 위하여 2개 이상의 항공회사가 공동 운항하는 것

L

L/F(Load Factor)

공급좌석에 대한 실제 탑승객의 비율(탑승객 전체 공급좌석 100)

M

MAS(Meet & Assist Service)

VIP, CIP 또는 Special Care가 필요한 승객에 대한 공항에서의 영접 및 지원 업무

MCO(Miscellaneous Charges Order)

제비용 청구서, 추후 발행될 항공권의 운임 또는 해당 승객의 항공여행 중 부대서비스 Charge를 징수한 경우 등에 발행되는 지불증표

MCT(Minimum Connection Time)

특정 공항에서 연결편에 탑승하기 위해 연결편 항공기 탑승 시 소요되는 최소시간

N

NIL

Zero, None의 임

NRC(No Record)

항공기 단말기 상에 예약기록이 없는 상태

NSH(No Show)

예약이 확정된 승객이 당일 공항에 나타나지 않는 경우

NO SUBLO(No Subject to Load)

무상 또는 할인요금을 지불한 승객이지만 일반 유상승객과 같이 좌석예약이 확보되는 것을 말한다.

O

OAG(Official Airline Guide)

OAG사가 발행하는 전 세계의 국내□국제선 시간표를 중심으로 운임, 통화, 환산표 등 여행에 필요한 자료가 수록된 간행물. 수록된 내용은 공항별 최소 연결시간, 주요 공항의 구조시설물, 항공 업무에 사용되는 각종 약어, 공항세 및 Check-in 유의사항, 수하물 규정 및 무료수하물 허용량 등이다.

Off Line

자사 항공편이 취항하지 않는 지점 또는 구간

On Line

자사가 운행하고 있는 지점 또는 구간

Overbooking

특정 비행 편에 판매가능 좌석 수보다 예약자의 수가 더 많은 상태. 즉 No-Show 승객으로 인한 Seat Loss를 방지하여 수입재고를 도모하며 고객의 예약기회 확ㄷ개를 통한 예약 서비스 증대를 위해 실제 항공기 좌석 숫자보다 예약을 초과하여 받는 것을 말한다.

Overbooking율은 오랜 기간 동안의 평균 No-Show율, 과거 예약의 흐름, 단체 예약자 수, 예약 재확인을 실시한 승객 수 등을 고려하여 결정 · 운영된다.

P

Payload

유상 탑재량. 실제로 탑승한 승객, 화물, 우편물 등의 중량이다. 그 양은 허용 탑재량(ALC)에 의해 제한된다.

PNR (Passenger Name Record)

승객의 예약기록번호

Pouch

Restricted Item, 부서 간 전달 서류 등을 넣는 Bag으로 출발 전 사무장이 운송부 직원에게 인수받아 목적지 공항에 인계한다.

Pre Flight Check

객실승무원이 승객탑승 전 담당 임무별로 객실 안전 및 기내서비스를 위해 준비하는 시간으로 비상장비, 서비스 기물 및 물품 점검, 객실의 항공기 상태 등을 확인 · 준비하는 것을 말한다.

PSU (Passenger Service Unit)

승객 서비스 장치

PTA (Prepaid Ticket Advice)

타 도시에 거주하는 승객을 위하여 제3자가 항공운임을 사전에 지불하고 타 도시에 있는 승객에게 항공권을 발급하는 제도

Push Back

항공기가 주기되어 있는 곳에서 출발하기 위해 후진하는 행위로 항공기는 자체의 힘으로 후진이 불가능하므로 Towing Car를 이용하여 후진한다.

R

Ramp

항공기 계류장

Ramp-out

항공기가 공항의 계류장에 체재되어 있는 상태에서 출항하기 위해 바퀴가 움직이기 시작하는 상태

Reconfirmation

여객이 항공편으로 어느 지점에 도착하였을 때 다음 탑승편 출발 시까지 일정시간 이상이 경과할 경우 예약을 재확인하도록 되어 있는 제도

Refund

사용하지 않은 항공권에 대하여 전체나 부분의 운임을 반환하여 주는 것

Replacement

승객이 항공권을 분실하였을 경우 항공권 관련사항을 접수 후 항공사 해당점소에서 신고사항을 근거로 발행점소에서 확인 후 항공권을 재발행하는 것

S

SRI(Security Removed Item)

승객의 휴대수하물 중 보안상 문제가 될 수 있는 Item으로 기내 반입이 불가하다(우산, 골프채, 칼, 가위, 톱, 건전지 등).

Seat Configuration

기종별 항공기에 장착되어 있는 좌석의 배열

Segment

항공운항 시 승객의 여정에 해당되는 모든 구간

SHR(Special Handling Request)

특별히 주의를 요해 Care해야 하는 승객으로 운송부 직원으로부터 Inform을 받는다.

Simulator

조종훈련에 사용하는 항공기 모의 비행 장치로서 항공기의 조정석과 동일하게 제작되어 실제 비행훈련을 하는 것과 같은 효과를 얻을 수 있다.

SKD

Schedule의 약어

Squawk

비행 중에 고장이 있다든지 작동 상 이상한 부분이 있으면 승무원은 항공일지에 그 결함상태를 기입하여 정비사에게 인도하게 되는데 이것을 Squawk이라고 한다.

STA(Scheduled Time of Arrival)

공시된 Time Table 상의 항공기 도착 예정시간

STD(Scheduled Time of Departure)

공시된 Time Table 상의 항공기 출발 예정시간

Stopover

여객이 적정 운임을 지불하여 출발지와 종착지 간의 중간지점에서 24시간 이상 체류하는 것을 의미하며, 요금 종류에 따라 도중 체류가 불가능한 경우가 있다.

Stopover on Company's Account

연결편 승객을 위한 우대서비스로서 승객이 여정상 연결 편으로 갈아타기 위해 도중에서 체류해야 할

경우 도중 체류에 필요한 제반 비용을 항공사가 부담하여 제공하는 서비스

SUBLO(Subject to Load)

예약과 상관없이 공석이 있는 경우에만 탑승할 수 있는 무임 또는 할인운임 승객의 탑승조건(항공사 직원 등)

Tariff

항공관광자 요금이나 화물요율 및 그들의 관계 규정을 수록해 놓은 요금요율책자

Taxiing

Push Back을 마친 항공기가 이륙을 위해 이동하는 행위로 그 경로를 Taxi Way라고 한다.

Technical Landing

여객, 화물 등의 적하를 하지 않고 급유나 기재 정비 등의 기술적 필요성 때문에 착륙하는 것

TIM(Travel Information Manual)

승객이 해외여행 시 필요한 정보, 즉 여권, 비자, 예방 접종, 세관 관계 등 각국에서 요구하는 규정이 철자 순으로 수록되어 있는 소책자. 각국의 출입국 절차 및 입국 시 준비서류 등을 종합적으로 안내하는 책자로 국제선 항공편의 기내에 비치되어 있다.

TIMATIC

TIM을 전산화 한 것으로서, 고객이 필요한 정보를 Update된 상태에서 신속히 제공하기 위함. TIMATIC은 여러 가지 분류기호에 따라 필요부분을 볼 수 있으며, 크게 Full Text Data Base와 Specific Text Data Base의 두 부분으로 구분

Transfer

여정상의 중간지점에서 여객이나 화물이 특정 항공사의 비행 편으로부터 동일 항공사의 다른 비행 편이나 타 항공사의 비행 편으로 바꿔타거나 전달되는 것

Transit

여객이 중간 기착지에서 항공기를 갈아타는 것

TTL(Ticketing Time Limit)

매표 구입시한. 항공권을 구입하기로 약속된 시점까지 구입하지 않은 경우 예약이 취소될 수 있다.

TWOV(Transit without Visa)

항공기를 갈아타기 위하여 짧은 시간 체재하는 경우에는 비자를 요구하지 않는 경우를 말한다.

ULD(Unit Load Device)

Pallet, Container 등 화물(수하물)을 항공기에 탑재하는 규격화된 용기

UM(Unaccompanied Minor)

성인의 동반 없이 혼자 여행하는 유아나 소아. 각 항공사마다 규정이 상이하기는 하나 통상 국제선 5세 이상~12세 미만, 국내선 5세 이상~13세 미만이다.

Upgrade

상급 Class에서 등급변화를 일컬으며 관광객의 의사에 따라 행하는 경우와 회사의 형편상 행하는 경우가 있으며, 후자의 경우 추가요금 징수가 없다.

Void

취소표기. AWB나 Manifest 등의 취소 시 사용되는 표기

VMA(Visa Waiver Agreement)

양국 간에 관광, 상용 등 단기목적으로 여행 시 협정체결국가에 비자 없이 입국이 가능하도록 한 협정

VWP(Visa Waiver Program)

미국 입국규정에 의거, 협정을 맺은 국가의 국민이 VWP 요건을 충족하여 미국 입국 시 미국 비자 없이도 입국 가능토록 한 일종의 단기 비자면제협정

W/B(Weight & Balance)

항공기의 중량 및 중심 위치를 실측 또는 계산에 의해 산출하는 것을 말한다.

Winglet

비행기의 주날개 끝에 달린 작은 날개. 미국항공우주국(NASA)의 R. T. 위트컴이 고안하였는데, 비행기의 주날개 끝에 수직 또는 수직에 가깝게 장치한다. 날개 끝에서 발생하는 소용돌이로 인한 유도항력(誘導抗力)을 감소시킴과 동시에 윙릿에서 발생하는 양력(揚力 : lift)을 추력(推力 : trust) 성분으로 바꾸어 항력(drag)을 감소시키는 것으로, 연료 절감에도 큰 효과가 있을 것으로 기대되고 있다.

■저자소개

김 재 원

김재원 교수는 신라대학교 입학관리처장을 맡고 있으며 항공대학 항공서비스학과에 재직 중이다. AirFrance를 거쳐 British Airways 및 Qantas Airways에서 18년을 근무하였으며 동아대학교에서 관광경영학 박사학위를 취득하였다. 1998년 British Airways로 부터 「*Award for Excellence*」를 수상하였으며, The University of Sydney에서 항공사마케팅 과정을 수료하였다. 주요 연구 분야는 항공사마케팅과 항공사의 전략적 제휴 부분의 연구를 진행하고 있다.

김 광 일

김광일 교수는 부산 신라대학교 항공대학 학부장으로 항공운항학과 재직 중이다.
Philippine Airline인천공항 지점장을 역임하였으며, 인천공항 항공사운영위원회(AOC)위원장을 맡아 우리나라 여객서비스 질 향상에 크게 이바지 하였다. 한국항공대학교 항공경영학과에서 박사학위를 받았으며, 항공법, 항공운송론, 관제영어 등을 가르치며 후학양성에 힘쓰고 있다.

정 희 경

정희경 교수는 부산 신라대학교 항공대학 항공서비스학과 학과장 교수로 재직 중이며, 에어부산 캐빈서비스팀장을 거쳐 세종대학교에서 호텔관광경영학 박사학위를 취득하였다. 이미지메이킹, 항공고객관리론, 항공객실업무론 등을 가르치며 캐빈승무원 양성에 이바지하고 있다. 특히, 기내서비스 품질 및 소비자행동 연구를 통해 항공산업의 경쟁력 강화 연구에 매진하고 있다.

4차 산업혁명시대의 핵심전략

항공사 경영론

발행일 2021년 3월 4일

저 자 김재원, 김광일, 정희경
발행인 모홍숙

발행처 도서출판 새로미
주 소 서울 용산구 한강대로 104 라길 3
전 화 TEL : (02)523-5903~4
팩 스 FAX : (02)2693-2437

E-mail seromi@seromi.kr
Homepage www.seromi.kr

ISBN 978-89-6476-750-4 (93320)
정가 22,000원